W0261681

Erfolgskonzepte Praxis- & Krankenhaus-Management

Mehr Informationen zu dieser Reihe auf http://www.springer.com/series/7617

Götz Bierling

Harald Engel

Anja Mezger

Daniel Pfofe

Wolfgang Pütz

Dietmar Sedlaczek

Arztpraxis - erfolgreiche Abgabe

Betriebswirtschaft, Steuer, Gesellschaftsrecht,
Berufs- und Zulassungsrecht

Götz Bierling
Karlsruhe
Baden-Württemberg
Deutschland

Harald Engel
Wuppertal
Nordrhein-Westfalen
Deutschland

Anja Mezger
Karlsruhe
Baden-Württemberg
Deutschland

Daniel Pfofe
Gerlingen
Baden-Württemberg
Deutschland

Wolfgang Pütz
Berlin
Berlin
Deutschland

Dietmar Sedlaczek
Berlin
Berlin
Deutschland

ISBN 978-3-662-49762-3   ISBN 978-3-662-49763-0   (ebook)
DOI 10.1007/978-3-662-49763-0

Die Deutsche Nationalbibliothek verzeichnet diese Publikation in der Deutschen Nationalbibliografie;
detaillierte bibliografische Daten sind im Internet über http://dnb.d-nb.de abrufbar.

Springer
© Springer-Verlag Berlin Heidelberg 2016

Umschlaggestaltung: deblik Berlin
Fotonachweis Umschlag: © Troels Graugaard/istockphoto.com, ID: 22723201

Gedruckt auf säurefreiem und chlorfrei gebleichtem Papier

Springer ist Teil von Springer Nature
Die eingetragene Gesellschaft ist Springer-Verlag GmbH Berlin Heidelberg

Vorwort

Irgendwann wird jeder Arzt – wie auch jeder andere Unternehmer – seine Praxis oder seine Praxisanteile abgeben. Ein Grund hierfür kann das Erreichen des Renteneintrittsalters sein. Es können aber auch ganz andere private Gründe sein, die einen Arzt zur Praxisabgabe bewegen, wie zum Beispiel der Wunsch, sich beruflich zu verändern. Es ist daher ratsam, sich nicht nur frühzeitig, sondern auch grundsätzlich mit dem Thema der Praxisabgabe zu beschäftigen.

Dieses Buch richtet sich an alle selbstständigen Ärzte – gleichgültig, ob sie eine eigene Praxis haben und ihren Beruf alleine ausüben oder mit anderen Ärzten gemeinsam praktizieren.

Die Übergabe einer Praxis in die Hände eines geeigneten Nachfolgers ist infolge der immer umfangreicher werdenden rechtlichen Rahmenbedingungen inzwischen ein sehr komplexer Vorgang geworden.

So hat der Gesetzgeber im Jahr 2015 das Versorgungsstärkungsgesetz (VSG) verabschiedet und damit jüngst die Regelungsdichte im Vertragsarztbereich noch weiter erhöht. Dieses Gesetz soll die Versorgung der Versicherten in den gesetzlichen Krankenversicherungen verbessern. Hierfür wurde unter anderem die Praxisübergabe in überversorgten Gebieten stärker reglementiert. Die Übertragung einer Praxis in überversorgten Gebieten ist erheblich erschwert worden. Gleichzeitig hat das Gesetz aber auch neue Wege eröffnet, eine Praxis unter Sicherung des Lebenswerkes und eines angemessenen Kaufpreises zu übertragen. Hierzu müssen allerdings neue Wege beschritten werden und der abgabewillige Arzt muss sich verstärkt mit für ihn nicht vertrauten Themen beschäftigen. Gegebenenfalls kann die Gründung einer Gesellschaft mit beschränkter Haftung oder die Gründung eines eigenen Medizinischen Versorgungszentrums für die Abgabeplanung sinnvoll sein. Mit dem VSG werden aber auch völlig neue betriebswirtschaftliche, steuerrechtliche und gesellschaftsrechtliche Fragestellungen aufgeworfen. Diese sind sehr weitreichend und werden für den abgebenden Arzt besondere Bedeutung haben.

Der Abgeber, der sich mit diesen Themen unter fachmännischer Anleitung rechtzeitig auseinandersetzt, wird nicht nur seine Praxis verkauft bekommen, sondern vielleicht auch durch die geschickte Nutzung der Möglichkeiten des VSG einen besseren Preis für seine Praxis erzielen.

Oft sehen viele potenzielle Praxisabgeber den zukünftigen Verkaufserlös ihrer Praxis als einen wichtigen Bestandteil ihrer Altersversorgung an. Der heutige Gesundheitsmarkt befindet sich allerdings im stetigen Wandel. Niemand kann heute sagen, welche Entwicklung dieser in den nächsten zehn bis zwanzig Jahren nehmen wird. Gebiete, welche heute überversorgt sind, werden in der Zukunft vielleicht unterversorgt sein. Gleiches gilt für ländliche Gebiete. Vielleicht wird sich die Stadtflucht abschwächen oder gar in eine Landflucht umkehren, weil es dort zukünftig mehr oder bessere Anreize für Ärzte geben wird, sich niederzulassen. Vor diesem Hintergrund sollte der zukünftige Praxiserlös auf keinen Fall der Hauptbestandteil der Altersversorgung sein.

Häufig stellt sich mit dem Eintritt in den Ruhestand aber auch der Wunsch ein, zumindest in geringem Umfang noch ärztlich tätig zu sein. Welche Voraussetzungen hier erfüllt werden müssen, um steuerliche Vorteile, die mit der Praxisabgabe verbunden sind, nicht zu verlieren, und welche berufs- und zulassungsrechtlichen Voraussetzungen zu erfüllen sind, wird in diesem Buch dargestellt.

Letztlich hat jeder Praxisabgeber regelmäßig auch den Wunsch, dass seine Praxis fortgeführt wird und seine Patienten auch nach seinem Ausscheiden gut versorgt werden. Die Suche nach einem geeigneten Nachfolger beinhaltet daher nicht nur monetäre Aspekte.

Dieses Buch widmet sich ausführlich dem Versorgungsstärkungsgesetz (VSG) und den damit verbundenen Gesetzesänderungen. Es zeigt auf, wie sich der Praxisabgeber auf die Übertragung seiner Praxis vorbereiten kann, um seine Praxis erfolgreich zu verkaufen. Es beschäftigt sich darüber hinaus mit betriebswirtschaftlichen Themen, die im Wesentlichen für den Wert der Praxis maßgeblich sind.

Die Autoren dieses Buches sind Juristen, Steuerberater und Betriebswirte, welche seit vielen Jahren Ärzte gerade auch im Hinblick auf ihre Praxisabgabe beraten und vertreten. Sowohl Rechtsanwälte wie auch Juristen aus der Kassenärztlichen Vereinigung haben dieses Buch gemeinsam erarbeitet, damit dem Leser die Sichtweise beider Seiten vermittelt wird.

Das Autorenteam gewährleistet damit höchste Aktualität unter Einbindung von praxisbewährten Strategien für eine erfolgreiche Praxisabgabe.

Die Autoren:
Götz Bierling, Harald Engel, Anja Mezger, Daniel Pfofe, Wolfgang Pütz, Dietmar Sedlaczek
Im Februar 2016

Inhaltsverzeichnis

Autoren

Götz Bierling

Götz Bierling ist seit über 30 Jahren als Rechtsanwalt und Fachanwalt für Arbeitsrecht in erster Linie in Fragen des Arbeits- und Medizinrechts tätig und hat zahlreiche Vorträge zum ärztlichen Zulassungsrecht gehalten, sich aber auch in Fragen des Arzthaftungsrechts als Mitherausgeber von „Hygiene und Recht" in Fachkreisen einen Namen gemacht. Neben niedergelassenen Ärzten vertritt er Krankenhäuser auch in arbeitsrechtlichen Fragen. Aufgrund der engen Zusammenarbeit mit einem auf Heilberufe spezialisierten Steuerbüro ist er mit den speziellen steuerrechtlichen Themen vertraut. Herr Bierling ist zudem Gesellschafter der Arztrechtsnetz EWiV, ein Zusammenschluss von Rechtsanwälten, die medizinische Leistungserbringer in allen Fragen des Gesundheitswesens beraten.

Harald Engel

Harald Engel jun. wurde 1968 in Wuppertal geboren. Er studierte Rechtswissenschaften in Bochum und Betriebswirtschaftslehre in Wuppertal. Als Fachanwalt für Medizinrecht liegt sein Tätigkeitsschwerpunkt insbesondere in der Beratung von Ärzten und Angehörigen anderer Heilberufe. 20 Jahre lang war Harald Engel jun. sowohl als Lehrbeauftragter für Strafrecht an der Universität in Bochum als auch als Ausbilder von Rechtsreferendaren im Verwaltungsrecht an den Landgerichten Wuppertal und Düsseldorf tätig. Seit 2010 ist er geschäftsführender Gesellschafter der Arztrechtsnetz EWiV, ein Zusammenschluss von Rechtsanwälten, die medizinische Leistungserbringer in allen Fragen des Gesundheitswesens beraten.

Anja Mezger

Anja Mezger ist seit über drei Jahren als Rechtsanwältin in Karlsruhe tätig. Seit dem Jahr 2015 führt sie auch den Titel als Fachanwältin für Medizinrecht. Sie befasst sich in erster Linie mit Arbeits- und Medizinrecht und vertritt und berät dabei Vertragsärzte und mittelständische Unternehmen. Im Bereich Medizinrecht befasst sie sich in erster Linie mit der Vertragsgestaltung ärztlicher Kooperationen, Arbeitsverträgen und Praxisabgabeverträgen. Einen weiteren Schwerpunkt ihrer Tätigkeit bilden die Beratung und Vertretung in allen Fragen des Vergütungsrechts der Heilberufe sowie des ärztlichen Zulassungsrechts. Frau Mezger ist zudem Gesellschafterin der Arztrechtsnetz EWiV, ein Zusammenschluss von Rechtsanwälten, die medizinische Leistungserbringer in allen Fragen des Gesundheitswesens beraten.

Daniel Pfofe

Daniel Pfofe ist seit über 15 Jahren als Rechtsanwalt und seit über 10 Jahren als Steuerberater auf dem Gebiet des Gesellschafts-, Steuer- und Medizinrechts tätig. Seine Schwerpunkte sind die oft herausfordernden Themengebiete, die sich im Zusammenspiel der einzelnen Rechtsgebiete ergeben. Er vertritt Ärzte und Kliniken sowohl gerichtlich als auch außergerichtlich sowie vor den Finanz- und Zulassungsbehörden. Seit 2010 ist er geschäftsführender Gesellschafter der Arztrechtsnetz EWiV, ein Zusammenschluss von Rechtsanwälten, die medizinische Leistungserbringer in allen Fragen des Gesundheitswesens beraten. Neben zahlreichen Vorträgen ist er zudem seit über 10 Jahren Lehrbeauftragter für Gesellschaftsrecht an der Dualen Hochschule Baden-Württemberg und publiziert regelmäßig in Fachzeitschriften. Er bildet sowohl Anwälte als auch Steuerberater in seinen Spezialgebieten fort.

Wolfgang Pütz

Wolfgang Pütz wurde 1981 in Trier geboren. Er studierte Rechtswissenschaften an der Universität Trier und der Ruhr-Universität Bochum mit den Schwerpunkten Sozialrecht und Strafrecht. Er arbeitete mehrere Jahre als Rechtsanwalt im Bereich Medizinrecht, Sozialrecht, Strafrecht und Vertragsrecht in Bochum. Herr Pütz wechselte 2013 zur Kassenärztlichen Vereinigung Berlin und ist dort derzeit als Hauptabteilungsleiter Bedarfsplanung und Zulassung tätig. Er verantwortet in erster Linie das Zulassungswesen und die Bedarfsplanung in der Bundeshauptstadt. Als Prozessvertreter hat er zahlreiche Verfahren im vertragsärztlichen Zulassungsrecht in allen Instanzen betreut. Herr Pütz hält regelmäßig Vorträge zu zulassungsrechtlichen Themen.

Dietmar Sedlaczek

Dietmar Sedlaczek hat nach Abschluss seines Jurastudiums und Referendariats ab dem Jahr 1992 Erfahrungen als Rechtsanwalt bei der Deutschen Bank, den Finanzämtern in Bielefeld und Detmold sowie bei der Oberfinanzdirektion Münster sammeln können. Von 1998 bis 2001 war Herr Sedlaczek Richter am Finanzgericht Münster. Nach weiterer Tätigkeit als Fachanwalt für Steuerrecht und Rechtsanwalt ist Herr Sedlaczek seit 2007 Partner der SPS Steuern und Recht® GmbH in Berlin. Als Fachanwalt für Medizinrecht ist er spezialisiert auf die Fachberatung im Gesundheitswesen. Er ist zudem Gesellschafter der Arztrechtsnetz EWiV, ein Zusammenschluss von Rechtsanwälten, die medizinische Leistungserbringer in allen Fragen des Gesundheitswesens beraten.

Praxisabgabe planen

Götz Bierling, Harald Engel, Anja Mezger, Daniel Pfofe, Wolfgang Pütz, Dietmar Sedlaczek

© Springer-Verlag Berlin Heidelberg 2016
G. Bierling, H. Engel, A. Mezger, D. Pfofe, W. Pütz, D. Sedlaczek, *Arztpraxis – erfolgreiche Abgabe*,
Erfolgskonzepte Praxis- & Krankenhaus-Management, DOI 10.1007/978-3-662-49763-0_1

Auch wenn es auf den ersten Blick überraschend erscheint, aber eine optimal vorbereitete Praxisabgabe beginnt etwa 15 Jahre vor dem geplanten Übergabetermin. Viele Ärzte denken zu diesem Zeitpunkt noch nicht an die Praxisabgabe, weil dieser Zeitpunkt in ferner Zukunft zu liegen scheint. Bei näherem Hinsehen liegt es jedoch auf der Hand, dass etwaige größere Veränderungen auch Zeit benötigen. Daher sollte dieser längere Zeitraum eingeplant werden.

1.1   Sicherung des Lebensstandards im Alter

15 Jahre vor der geplanten Praxisübergabe mit Erreichen des ca. 50. Lebensjahres sollte sich jeder selbstständig tätige Arzt mit der Frage auseinandersetzen, welchen Lebensstandard er nach Eintritt in den Ruhestand haben möchte und ob ihm dies auf Basis der bisher erworbenen Altersvorsorgeansprüche überhaupt möglich ist. Mit diesem zeitlichen Vorlauf vor dem geplanten Eintritt in den Ruhestand ist noch genügend Zeit, um eventuelle Versorgungslücken vollständig oder zumindest teilweise zu schließen.

Genau in dieser Phase sollte man sich qualifizierten Rat holen. Der Steuerberater und der Finanzierungsberater sind die geeigneten Ansprechpartner.

1.2   Bestandteile einer Altersversorgung

Regelmäßig setzt sich die Altersversorgung aus verschiedenen Bestandteilen zusammen. Diese bestehen im Wesentlichen aus:

- Rentenansprüchen
- Einnahmen aus Vermietung und Verpachtung
- Kapitalerträgen
- privat genutzter Immobilie

1.2.1   Rentenansprüche

Rentenansprüche bestehen aus der gesetzlichen Rentenversicherung, wenn der Praxisabgeber in einem Bundesland tätig war, in dem es zu Beginn seiner Tätigkeit als angestellter Arzt kein ärztliches Versorgungswerk gab.

Darüber hinaus bestehen Ansprüche aus den bei Landesärztekammern geführten ärztlichen Versorgungswerken.

Weiter können sich Rentenansprüche aus privat abgeschlossenen Rentenversicherungen (Rürup-Verträge) ergeben sowie aus Versorgungswerken von Bund und Ländern, wenn der Arzt während seiner Tätigkeit für ein in öffentlicher Trägerschaft befindliches Krankenhaus tätig war, welches mit einer dieser Versorgungseinrichtungen Verträge zur Versorgung seiner Bediensteten abgeschlossen hat.

Hier ist es notwendig, sich über den aktuellen Stand der Rentenansprüche zu informieren, um diese in die Versorgungsplanung mit einzubeziehen.

1.2.2   Einnahmen aus Vermietung und Verpachtung

Eine der klassischsten Kapitalanlagen ist sicherlich die Immobilie. Sie ist grundsätzlich wertbeständig und Einnahmen aus Vermietung und Verpachtung sind losgelöst vom Währungssystem sicher.

Regelmäßig werden zur Finanzierung von Immobilien Darlehen aufgenommen. Ist dies der Fall, so ist zu prüfen, ob diese Darlehen innerhalb der nächsten 15 Jahre abgezahlt werden können und ob bzw. wie viel Geld aus den Mieteinnahmen zur Deckung der Lebenshaltungskosten in der Ruhestandsphase übrig bleibt. Ebenso sind der aktuelle bauliche Zustand des Objekts und dessen dauerhafte Vermietbarkeit zu überprüfen. Dies gilt natürlich auch besonders für den Übergabezeitpunkt in 15 Jahren. Es ist zu klären, ob dann grundlegende Sanierungen erforderlich werden und wie diese finanziert werden können. Gegebenenfalls kann das Ergebnis derartiger Betrachtung sein, dass die Objekte veräußert werden müssen.

Häufig sind gerade die sogenannten „Steuersparimmobilien" zu teuer erworben bzw. finanziert worden. Die bittere Erkenntnis kann dann sein, dass der Kaufpreis für die vermietete Immobilie zu hoch war, in der Zukunft erhebliche Investitionen drohen und die erzielten Mieten unter den Aussagen der Kapitalanlagevermittler deutlich zurückbleiben. Hier ist eine schonungslose Analyse notwendig und gegebenenfalls muss die Immobilie vielleicht auch unter dem Einstandspreis veräußert werden, um einen dauerhaften Verlustbringer abzustoßen.

1.2.3 Kapitalerträge

Die Möglichkeiten von Kapitalanlagen an den Finanzmärkten sind so zahlreich und komplex, dass eine Darstellung an dieser Stelle überhaupt nicht möglich ist.

Erwähnung sollte hier jedoch finden, dass die Entwicklungen in den letzten Jahrzehnten gezeigt haben, dass ganze Vermögen an den Kapitalmärkten verloren gehen können. Selbstverständlich muss dies nicht geschehen, möglich ist es aber. Eine vernünftige Beratung sollte dieses Risiko daher berücksichtigen und die Kaptalerträge lediglich als eine Säule der Altersvorsorge einplanen. Keineswegs sollte die Altersvorsorge ausschließlich auf Kapitalanlagen am Finanzmarkt basieren.

1.2.4 Die privat genutzte Immobilie

Ein wichtiger Bestandteil einer qualifizierten Altersvorsorge kann auch eine selbstgenutzte Immobilie sein. Voraussetzung für eine Sicherung des Lebensstandards im Alter ist jedoch, dass diese Immobilie zum Zeitpunkt des Eintritts in den Ruhestand bezahlt ist, sodass keine Zins- und Tilgungsleistungen mehr zu erbringen sind. Weitere Voraussetzung ist, dass die Immobilie in einem guten Zustand ist und größere Renovierungen und Sanierungen in der Ruhestandsphase nicht mehr anfallen werden. Gegebenenfalls ist die Einschaltung eines Architekten oder Bauingenieurs für eine eingehende Überprüfung notwendig. Auch hier sollte eine schonungslose Analyse erfolgen und gegebenenfalls muss die Immobilie, so schmerzhaft es auch sein kann, veräußert werden.

1.3 Analyse der eigenen Praxis

15 Jahre vor dem geplanten Abgabetermin sollte auch ein kritischer Blick auf die eigene Praxis geworfen werden. Ist diese so rentabel, wie der Inhaber sich das wünscht? Besteht Potenzial, das Leistungsspektrum der Praxis auszuweiten? Besteht die Möglichkeit, Kosten einzusparen? Besteht die Möglichkeit, durch Verlegung der Praxis oder durch Gründung einer Berufsausübungsgemeinschaft

(BAG) die Zukunftsfähigkeit der Praxis zu sichern und in den nächsten 15 Jahren die Erträge aus der Praxis deutlich zu steigern?

Auch diese Fragestellungen sollten unter Einschaltung qualifizierter Berater diskutiert werden. Gegebenenfalls sind aus einer solchen Analyse Konsequenzen durch Umstrukturierung der Praxis, Reduzierung der Kosten oder möglicherweise durch Verlegung der Praxis an einen anderen Standort zu ziehen, um die Ertragskraft der Praxis in den nächsten 15 Jahren zu stärken.

Damit können zwei Effekte erzielt werden. Zum einen würde aufgrund der erhöhten Ertragskraft der Praxis der Praxisabgeber in die Lage versetzt, für seinen Ruhestand erhöhte Vorsorgeleistungen zu erbringen. Zum anderen wird die Attraktivität der Praxis für einen Erwerber erhöht, weil man darauf verweisen kann, dass die Praxis zu den ertragskräftigeren Praxen am Markt gehört.

1.4 Langfristige Überlegungen

Gerade bei langfristigen Planungen neigen viele Unternehmer und auch Ärzte dazu, diese nicht ausreichend zu kontrollieren bzw. zu überwachen. Der Grund hierfür liegt darin, dass man meint, noch ewig Zeit zu haben. Insbesondere sind auch in dieser Planungsphase regelmäßig die ergriffenen Maßnahmen auf ihre Wirksamkeit hin zu überprüfen.

Sind die mit den Umstrukturierungsmaßnahmen erfolgten Ziele erreicht worden oder wurde das Ziel verfehlt?

1.5 Mittelfristige und kurzfristige Überlegungen

Fünf Jahre vor Abgabe der Praxis ist es zu spät, um noch Maßnahmen zu ergreifen und so größere Versorgungslücken zu schließen. Insbesondere rentiert es sich in der Regel nicht mehr, eine Versorgungslücke durch Abschluss neuer Versicherungen zu schließen, da Vermittlungsprovisionen für Versicherungsvermittler die Renditen aufzehren. Gegebenenfalls ist unter Einschaltung qualifizierter Beratung eines Bankers oder Finanzberaters die Investition in Kapitalanlagen zu erhöhen.

Schwerpunkt der Betrachtung sollte die eigene Praxis sein. Wenn man sich in den letzten 10 Jahren mit einer Umstrukturierung der Praxis beschäftigt und die Praxisabläufe verbessert hat, sind diese Maßnahmen auf ihre Wirksamkeit hin zu prüfen. Ob die Maßnahmen noch zeit- und marktgerecht sind oder ob eventuell fünf Jahre vor Abgabe der Praxis auf veränderte Rahmenbedingungen zu reagieren ist, ist daher auch zu prüfen. Diese Maßnahmen können sein:

- Geänderte Abrechnungsmöglichkeiten im Rahmen der Kassenärztlichen Vereinigung
- Einführung von Privatzahlerleistungen (IGeL-Leistungen), die bisher noch nicht angeboten wurden oder die neu auf den Markt gekommen sind
- Renovierung der Praxisräume, um den Patientenstamm auf Dauer zu halten
- Überprüfung des Personals, gegebenenfalls Veränderung des Personalbestandes, Reduktion bei zu hohem Personalbestand oder Einstellung neuer Helfer/-innen, um auch durch das Praxispersonal die Bindung der Patienten an die Praxis zu erhöhen und im Rahmen der Übergabe der Praxis dem Erwerber als Positivmerkmal eine gute Bindung der Patienten an das Praxispersonal mitzugeben. Die Übernahme der Patienten durch den Praxisübernehmer wird deutlich erleichtert, wenn eine gute Bindung des Personals an die Patienten vorhanden ist und das Personal die Praxisabgabe loyal begleitet

Auch zu diesem Zeitpunkt sollte man sich noch einmal die Frage stellen, ob die Praxis in ihrer derzeitigen Ausrichtung noch den Patientenwünschen und den medizinischen Erfordernissen gerecht wird oder ob hier Maßnahmen zu ergreifen sind, um die Attraktivität für die Patienten zu erhalten oder zu erhöhen und damit auch die Attraktivität der Praxis für einen potenziellen Übernehmer zu steigern.

Auf keinen Fall sollte der Inhaber sich „schleichend" in den Ruhestand verabschieden, da die Zahl der Patienten und die Höhe des Gewinns der Praxis die wertbildenden Faktoren für die Bemessung des Kaufpreises sind. Sollte tatsächlich der Wunsch bestehen, fünf Jahre vor Abgabe der Praxis nicht

mehr so intensiv zu arbeiten, ist über geeignete Maßnahmen nachzudenken, beispielsweise die Beschäftigung eines ärztlichen Vertreters, die Übertragung eines hälftigen Sitzes oder die Einstellung eines Jobsharing-Partners. Es kommt auch in Betracht, eine BAG mit einem jüngeren Partner zu gründen und so die Patientenzahlen auf Dauer hoch zu halten. Hierzu unten mehr.

1.5.1 Versorgungsstärkungsgesetz (VSG)

Jetzt ist noch Zeit, auf die Notwendigkeiten des Versorgungsstärkungsgesetzes (VSG) zu reagieren. In überversorgten Gebieten mit Versorgungsgraden von über 140 Prozent können noch Maßnahmen zur Sicherung des Praxisverkaufes ergriffen werden. Einzelheiten folgen im Nachgang in den vertiefenden Kapiteln. Hier sollen nur die wichtigsten Aspekte kurz angerissen werden:

- Gründung einer Berufsausübungsgemeinschaft (BAG). Hierdurch verschiebt sich wegen der mindestens dreijährigen Dauer unter Umständen der geplante Abgabezeitpunkt um ein Jahr
- Gründung oder Einbringung der Praxis in ein Medizinisches Versorgungszentrum (MVZ)
- Vorbereitung der Anstellung in einer anderen Praxis oder in einem MVZ

1.5.2 Weitere wichtige Aspekte

Ein bis zwei Jahre vor Abgabe der Praxis sollten die vorstehend skizzierten Maßnahmen noch einmal auf ihre Wirksamkeit hin überprüft werden. Gegebenenfalls müssen Nachsteuerungsmaßnahmen vorgenommen werden, um den Erfolg der schon früher eingeleiteten Maßnahmen dauerhaft zu sichern.

Bevor man sich auf die Suche nach einem geeigneten Nachfolger begibt, sollten die Praxisunterlagen sowie laufende Verträge (Mietvertrag, Leasingverträge für Geräte, Versicherungsverträge, Arbeitsverträge, Verträge mit den Versorgern und Internet-Providern und sonstigen Dienstleistern) zusammengestellt werden. Sollten schriftliche Verträge verloren gegangen sein, so sind von den Vertragspartnern Kopien dieser Verträge anzufordern.

Auch die steuerlichen Unterlagen sollten jederzeit auf dem aktuellsten Stand sein. Grund hierfür ist die Tatsache, dass es dem Praxisabgeber jederzeit möglich sein sollte, dem potenziellen Erwerber aktuelle Zahlen vorlegen zu können. Dies setzt allerdings voraus, dass die Buchhaltung zeitnah und nicht jährlich erstellt wird. Zumindest ist eine quartalsweise Buchhaltung vom Steuerberater zu erstellen. Dies gewährleistet bei Verkaufsverhandlungen jederzeit die Vorlage aktueller betriebswirtschaftlicher Auswertungen.

Selbstverständlich sind auch die Honorarbescheide der Kassenärztlichen Vereinigung geordnet in die Unterlagensammlung mit aufzunehmen und die Rechnungen an Privatpatienten aufzuzeichnen. Gegebenenfalls sollte auf eine zeitnahe Abrechnung der Leistungen, die gegenüber Privatpatienten erbracht werden, geachtet werden und der Steuerberater sollte gebeten werden, die Erträge aus der Behandlung von Privatpatienten in der Buchhaltung gesondert auszuweisen.

Dieser Teil der Umsatzerlöse stellt einen wichtigen wertbildenden Faktor dar, der im Rahmen der Verhandlungen mit einem Praxisübernehmer entsprechend hervorzuheben ist.

Sofern der Praxisabgeber über besondere fachliche Qualifikationen verfügt, sollten diese nur in den Vordergrund gerückt werden, wenn sicher ist, dass auch Praxisabnehmer mit ähnlichen Qualifikationen gefunden werden können.

Sodann sollte die Suche nach einem geeigneten Nachfolger eingeleitet werden. Hierbei empfiehlt es sich, das Ganze unter Einschaltung eines Maklers zu tun. Die Makler suchen am Markt geeignete Bewerber, ohne „Ross und Reiter" zu nennen. Sie treffen eine Vorauswahl, ob die Bewerber überhaupt geeignet sind, und verhindern, dass der Name des Abgebers am Markt „verbrannt" wird.

Nichts ist für die Erzielung eines angemessenen Kaufpreises schädlicher, als das „Verbrennen" eines Namens am Markt. Wenn es sich am Markt herumspricht, dass der Praxisabgeber seit mehreren Monaten einen geeigneten Nachfolger sucht, aber niemanden findet, macht sich im Rahmen der Ärzteschaft und der Bewerber häufig der Eindruck breit, die Praxis sei wertlos und nicht ertragreich fortzuführen, sodass ein Bewerber akzeptiert werden muss, der einen deutlich unter dem Marktniveau liegenden Kaufpreis für die Praxis zahlt.

Langfristige Überlegung

Götz Bierling, Harald Engel, Anja Mezger, Daniel Pfofe, Wolfgang Pütz, Dietmar Sedlaczek

© Springer-Verlag Berlin Heidelberg 2016
G. Bierling, H. Engel, A. Mezger, D. Pfofe, W. Pütz, D. Sedlaczek, *Arztpraxis – erfolgreiche Abgabe*,
Erfolgskonzepte Praxis- & Krankenhaus-Management, DOI 10.1007/978-3-662-49763-0_2

2.1   Die Abgabeplanung rechtzeitig beginnen

Es liegt in der Natur der Sache, dass sich ein Arzt erst dann detailliert mit der Abgabe seiner Praxis auseinandersetzt, wenn sich diese konkret abzeichnet oder unmittelbar bevorsteht. Hierbei läuft der abgebende Arzt jedoch Gefahr, dass er zu wenig oder überhaupt keine Zeit mehr hat, etwaige notwendige Veränderungen in seiner Praxis durchzuführen. Diese Nachlässigkeit kann weitreichende und folgenschwere Auswirkungen haben, die durch eine sorgfältige Planung im Vorfeld weitestgehend vermieden werden können.

Die Abgabe der eigenen Praxis ist für jeden Arzt mit erheblichen Konsequenzen verbunden. Oft wird nicht berücksichtigt, dass die langfristige Abgabe einer Arztpraxis für den abgebenden Arzt mit einem Vorlauf von ca. 10 bis 15 Jahren geplant und vorbereitet werden sollte. Natürlich lassen sich diese Zeiträume nicht statisch vereinheitlichen und sind in weiten Teilen immer vom Einzelfall abhängig. Fest steht allerdings, dass lediglich die latente Bereitschaft, seine Praxis irgendwann abgeben zu wollen, zur Vorbereitung nicht ausreicht.

Regelmäßig wird übersehen, dass eine Praxisabgabe auch aufgrund privater Gründe jederzeit unvorhergesehen eintreten kann und für den Arzt und seine Angehörigen dann neben der emotionalen Belastung auch erhebliche wirtschaftliche Folgen hat. Man sollte sich bewusst machen, dass zum Beispiel jederzeit die Möglichkeit besteht, dass man aufgrund eines Unfalles oder einer Erkrankung quasi von heute auf morgen aus seiner Praxis herausgerissen werden kann. Dann besteht keine Möglichkeit mehr, an der Praxis und somit an ihrem Wert etwas zu ändern. Man sollte daher bestrebt sein, seine Praxis immer „auf Kurs" zu halten.

Vor diesem Hintergrund ist es ratsam, dass sich jeder Arzt mit grundsätzlichen Erwägungen zur langfristigen Planung der Abgabe seiner Praxis im Vorfeld auseinandersetzt und diese so gut wie möglich plant und vorbereitet. Hierbei sind eine Vielzahl von Aspekten zu berücksichtigen. Insbesondere sollte sich der abgebende Arzt bewusst machen, dass der von ihm erzielte oder gewünschte Praxiserlös letztendlich nicht die wesentliche Säule in seiner Altersvorsorge darstellen sollte und er gut beraten ist, weitere von der Praxis unabhängige Vorsorge zu treffen.

2.2   Die Versorgungssituation in der Passivphase

Für eine optimale Ruhestandsversorgung ist es unablässig, Vorsorge zu treffen und dreistufig vorzugehen.

2.2.1   Dreisprung der Planung

■■ **Phase 1**

Auf einer ersten Stufe sind die persönlichen und beruflichen Wünsche zu klären, welche der abgebende Arzt hat und welche dieser bei Abgabe seiner Praxis erreicht haben möchte. Diese Wünsche sind als Ziel zu definieren, zu bewerten und festzulegen.

Die Zukunft kann nur geplant und gestaltet werden, wenn klar ist, wohin die Reise gehen soll. So banal sich dies auch anhören mag, so schwierig kann eine Zieldefinition jedoch im Einzelfall sein. Außerdem können sich Wünsche und Ziele durch die Veränderung der persönlichen Lebenssituation ändern. Auch kann es sein, dass gesellschaftliche, soziale oder technische Veränderungen das ursprüngliche Ziel nicht mehr erreichbar werden lassen. Gerade der technische Fortschritt zwingt dazu, Veränderungen anzunehmen. Dies kann dazu führen, dass einmal gefasste Ziele oft modifiziert oder sogar aufgegeben werden müssen. Daher sollte nur das wesentliche „Kernziel" definiert werden und Unterziele sollten variabel bleiben. Beispielsweise können unterschiedliche Kapitalanlagemodelle wie Aktien, Kapitalbeteiligungen, Immobilien oder andere Sachwerte für unterschiedliche Ziele gewählt

Zielsetzung heute	Kapitalbedarf
Privatimmobilie	500.000,00 €
Anlageimmobilie	800.000,00 €
Kapitalaufbau zur Altersvorsorge	500.000,00 €
Kapitalaufbau für Familie	500.000,00 €
Praxisfinanzierung	250.000,00 €
Etwaige Wünsche (zum Beispiel Hobbys, Weltreise)	200.000,00 €
	2.750.000,00 €

werden. Von einer statischen Herangehensweise ist dringend abzuraten.

■ ■ Phase 2

Nachdem das Ziel definiert worden ist, müssen auf einer zweiten Stufe eine Standortbestimmung durchgeführt und der Istzustand ermittelt werden. Erst diese Standortbestimmung macht überhaupt klar, wie weit man von dem Ziel entfernt ist und wo Lücken in der Altersplanung und Altersvorsorge, die geschlossen werden müssen, bestehen. Spätestens hier wird für den Betrachter deutlich, dass etwaig nicht erkannte Lücken rechtzeitig erkannt werden müssen, damit noch genug Zeit bleibt, diese überhaupt schließen zu können.

Hierbei ist zunächst die prognostizierte Rente des Arztes zu berücksichtigen, welche dieser primär von seinem berufsständigen Versorgungswerk erhält. Diese ist abhängig von der Dauer der Mitgliedschaft und von den insgesamt eingezahlten Beiträgen. Beträgt beispielsweise das Eintrittsalter des Arztes 30 Jahre und zahlt dieser regelmäßig monatlich ca. 1.000,00 EUR, ergibt sich mit Vollendung des 67. Lebensjahres voraussichtlich eine Altersrente von monatlich ca. 4.000,00 EUR.

Beträgt die prognostizierte Rente dieses Arztes vom Versorgungswerk bei einem gleichförmig unterstellten weiteren Verlauf bis zum Renteneintrittsalter monatlich 3.000,00 EUR und hat er sich bisher für seine ausschließlich privat genutzte Immobilie und seine Praxis erheblich verschuldet, verbleiben ihm noch ca. 37 Arbeitsjahre, um diese Versorgungslücke zu schließen, wenn er bisher keine andere private Altersvorsorge getroffen hat.

■ ■ Phase 3

Nach der Ermittlung des Istzustandes muss auf einer dritten Stufe der Weg zum Ziel gesucht und gefunden werden. Auch dies erscheint auf den ersten Blick vielleicht trivial. Dennoch machen mehrere und gegebenenfalls unterschiedliche Ziele es notwendig, verschiedene Planungen und auch Wege gleichzeitig in Angriff zu nehmen.

Im Wesentlichen muss hierbei allerdings die Aufmerksamkeit auf den sogenannten „kritischen Weg" gelegt werden. Dieser bezeichnet die Zeitspanne, die keine Verzögerung und keine Unterbrechung zulässt, da ansonsten das Ziel nicht mehr planmäßig erreicht werden kann. Hat beispielsweise ein heute 57 Jahre alter Arzt noch eine Verschuldung von 240.000,00 EUR und will er mit Erreichen des Renteneintrittsalters von 67 Jahren entschuldet ein, so muss er in den verbleibenden 10 Jahren und damit 120 Monaten eine durchschnittliche monatliche Tilgung von 2.000,00 EUR leisten oder mit 67 Jahren 240.000,00 EUR Kapital angespart haben. Zur Erreichung dieses Zieles existiert eine Vielzahl von Möglichkeiten. Im Wesentlichen seien hierbei nur das Tilgungsdarlehen und das Fälligkeitsdarlehen genannt.

Ein Tilgungsdarlehen ist ein Darlehen, bei dem über eine feste Laufzeit eine gleichbleibende Tilgungsleistung erbracht wird. Die monatlichen Raten beinhalten sowohl einen Tilgungsbetrag als auch einen Zinsbetrag. Wird diese Form zur Entschuldung gewählt, ist der Kredit nach 10 Jahren abgezahlt.

Im Gegensatz zum Tilgungsdarlehen erfolgt beim Fälligkeitsdarlehen keine Tilgung der Kreditsumme während der Laufzeit des Kredites. Vielmehr werden mit den monatlichen Raten lediglich die Zinsen für den Kredit bezahlt. Parallel wird ratenweise Vermögensaufbau betrieben und in ein sogenanntes Tilgungssurrogat investiert. Hierdurch versucht man, etwaig hohe Zinsen am Kapitalmarkt zu erzielen und damit das Vermögen schneller aufzubauen. Am Ende der Laufzeit des Kredites wird dieser bei Fälligkeit durch das Tilgungssurrogat abgelöst.

Unter Berücksichtigung dieser beiden Möglichkeiten muss entweder der Kredit monatlich getilgt oder ein sicherer Mindestbetrag monatlich zum Kapitalaufbau berücksichtigt werden. Bei einem Fälligkeitsdarlehen kann sich eine etwaig notwendige vorzeitige Beendigung oder ein spekulatives Investment existenzgefährdend für den Arzt auswirken. Ein Kapitalverlust, wie er zum Beispiel am Aktienmarkt jederzeit stattfinden kann, muss daher zum Kapitalaufbau höchst kritisch und restriktiv hinterfragt werden.

Zudem können die Ziele vielschichtig sein und müssen daher differenziert betrachtet werden. Im folgenden Beispiel gehen wir von einem 30 Jahre alten Arzt aus, der noch 35 Jahre zu arbeiten und folgende Ziele hat:

Zielsetzung heute	Kapitalbedarf	Zeitraum	Entschuldung bis
Privatimmobilie	500.000,00 €	35 Jahre	2050
Anlageimmobilie	800.000,00 €	35 Jahre	2050
Kapitalaufbau zur Altersvorsorge	500.000,00 €	35 Jahre	2050
Kapitalaufbau für Familie	500.000,00 €	20 Jahre	2035
Praxisfinanzierung	250.000,00 €	5 Jahre	2020
Etwaige Wünsche (zum Beispiel Hobbys)	200.000,00 €	5 Jahre	2020
	2.750.000,00 €		

2.2.2   Ziel

▪ ▪ Private Immobilie

Bei der Frage nach dem Ziel der Altersvorsorge werden oft Begrifflichkeiten wie „Absicherung", „Wohlstand" oder „ein sorgenfreies Auskommen im Alter" genannt. Solche Begrifflichkeiten sind allerdings lediglich Ausdruck des Gefühls und des Wunsches nach Sicherheit und haben wenig substanziellen Inhalt. Sie drücken vielmehr den Generalwunsch aus, im Alter den gleichen Lebensstandard zu haben wie im Arbeitsleben. Will man diesen Wunsch also mit Leben füllen, muss man klären, wie der Finanzbedarf im Alter sein wird.

Entgegen den oft vertretenen Aussagen, dass man im Alter keinen so großen Finanzbedarf mehr habe, existieren Studien, die genau das Gegenteil belegen.

Zum einen wird oft vergessen, dass Immobilien, die nicht als Kapitalanlage wohnwirtschaftlich genutzt werden, sehr kostenintensiv sind. Ein als Einfamilienhaus genutzter Neubau hat lediglich eine investitionsfreie Nutzungszeit zwischen 20 bis 25 Jahren. Danach sind regelmäßig umfangreiche Arbeiten in der Installation, an der Fassade und am Dach erforderlich. Auch unterliegen Badezimmer und Toiletten nicht nur der Mode, sondern auch der Alterung. Regelmäßig stellt dieser Nutzungszeitraum zwischen 20 bis 25 Jahren zugleich den Finanzierungszeitraum dar, der regelmäßig wenige Jahre vor oder zeitgleich mit dem Renteneintrittsalter endet. Hat man nicht parallel Rücklagen für die Ausführung dieser Arbeiten gebildet, entsteht mit dem Renteneintrittsalter ein erheblicher Kapitalbedarf, der aus anderen Kapitalanlagen bedient oder sogar finanziert werden muss.

Die folgende sehr vereinfachte Beispielrechnung soll verdeutlichen, dass eine ausschließlich privat genutzte neue Immobilie, welche mit 500.000,00 EUR über einen Zeitraum von 25 Jahren vollfinanziert wird und mit Eintritt in das Rentenalter bezahlt sein soll, keine wirkliche Altersvorsorge darstellt. Es wird davon ausgegangen, dass Dr. A ein monatliches Nettoeinkommen von ca. 4.000,00 EUR hat und im Alter eine Rente vom Versorgungswerk in Höhe von ca. 3.000,00 EUR erhält. Danach ergäbe sich folgendes Bild:

Diese Berechnung ist sicherlich grob und kann auch keinen Anspruch auf Richtigkeit oder Verbindlichkeit erheben. Sie soll lediglich verdeutlichen, dass sich trotz der über Jahrzehnte betriebenen „Vorsorge" dennoch eine monatliche Unterdeckung ergeben kann.

Bei dieser Annahme wurden keine Preissteigerungen berücksichtigt und zudem wurden für das Rentenalter auch niedrigere Lebenshaltungskosten angesetzt.

Sollten die Ersatzinvestitionen, wie im Beispiel angenommen, kreditfinanziert werden, so wäre zwar eine angenommene Kreditsumme von 150.000,00 EUR niedriger als der ursprüngliche Kaufpreis. Aufgrund des fortgeschrittenen Alters wäre aber auch die Laufzeit mit 10 Jahren erheblich niedriger, sodass sich die monatliche Kreditbelastung nicht nennenswert reduzieren würde.

Spielt man mit dem Gedanken, diese Immobilie zu veräußern, um sich die notwendigen Investitionen zu ersparen, wird sich der Renovierungs- bzw. Sanierungsstau nachteilig auf den Kaufpreis auswirken.

Sicherlich müssen im Einzelfall Lage, Größe, Nachfrage, Ausstattungslinie und vieles mehr umfassend betrachtet und begutachtet werden. Eine

Beispiel		
	Dr. A als Arbeitnehmer	Dr. A als Rentner
Nettoeinkommen	4.000,00 €	0,00 €
Nettoaltersrente	0,00 €	3.000,00 €
Rate Immobilienfinanzierung	−2.100,00 €	0,00 €
Nebenkosten Immobilie	−600,00 €	−600,00 €
Sparen/Altersvorsorge	−300,00 €	−100,00 €
Ersatzinvestition Immobilie	0,00 €	−1.800,00 €
Allg. Lebenshaltung/sonstiges	−1.000,00 €	−800,00 €
	0,00 €	−300,00 €

pauschale und nicht differenzierte Betrachtung verbietet sich daher. Es wird jedoch deutlich, dass eine ausschließlich selbstgenutzte Immobilie keine wirkliche Altersvorsorge darstellt.

Dennoch ist der Wunsch nach einer solchen Immobilie bei den meisten Menschen sehr stark ausgeprägt und sollte daher Berücksichtigung finden. Es ist nur ratsam, diesen Wunsch als ein Konsumziel zu erkennen und in die Altersvorsorge einzubinden.

▪▪ Familie

Auch dieses Thema stellt einen wichtigen Bereich dar, welcher bei der finanziellen Planung berücksichtigt werden sollte. Es wird immer mehr zum Regelfall werden, dass beide Ehepartner berufstätig sind. Dies hat zur Folge, dass der jeweilige Lebensstandard unter Einbeziehung beider Einkünfte geführt wird. Spätestens dann, wenn Nachwuchs kommt, ändert sich nicht nur die Familienstruktur, sondern es fällt auch zumindest vorübergehend ein Einkommen weg und der Familienzuwachs verursacht nicht unerhebliche und langfristige Kosten.

Während sich dann die Generation der Eltern darauf vorbereitet, aus dem Erwerbsleben auszuscheiden, beginnt die nachfolgende Generation ihre Ausbildung. Regelmäßig ist es dann notwendig, dass die Eltern ihre Kinder in der Berufsausbildung bzw. beim Berufsstart unterstützen. Auch diese Unterstützung stellt eine nicht zu vernachlässigende finanzielle Position dar.

Im Jahr 2013 wurden in Deutschland rund 169.800 Ehen geschieden. Nach den derzeitigen Scheidungsverhältnissen werden damit etwa 36 Prozent aller in einem Jahr geschlossenen Ehen im Laufe der nächsten 25 Jahre geschieden. Dies hat auch erhebliche Auswirkungen auf die Altersvorsorge, da unterhaltsrechtliche Aspekte ebenso berücksichtigt werden müssen wie erbrechtliche Fragestellungen. Diese Problemstellungen werden zudem durch die immer stärker zunehmende Anzahl von Patchwork-Familien nicht geringer.

Schließlich muss bedacht werden, dass Ehepartner und Kinder wechselseitig zur Zahlung von Unterhalt verpflichtet sind. Dieser Unterhalt wird zwar regelmäßig in Naturalleistungen (Essen, Kleidung, Unterkunft usw.) erbracht, kann aber sehr schnell im Falle einer Scheidung oder mit Vollendung des 18. Lebensjahres zu einer Zahlungsverpflichtung werden. Auch dieser regelmäßig erhöhte Finanzbedarf sollte bei der Vorsorgeplanung intensiv berücksichtigt werden.

▪▪ Morbidität im Alter

Jeder weiß, dass die Morbidität im Alter regelmäßig steigt und nicht abnimmt. Dennoch wird diesbezüglich vielfach keine oder kaum private Vorsorge getroffen, da dieser Punkt gerne verdrängt wird. Aber auch hierbei darf nicht verkannt werden, dass etwaige Erkrankungen im Alter mit nicht unerheblichen Kosten verbunden sein können. Auch Mediziner verdrängen diesen Punkt gerne, obgleich sie gegenüber anderen Berufsgruppen über erhebliches Sonderwissen verfügen. Es ist zwar offensichtlich, dass ein körperliches Gebrechen ein Handicap im Alltag darstellen kann, ein Haus oder eine Wohnung altersgerecht und barrierefrei umzubauen ist aber mit nicht unerheblichen Kosten verbunden. Je nach Grad der Behinderung bzw. nach der jeweiligen Bausubstanz kann es im Einzelfall sogar dazu führen, dass das bisherige Haus bzw. die bisherige Wohnung aufgegeben werden muss, weil diese den Bedürfnissen aus tatsächlichen oder wirtschaftlichen Gegebenheiten nicht angepasst werden kann.

Gerade eine solche Situation sollte allerdings nicht dazu führen, dass man in eine wirtschaftliche Notlage kommt und aus seinem vertrauten bzw. gewohnten Umfeld herausgerissen wird.

2.2.3 Standortbestimmung

Hat man aus seinen Überlegungen schließlich das bzw. die wesentlichen Ziele herausgefiltert, muss eine genaue Standortbestimmung vorgenommen werden. Es muss geklärt werden, wie weit man von diesem Ziel entfernt ist und welchen Weg man beschreiten sollte oder will.

▪▪ Versorgungswerk

Obgleich die Versorgungswerke im Verhältnis zu den gesetzlichen Rentenversicherungen höhere Renten garantieren, darf nicht verkannt werden, dass die Höhe dieser Renten regelmäßig nicht ausreicht, den im Arbeitsleben gewohnten Lebensstandard im Ruhestand zu sichern.

Zudem ist die Höhe der Renten aus dem Versorgungswerk nicht zu beeinflussen und daher in der gestalterischen Planung zu vernachlässigen.

In Bezug auf die Sicherheit dieser Rentenbezüge sollte berücksichtigt werden, dass auch die berufsständischen Versorgungswerke an den allgemeinen Finanzmärkten tätig sind und dort die Beiträge ihrer Mitglieder anlegen, um die notwendigen Überschüsse für die laufenden Rentenzahlungen zu erwirtschaften.

▪▪ Private Altersvorsorge

Es ist daher sinnvoll, die gesetzliche Altersvorsorge um den privaten Vermögensaufbau zu ergänzen. Zur Risikostreuung sollte dabei ein ausgewogenes Portfolio aus Kapital- und Sachwerten gewählt werden. Als mögliche Beispiele seien hier nur die Riester-Rente, die Rürup-Rente, Kapitallebensversicherungen, Kapitalbeteiligungen oder wohnwirtschaftlich genutzte Immobilien genannt. Die Palette ist so umfangreich, dass sie hier nur angerissen werden kann.

▪▪ Praxiserlös

Leider wird oft verkannt, dass es nicht ratsam ist, seine Altersvorsorge lediglich auf den Verkaufserlös der eigenen Praxis zu stützen.

Regelmäßig konzentrieren sich Ärzte zwar darauf, ihre Praxis auf- und auszubauen. Hierfür werden erhebliche Kosten und Entbehrungen in Kauf genommen, um dieses Ziel zu erreichen. Es ist nachvollziehbar, dass jeder Arzt, wie jeder andere Unternehmer auch, daher von der Vorstellung beseelt ist, dass er mit seiner Praxis einen entsprechend hohen Wert geschaffen hat. Es ist der Wunsch eines jeden Arztes, diese Praxis zu einem entsprechend hohen Preis zu veräußern, wenn er aus dem Berufsleben ausscheidet.

Ein wesentlicher Punkt ist hierbei der kassenärztliche Sitz. Dieser ist – entgegen allen widersprechenden landläufigen Behauptungen – nicht verkehrsfähig und kann daher vom Arzt auch nicht „verkauft" werden. Im Gegenteil besteht zukünftig sogar die Gefahr, dass dieser unter bestimmten Voraussetzungen faktisch eingezogen werden kann (Versorgungsstärkungsgesetz), und es wird daher auch die Auffassung vertreten, dass ein Vertragsarztsitz überhaupt keinen eigenen Vermögenswert darstellt.

Es muss jedoch mit Nachdruck darauf hingewiesen werden, dass der prognostizierte Wert einer Praxis sehr restriktiv gehandhabt werden sollte. Dies liegt zum einen an der Tatsache, dass es heute nicht möglich ist, den Wert einer Praxis langfristig für eine Zeitspanne von beispielsweise 20 Jahren auch nur ansatzweise sicher zu prognostizieren.

Zum anderen muss bedacht werden, dass es zur Erzielung eines hohen Verkaufserlöses auch notwendig ist, einen entsprechend solventen Käufer zu gewinnen. Auch dies kann nicht sicher für die Zukunft prognostiziert werden. Es ist daher sinnvoll, dass die notwendige Altersvorsorge in einem ausgewogenen Portfolio von Kapitalanlagen liegt, welche aus dem laufend erwirtschafteten Gewinn der Praxis gespeist werden sollte. Der darüber hinaus erzielte Veräußerungsgewinn der abzugebenden Praxis sollte lediglich eine zusätzliche, jedoch nicht notwendige Vermögensposition sein. Macht man sich diesen Punkt bewusst, so wird sehr schnell klar, dass die beste Vorbereitung einer Praxisabgabe darin liegt, diese laufend wirtschaftlich und renditeoptimiert zu führen.

2.2.4 Weg

▪ ▪ Alternative: Ziel erreichbar

Hat man festgestellt, dass das Versorgungsziel ohne Einschränkungen erreichbar ist, so bestehen keine Probleme. Im Gegenteil hat man dann die Möglichkeit, die bestehende Vorsorge zu optimieren.

▪ ▪ Alternative: Ziel schwer erreichbar

Stellt man hingegen fest, dass der bereits beschrittene Weg nicht oder nur schwer zum gewünschten Ziel führen wird, so muss diese Abweichung bzw. diese Versorgungslücke geschlossen werden. Dies kann dadurch geschehen, dass man die Prioritäten der Ziele ändert oder den Vermögensaufbau umschichtet. Entwickeln sich beispielsweise die eingesetzten Kapitalanlagen aufgrund von Zinsschwankungen nicht wie geplant, so entsteht eine Versorgungslücke.

Dies dürfte der Regelfall sein, wenn man sich mit dem Thema Altersvorsorge bisher noch gar nicht auseinandergesetzt hat. Einzelne Maßnahmen können hier naturgemäß nicht genannt werden, da die möglichen Szenarien zu vielschichtig wären. Notwendig ist aber, dass man den zuvor genannten kritischen Weg im Auge behält, da regelmäßig weitere Zeitverzögerungen die geplante Zielerreichung erheblich erschweren oder sogar unmöglich machen können.

▪ ▪ Alternative: Ziel gefährdet

Führt eine Überprüfung der Altersvorsorge dazu, dass auch eine Umschichtung der Prioritäten und des Vermögensaufbaus nicht mehr ausreicht, um in der verbleibenden Zeit die Versorgungslücke zu schließen, so muss eine grundlegende Änderung der favorisierten Ziele erfolgen. Sicherlich ist diese Erkenntnis für den Betroffenen zunächst ernüchternd bzw. enttäuschend. Dennoch ist es wesentlich vorteilhafter, rechtzeitig zu erkennen, welche Möglichkeiten vorhanden sind, um eine adäquate Altersvorsorge zu realisieren, als vielmehr am Ende des Arbeitslebens erkennen zu müssen, dass man nicht mehr reagieren kann.

Mittelfristige Überlegungen

Götz Bierling, Harald Engel, Anja Mezger, Daniel Pfofe, Wolfgang Pütz, Dietmar Sedlaczek

© Springer-Verlag Berlin Heidelberg 2016
G. Bierling, H. Engel, A. Mezger, D. Pfofe, W. Pütz, D. Sedlaczek, *Arztpraxis – erfolgreiche Abgabe*,
Erfolgskonzepte Praxis- & Krankenhaus-Management, DOI 10.1007/978-3-662-49763-0_3

3.1   Bereitschaft zur Praxisabgabe

Bei der Planung der Praxisabgabe ist zu berücksichtigen, dass die Motivationen des Praxisabgebers und des Praxisübernehmers sehr unterschiedlich sind.

Der abgebende Arzt ist in der Regel der Auffassung, dass er für das von ihm geschaffene Lebenswerk einen adäquat hohen Preis verlangen kann und seine Praxis natürlich in seinem Sinne fortgesetzt werden sollte. Demgegenüber will der Praxisübernehmer einen möglichst niedrigen Preis für die Praxis zahlen und mit der Praxisübernahme seinem Wunsch folgen, sich in fachlicher und wirtschaftlicher Hinsicht selbst zu verwirklichen.

Berücksichtigt man darüber hinaus die Tatsache, dass eine Arztpraxis sehr von der Persönlichkeit des behandelnden Arztes und dessen über Jahre und Jahrzehnte entstandenen Verhältnis zu den Patienten geprägt ist, wird klar, dass sich der abgebende und der übernehmende Arzt optimaler Weise in fachlicher, wirtschaftlicher und vor allem in menschlicher Hinsicht im Wesentlichen gleichen sollten.

Zudem ist nur eine wirtschaftlich attraktive Praxis für den Praxisübernehmer interessant. Gleiches gilt auch für den abgebenden Arzt, der ein hohes Interesse an einem hohen Kaufpreis hat. Sowohl für den abgebenden als auch für den übernehmenden Arzt ist es von großem Interesse, dass der grundsätzliche Behandlungsstil und damit die wirtschaftliche Leistungsfähigkeit der Praxis erhalten bleiben. Völlig unterschiedliche Vertragsparteien gefährden letztlich nur wechselseitig das Gelingen einer erfolgreichen Praxisübernahme.

Verkaufsverhandlungen bedeuten für beide Parteien eine starke emotionale Belastung und sollten flankierend und frühzeitig durch kompetente Berater aus dem Steuer-, Rechts- und Wirtschaftsbereich unterstützt werden.

Der wesentlichste und daher wichtigste Punkt für den abgegebenen Arzt ist dessen tatsächliche Bereitschaft, seine Praxis zu einem im Vorfeld festgelegten Zeitpunkt abzugeben. Es ist notwendig, dass der abgebende Arzt „loslassen" kann, was häufig sehr schwer fallen kann.

3.2   Optimierung der Praxis

Nur eine erfolgreiche Praxis bringt einen guten Verkaufspreis. Die Praxis sollte daher mit den Augen eines Käufers betrachtet werden. Aufgrund der fast zwangsläufig einsetzenden eigenen Betriebsblindheit sollte ein Berater eingeschaltet werden, um Potenziale zu erkennen und zu nutzen.

Die zulassungsrechtlichen Rahmenbedingungen und die engmaschigen abrechnungsrechtlichen Regelungen täuschen oft über die Tatsache hinweg, dass auch eine Arztpraxis ein Wirtschaftsunternehmen ist.

Regelmäßig geht der Blick hierfür im stark reglementierten und von hoher Arbeitsbelastung geprägten Alltagsgeschäft des Arztes etwas verloren. Dies hat eine gewisse Betriebsblindheit zur Folge, sodass der gefühlte Praxiswert des abgebenden Arztes oft nicht mit dem objektiv durch Dritte festgestellten Praxiswert korrespondiert.

Obgleich in den letzten Jahrzenten nachhaltig versucht wurde, die Kaufpreisfindung durch verschiedene Berechnungsmethoden zu objektivieren, sollte sich der Veräußerer bewusst machen, dass sämtliche Bewertungsmethoden lediglich einen rechnerischen Verkaufspreis ermitteln, welcher sich wirtschaftlich am Markt erst realisieren lassen muss.

Losgelöst von der Frage der Anwendbarkeit oder gar Richtigkeit der verschiedenen Wertermittlungsmethoden liegt das Filtrat in der Beurteilung des Praxiswertes in der Summe der vorhandenen Sachwerte, der tatsächlich erzielten Gewinne und der perspektivischen Entwicklung der Praxis (immaterieller Wert bzw. Goodwill).

Unabhängig von der Frage, in welchem Zeitraum der Kaufpreis für eine Einzelpraxis oder eine Gemeinschaftspraxis steuerlich abgeschrieben werden kann, besteht Einigkeit darüber, dass sich der Wert einer freiberuflichen Praxis schnell verflüchtigt. Dies hat dazu geführt, dass die für die Finanzierung notwendigen Kreditinstitute die Finanzierungszeiträume häufig restriktiv am unteren Rande der Abschreibungszeiträume positionieren. Auch vor diesem Hintergrund ist es für den Praxisabgeber notwendig, seine Praxis wirtschaftlich so attraktiv und leistungsfähig zu gestalten, dass der Erwerber überhaupt in die Lage versetzt wird, die notwenigen Gewinne zu erwirtschaften, um seinen Lebensunterhalt einerseits und die Tilgung des Kredits andererseits in dem jeweils vorgesehenen Zeitraum zu bedienen.

Im Rahmen der Vorbereitung der Praxisabgabe sollte sich der abgebende Arzt daher nicht scheuen, seine Praxis steuerlich, rechtlich und betriebswirtschaftlich zu optimieren, um einen bestmöglichen und vor allem am Markt realisierbaren Praxiswert zu erzielen. Auch sollte er sich nicht scheuen, auf externe Hilfe zurückzugreifen, um durch objektive Dritte die gegebenenfalls über Jahre eingefahrenen Strukturen auf ihre Notwendigkeiten und Möglichkeiten zur Optimierung hin zu überprüfen.

Auch die Abrechnungspraxis sollte kritisch überprüft und gegebenenfalls optimiert werden. Hinsichtlich der Patientenzahlen im GKV- und PKV-Bereich sollte anhand von Vergleichszahlen geprüft werden, ob die abzugebende Praxis gegenüber vergleichbaren Praxen abweicht, um auch hier eine etwaig notwendige Verbesserung möglich zu machen.

Oft herrscht bei abgebenden Ärzten die Meinung vor, dass die Anschaffung des einen oder anderen teuren Gerätes nicht mehr notwendig sei, da man die Praxis sowieso bald abgeben werde. Aus steuerlicher Sicht und auch zur Erzielung eines höheren Kaufpreises empfiehlt es sich allerdings, medizinisch und wirtschaftlich sinnvolle Investitionen bis zur Praxisabgabe kontinuierlich fortzuführen.

Hohe bzw. längst überfällige Außenstände in einer Praxis sind für den Praxisabgeber in vielerlei Hinsicht nachteilig. Es ist kaum möglich, zu einem Stichtag keinerlei Außenstände mehr zu haben. Diese können allerdings von dem Praxisübernehmer dahingehend verstanden werden, dass der Praxisabgeber falsch oder schlecht abgerechnet hat und überdies sein Mahnwesen nicht gewissenhaft führt. Es ist dringend anzuraten, die Außenstände der abzugebenden Praxis zumindest auf ein normales Maß zu reduzieren, welches anhand eines entsprechenden Kennzahlenvergleiches ermittelt werden kann. Alte Forderungsbestände sollte es nicht mehr geben.

Zur lückenlosen Dokumentation und damit aus Gründen der Transparenz sollte der abgebende Arzt sämtliche Verträge und Dauerschuldverhältnisse in Schriftform vorrätig halten. Der Vorteil einer lückenlosen Dokumentation liegt darin, dass der Praxisübernehmer, der sich zur Finanzierung eines Kreditinstitutes bedient, diesem im Rahmen eines etwaig zu erstellenden Businessplanes sämtliche geforderte Unterlagen sofort und lückenlos vorlegen kann. Auch gewinnt der Praxisübernehmer sehr schnell einen Überblick über die vertraglichen Strukturen der Praxis. Der abgebende Arzt sollte sich bezüglich dieses Punktes immer in die Rolle des Praxisübernehmers versetzen und sich klar machen, dass die Vertragsgestaltungen, Vertragspartner und Geschäftsabläufe für den Praxisübernehmer völlig neu sind und dieser sich daher bei der Übernahme zunächst einen Überblick verschaffen muss. Je schneller, lückenloser und transparenter ihm dies dann ermöglicht wird, umso schneller können Verhandlungen erfolgreich geführt werden. Überdies erhöht eine solche Dokumentation das Vertrauen des Praxisübernehmers und unterstützt damit auch indirekt die Kaufpreisverhandlungen.

Will der abgebende Arzt seine Praxis veräußern, so muss er diese nüchtern aus der Perspektive eines potenziellen Käufers betrachten und sich selbst die Frage stellen, ob er die Praxis zu diesem Kaufpreis tatsächlich erwerben würde. Zusammenfassend kann man daher sagen, dass, wenn man seine Praxis bestmöglich veräußern will, man diese auch ständig „auf Kurs" halten muss.

3.2.1 Fortbildung des Personals

Ein ganz wesentlicher Punkt bei der Abgabe bzw. Übernahme einer Arztpraxis ist das Personal. Dieses sollte dem demografischen Faktor geschuldet nicht überaltert sein, da ansonsten die Gefahr besteht, dass nach Abgabe der Praxis auch das Personal bald das Renteneintrittsalter erreicht. Für den Praxisübernehmer ist es von wesentlicher Bedeutung, dass er auf die fachliche und persönliche Kompetenz des Personals nachhaltig zurückgreifen kann und deren Bindungswirkung zu den Patienten aufrechterhält.

Weiterhin sollte das Personal regelmäßig geschult und fortgebildet werden. Auch hier sollte bedacht werden, dass sich verändernde Behandlungsmethoden auch entsprechend veränderte Arbeitsprozesse zur Folge haben. Es ist daher von größter Wichtigkeit, das Personal auf den höchstmöglichen Fortbildungsstandard zu bringen bzw. zu halten.

3.2.2 Personaleinsatz

Obgleich es schon zu einer Plattitüde verkommen ist, dass das Personal eines jeden Unternehmens dessen wahren Wert darstellt, sollte diesem Punkt dennoch große Bedeutung eingeräumt werden. Oft werden Veränderungsprozesse von dem Arzt übersehen oder gar abgelehnt; gerade das Personal muss bei Veränderungsprozessen „abgeholt" und „eingebunden" werden, damit die Umsetzung auch von diesem mitgetragen wird. Der Aspekt der Personalführung wieder leider viel zu oft vernachlässigt.

3.2.3 Workflows

Immer wiederkehrende Arbeiten und Abläufe führen dazu, dass sich Arbeitsabläufe so oft wiederholen, bis sie ab einem gewissen Zeitpunkt unreflektiert und unkritisch reproduziert werden. Auch hier ist es notwendig, die Praxisabläufe hinsichtlich ihrer zeitlichen und personellen Ressourcen zu optimieren, um Kapazitäten frei zu machen, die man anderweitig einsetzen kann. Bezugnehmend auf die Arbeitsabläufe wird dringend angeraten, sich Unterstützung von außen zu holen. Der Grund hierfür liegt zum einen darin, dass sich nach mehreren Jahren bzw. Jahrzehnten naturgemäß eine allgemeine Betriebsblindheit einschleicht und nur ein Blick von außen einen objektiven Blick verschafft. Zum anderen ist es sehr menschlich, dass Mitarbeiter und auch Ärzte ungern mit liebgewonnenen Arbeitsweisen brechen, und es ihnen oft sehr schwer fällt, ihre Arbeitsweise umzustellen. Zudem kann man regelmäßig viele interne Diskussionen vermeiden, wenn man einen Vorschlag von außen annehmen kann.

3.2.4 Verlegung der Praxis

Eine selbst aufgebaute Praxis hat ebenso wie eine übernommene Praxis eine historisch bedingte Entwicklung hinter sich, und es kann sinnvoll sein, darüber nachzudenken, ob der bestehende Praxissitz evtl. verlegt werden sollte. Es sollte wieder die Frage gestellt werden: „Würde ich mich hier niederlassen?" Im Einzelfall kann die Verlegung der Praxis notwendig sein.

Die Gründe hierfür können sehr vielschichtig sein und sollen daher hier nur exemplarisch genannt werden. Sie können zum Beispiel in der Immobilie selber, in der sich die Praxis befindet, oder auch in deren unmittelbarer Nachbarschaft liegen.

So kann beispielsweise eine Praxis, die in den achtziger oder neunziger Jahren des letzten Jahrhunderts in einem Neubau errichtet und von einem urban geprägten und wachstumsstarken Umfeld umgeben war, mittlerweile zu einer baufälligen und strukturschwachen Randlage herabgesunken sein. Da sich ein solcher Prozess

üblicherweise schleichend über mehrere Jahre bzw. Jahrzehnte vollzieht, besteht die Gefahr, dass diese Entwicklung von dem Betroffenen selber kaum oder nur verspätet erkannt wird. Betrachtet man hingegen die Lage der Praxis emotionsfrei von außen als objektiver Dritter, so zeigt sich sehr oft und sehr schnell, dass die gefühlte oder gewünschte Vorstellung nicht mit der Realität korrespondiert.

Gleiches gilt selbstverständlich auch für den umgekehrten Fall, dass sich die Lage einer etablierten Arztpraxis von einer perspektivisch schwierigen zu einer A-Lage entwickelt. Man denke hierbei nur an die Entwicklungen, die Städte wie Leipzig in den letzten Jahrzehnten erfahren haben.

Auch bezüglich der Lage seiner Praxis sollte sich der abgebende Arzt kritischen Fragen stellen und sich auch nicht scheuen, sachkundigen Rat einzuholen und diesen auch anzunehmen

3.2.5 Erfassung der Patientenstruktur

Die wesentliche Grundlage für eine erfolgreiche Arztpraxis ist der Patientenstamm. Dieser wird nicht nur durch die örtliche Lage und die dazugehörige Morbiditätsstruktur bestimmt, sondern im Wesentlichen gerade durch die Fähigkeit des Arztes, seine Patienten an sich bzw. an die Praxis binden zu können. Oftmals führt dies dazu, dass der Arzt gemeinsam mit seinem Patientenstamm altert und die Patientenstruktur damit insgesamt überaltert. Es liegt ersichtlich auf der Hand, dass der Praxisübernehmer kein Interesse daran haben kann, einen überalterten Patientenstamm zu übernehmen, der ein ähnliches Alter hat wie der Praxisabgeber.

Es ist somit von größter Wichtigkeit, dass sich jeder Praxisabgeber einen umfassenden Überblick über seine Patientenstruktur in Bezug auf Alter, Geschlecht und Kassenzugehörigkeit verschafft, und überdies jederzeit genau weiß, wie viele Privatpatienten und Kassenpatienten er hat. Dieser Überblick versetzt den abgebenden Arzt nicht nur in die Lage, einem potenziellen Erwerber Auskunft über seine Patientenstrukturen zu geben, sondern eröffnet ihm auch die Möglichkeit, etwaige Missstände im Vorfeld zu erkennen und zu beseitigen.

3.2.6 Erhöhung des Privatpatientenanteils

Zum Jahresende 2012 waren in der privaten Krankenversicherung insgesamt 8,96 Millionen Menschen versichert, in der gesetzlichen Krankenkasse rund 70 Millionen Menschen. Für die ambulante ärztliche Versorgung von Privatpatienten gab die private Krankenversicherung 5,72 Milliarden Euro aus, die gesetzliche Versicherung im Jahre 2012 30,16 Milliarden Euro (Quelle: Rebmann Research, Jahrbuch für Ärzte und Zahnärzte 2015, Seiten 380 ff.). Die private Krankenversicherung gab daher im Durchschnitt im Jahr 2012 pro Kopf 638,00 EUR für ihre Versicherten aus, während die gesetzliche Krankenversicherung pro Kopf 476,00 EUR für die ärztliche ambulante Versorgung ihrer Versicherten ausgegeben hat. Hinzu kommt, dass viele private Krankenkassen Selbstbehalte mit ihren Patienten vereinbart haben, sodass das durchschnittliche Honorarvolumen bei den Privatpatienten noch etwas höher liegen dürfte. Diese Zahlen belegen, dass die Behandlung von Privatpatienten grundsätzlich lukrativer ist, weil sie über ein höheres Potenzial für die Begleichung von ärztlichen Leistungen verfügen. Es ist allgemein bekannt, dass die Abrechnung nach der GOÄ zu höheren Fallwerten führt als die Abrechnung nach dem Einheitlichen Bewertungsmaßstab (EBM).

Dies spricht für eine Steigerung des Privatpatientenanteils. Dabei darf nicht außer Acht gelassen werden, dass die Anzahl der Privatpatienten an der Gesamtbevölkerung über Jahre relativ konstant bleibt und die Gesetzgebung auch daran arbeitet, dass die Anzahl der Privatpatienten sich nicht zu Lasten der gesetzlichen Krankenversicherung ausweitet. Der Markt ist daher begrenzt.

Diese Erkenntnis darf aber nicht dazu führen, dass man sich um die Gruppe der Privatpatienten nicht kümmert, weil man mit vergleichbarem Aufwand (Sachkosten einschließlich Personalkosten sowie ärztliche Arbeitszeit) wesentlich höhere Einnahmen erzielt. Da es sich um eine begrenzte Patientengruppe handelt, kann man nur im Verdrängungswettbewerb bestehen. Die fachliche Qualifikation des Arztes kann von den Patienten nur eingeschränkt beurteilt werden. Daher spielen sogenannte weiche Faktoren bei der Behandlung von Privatpatienten eine erhebliche Rolle. Hier sind zu nennen:

- kurzfristige Terminvergabe
- besondere Sprechzeiten
- gesonderter Warteraum
- kurze Wartezeiten für Privatpatienten
- besondere Sprechstunde für Privatpatienten
- Termintreue bei Einbestellung von Privatpatienten zu festen Terminen

Bei Privatversicherten handelt es sich in der Regel um Menschen mit höherem Einkommen. Man kann daher davon ausgehen, dass diese Personengruppe es zu schätzen weiß, wenn sie wenig Zeit im Wartezimmer des Arztes verbringt.

Insgesamt sind das Maßnahmen, die in der Regel ohne großen Kostenaufwand realisiert werden können. Selbst wenn es nicht gelingt, aufgrund beengter räumlicher Verhältnisse für Privatpatienten eine eigene Wartezone zu schaffen, so kann man durch Einführung von einer Sprechstunde für Privatpatienten zu gesonderten Zeiten sowie besonderer Termintreue den Wohlfühlfaktor für diese Patientengruppe erhöhen. Hilfreich könnte es beispielsweise sein, wenn man die Behandlungstermine nicht so eng staffelt wie bei gesetzlich Versicherten, um so sicherzustellen, dass die Termine eingehalten werden. Auch die Zurverfügungstellung von Getränken (Wasser bzw. Kaffee oder Tee) verursacht keine nennenswert höheren Kosten, erhöht das Wohlbefinden dieser Patientengruppe aber deutlich.

Wie nachfolgend noch dargestellt werden wird, ist der Privatpatientenanteil ein wichtiger Faktor zur Wertsteigerung der Praxis. Wenn es also gelingt, den Anteil von Privatpatienten von 10 auf beispielsweise 15 Prozent zu steigern, so ist die Auswirkung dieser Steigerung auf den Gewinn nicht plus 5, sondern wahrscheinlich plus 20 Prozent. Diese einfache überschlägige Berechnung an dieser Stelle zeigt, wie wichtig es ist, sich dieser Patientengruppe zuzuwenden.

Darüber hinaus darf nicht vergessen werden, dass viele gesetzlich Versicherte sich für bestimmte oder auch alle ambulanten Leistungen zusätzlich versichern. Im Jahr 2015 hat die private Krankenversicherung insgesamt 23,1 Millionen Zusatzpolicen verkauft. Sicherlich werden sich nicht alle Zusatzpolicen auf die gesamte ambulante ärztliche Versorgung erstrecken, aber ein nennenswerter Anteil dürfte hier dazu führen, dass diese Versicherten auch in der ambulanten ärztlichen Versorgung als Privatpatienten abgerechnet und behandelt werden können. Die insgesamt 70 Millionen gesetzlich Versicherten haben also zu gut einem Drittel Zusatzpolicen, sodass es sich lohnt, auch diese Versichertengruppe in den Fokus zu nehmen und aufmerksam zu betreuen. Bei der Aufnahme der Patienten, auch der gesetzlichen, sollte also abgefragt werden, ob sie eine Zusatzversicherung für ambulante ärztliche Leistungen abgeschlossen haben oder nicht. Wenn diese Frage mit „Ja" beantwortet wird und der Tarif eine Honorierung nach GOÄ zu üblichen Steigerungssätzen hergibt, sollte diese Versichertengruppe ebenfalls in den Genuss der Vorteile für Privatpatienten kommen.

3.2.7   Erweiterung/Einführung von IGeL-Leistungen

Der nicht-ärztliche Gesundheitsmarkt in Deutschland boomt. Der Besuch von Discountern zeigt einige Regalmeter mit Gesundheitstees, Tabletten, Vitaminpräparaten und vielem mehr. Daraus kann man schließen, dass große Teile der Bevölkerung bereit sind, für Gesundheitsvorsorge Geld auszugeben. Dieses Potenzial sollte auch in der Arztpraxis genutzt werden. Dies gilt umso mehr, als dass der Arzt, vor allen Dingen der Hausarzt, am allerbesten dazu in der Lage ist, zu beurteilen, welche Präventions- und IGeL-Leistungen, aber auch welche Vorsorgeuntersuchungen für den Patienten in seiner individuellen Krankheits- und Lebenssituation sinnvoll sind.

Der gezielte Hinweis auf Vorsorgemaßnahmen oder Vorsorgeuntersuchungen sowie Präventionsleistungen führt in der Regel dazu, dass der Patient sich durch seinen Arzt besser betreut fühlt als ohne diesen Hinweis. Wie der Eingangssatz zeigt, sind weite Teile der Bevölkerung willig, für den Erhalt der Gesundheit und Prävention Geld auszugeben. Warum ausgerechnet die Ärzte den Patienten hier nicht hilfreich zur Seite stehen sollen, erschließt sich auch bei genauerem Hinsehen nicht. Weit verbreitete Panikmache in sogenannten „Aufklärungssendungen" oder „Patientenschützer" puschen einzelne Fälle besonders auf.

Es zeigt sich aber angesichts begrenzter Ressourcen, insbesondere in der gesetzlichen Krankenversicherung, dass sinnvolle Vorsorgemaßnahmen von der Krankenkasse nicht oder nicht vollständig bezahlt werden oder auch Vorsorgeuntersuchungen zu spät von der Kasse bezahlt werden. Vor dem Hintergrund, dass die Übernahme von Vorsorgeleistungen durch die gesetzlichen Krankenkassen einer gesetzlichen Dynamik unterliegt, ist es sinnvoll, das Angebot um abrechenbare individuelle Gesundheitsleistungen regelmäßig zu ergänzen. Hierdurch können nicht unerhebliche Mehreinnahmen für die Praxis erzielt werden, da Präventionsleistungen nach GOÄ abgerechnet werden können, sofern sie nicht Bestandteil des EBM sind. Außerdem erhöht sich für die überwiegende Anzahl der Patienten die Wahrnehmung der Praxis als serviceorientiert und an der Gesundheit der Patienten interessiert. Beide Faktoren sind für die Wertsteigerung der Praxis nicht zu unterschätzen und führen zu einem höheren Veräußerungspreis für diese.

Zu beachten ist, dass IGeL-Leistungen oder Privatzahlerleistungen vom gesamten Praxisteam mitgetragen werden sollten. Führt man Präventions- oder IGeL-Leistungen neu ein, so sollte das gesamte Team mitgenommen werden. Der Praxisinhaber sollte sich vergewissern, dass seine Mitarbeiter die Präventionsleistung aktiv anbietet, um den Patienten vom Nutzen dieser IGeL-Leistungen zu überzeugen.

3.2.8   Zertifizierung der Praxis

■■ **Zertifizierung, Gütesiegel, TÜV-Test-Sieger, Fokus-Prüfung etc.**

Alles wird zertifiziert, geprüft und mit Gütesiegel versehen. Sicherlich ist die Qualität des einen oder anderen Siegels zweifelhaft, es gibt aber anerkannte Zertifizierungsstandards, beispielsweise die DIN ISO 9001 oder für ärztliche Praxen konzipierte Qualitätssicherungsmaßnahmen. Qualitätssicherung ist kein Zweck an sich, sondern dient der Sicherstellung einer möglichst optimalen Versorgung der Patienten, der Sicherung der fachärztlichen Standards, der Beachtung der Leitlinien sowie der korrekten Abrechnung gegenüber der KV und den Privatpatienten. Außerdem sorgt ein sinnvoll eingeführtes Qualitätsmanagementsystem dafür, dass die Praxisabläufe optimiert, Fehlerquoten reduziert, Hygienevorschriften beachtet und die Patientenzufriedenheit gesteigert werden. Durch die Zertifizierung kann ein Nachweis über die Beachtung bestimmter Qualitätsanforderungen erbracht werden. Bei Patienten, die auf eine besonders sorgfältige Betreuung Wert legen, kann eine Zertifizierung der Praxis durch einen anerkannten Zertifizierer nach einer Zertifizierungsnorm, beispielsweise DIN ISO 9001, Wettbewerbsvorteile bieten. Gegenüber dem Patienten wird deutlich gemacht, dass das gesamte Praxisteam sich mit rationellen und sinnvollen Praxisabläufen beschäftigt und dass eine qualitativ hochwertige Betreuung der Patienten in dieser Praxis durchgeführt wird. Im Rahmen eines sinnvollen Marketingkonzeptes kann daher die Zertifizierung der Praxis ein wichtiger Bestandteil sein.

3.2.9 Abrechnungsoptimierung

Der EBM unterliegt ständigen Veränderungen. Grund hierfür sind einerseits die schwankenden Einnahmen der gesetzlichen Krankenversicherungen und andererseits die regelmäßig steigenden Kosten der Heilbehandlungen. Auch der technische Fortschritt hat zur Folge, dass heute andere Behandlungsmethoden möglich sind als noch vor wenigen Jahren.

So werden zum Beispiel neue Komplexpauschalen gebildet bzw. wieder aufgelöst, die Leistungslegenden ergänzt, umgeschrieben, ausgeweitet oder eingegrenzt oder es werden neue Abrechnungstatbestände geschaffen. Sofern der Praxisinhaber seine Abrechnung selber vornimmt, ist er mit dieser Problematik vertraut. In vielen Praxen ist es regelmäßig aber so, dass die Abrechnungen von einer erfahrenen Helferin erstellt werden. In der Hektik des Alltages kann es leicht geschehen, dass die eine oder andere Änderung der Abrechnungsziffer übersehen und die Abrechnung somit falsch erstellt wird.

Es besteht dann nicht nur die Gefahr, dass eine sachlich-rechnerische Richtigstellung durch die Kassenärztliche Vereinigung erfolgt und sich der Arzt möglichen Regressrisiken aussetzt, sondern auch, dass erbrachte Leistungen im GKV-Bereich zu Unrecht nicht abgerechnet werden. Änderungen der Leistungslegenden oder das Ausgliedern bestimmter Leistungsbestandteile aus dem EBM werden in der alltäglichen Praxis nicht wahrgenommen, Leistungsbestandteile, die eigentlich abrechnungsfähig sind, werden nicht als abrechnungsfähig angesehen.

Hier lohnt es sich, das eigene Dokumentations- und Abrechnungsverhalten kritisch zu überprüfen bzw. kritisch überprüfen zu lassen. In der täglichen Beratungspraxis, das beobachten wir immer wieder, werden beispielsweise in einer normalen Hausarztpraxis, gelegen in Berlin, im Quartal 4.000,00 bis 5.000,00 EUR Honorar schlichtweg vergessen, weil weder der Behandler noch der Helfer/die Helferin sich intensiv mit dem EBM und seinen Leistungslegenden auseinandergesetzt haben. Ärgerlich ist nicht nur, dass dieses Honorar dem Praxisinhaber tatsächlich im Quartal fehlt; infolge des geringeren Gewinns hat der Verlust von verdientem Honorar auch eine Reduzierung des Praxiswertes zur Folge.

Da es schwer ist, gewohnte Pfade zu verlassen, empfiehlt es sich, Abrechnungsunternehmen einzuschalten, die die Quartalsabrechnungen überprüfen und den mit der Abrechnung beauftragten Mitarbeiter schulen. Die Kosten, die für die Einschaltung einer derartigen Beratung zu zahlen sind, haben sich in der Regel nach spätestens zwei Quartalen durch erhöhte Zahlungen der Kassenärztlichen Vereinigung amortisiert.

Darüber hinaus empfiehlt es sich auch, sich mit der aktuell geltenden GOÄ auseinanderzusetzen. Sind die Privatleistungen bisher in der Praxis abgerechnet worden, sollte darüber nachgedacht werden, ein qualifiziertes Abrechnungsunternehmen einzuschalten. Die Abrechnungsunternehmen beobachten die Entwicklung rund um die Abrechnungsmöglichkeiten der GOÄ intensiv, weisen die Praxen auf Abrechnungsfehler, aber auch darauf hin, dass bei bestimmten Leistungen unter Umständen zusätzliche Ziffern abgerechnet werden können, wenn die entsprechenden Leistungen erbracht und dokumentiert sind. Auch hier kann aus Sicht der Praxis nur gesagt werden, dass die Einschaltung eines Abrechnungsunternehmens für die Arztpraxis doppelten Gewinn haben kann. Zum einen steigert sich das quartalsweise abzurechnende Honorar wahrnehmbar, zum anderen wirkt sich diese Honorarsteigerung direkt auf den Gewinn der Praxis aus, da die Einschaltung eines Abrechnungsunternehmens nur geringe Kosten verursacht und die Lohnkosten für den Helfer/die Helferin, der/die ansonsten die Abrechnungen vorgenommen hat, anderweitig, beispielsweise für das aktive Anbieten von IGeL-Leistungen, produktiv verwandt werden können.

Im Bereich der Analyse der eigenen Abrechnungen und der Verbesserung des Abrechnungsverhaltens steckt also ein doppelter Gewinn. Zum einen erhöht sich sofort der Gewinn der Praxis, zum anderen sind langfristige Auswirkungen auf die Erhöhung des Praxiswertes so gut wie sicher.

3.2.10 Investitionen

Schon häufiger ist in diesem Buch eine Haltung angesprochen worden, die da lautet: „Ich will nicht mehr so lange arbeiten, ich lasse es etwas ruhiger angehen." So sehr diese Haltung menschlich auch verständlich ist, birgt sie doch erhebliche Risiken für den später zu realisierenden Praxiskaufpreis in sich.

Patienten können in der Regel die medizinische Kompetenz eines Behandlers nicht in vollem Umfang beurteilen. Ihr Urteil über die Qualität der ärztlichen Behandlung wird daher maßgeblich durch die Art und Weise beeinflusst, wie sie die Praxis wahrnehmen, also durch die Serviceorientierung des Personals, das Auftreten des Behandlers, aber auch, was nicht zu unterschätzen ist, durch das Aussehen und die Ausgestaltung der Praxis. Von daher sollte die Praxis in einem guten Renovierungszustand gehalten werden. Notwendige Ersatzinvestitionen in Geräte und Einrichtungen sollten auch noch fünf Jahre vor der geplanten Praxisaufgabe getätigt werden, da ein gelungenes Erscheinungsbild für die Patientenbindung von erheblicher Bedeutung ist.

Auch Geräte, die zur normalen Leistungserbringung in der Praxis erforderlich sind, sollten in technisch einwandfreiem Zustand gehalten werden. Hier sind die regulären Ersatzbeschaffungen vorzunehmen. Selbstverständlich muss der Behandler die notwendigen Genehmigungen haben, um die gerätebezogenen Leistungen erbringen und abrechnen zu dürfen, sonst hat das Ganze keinen Sinn. Man sollte aber auch fünf Jahre vor der geplanten Praxisaufgabe durchaus erwägen, ob Zusatzqualifikationen, die mit vertretbarem Aufwand erlangt werden, noch erworben werden, um so Leistungen zu erbringen, die inzwischen von den Patienten als üblich in dem jeweiligen Fachgebiet wahrgenommen werden.

Damit vielleicht nicht mehr eine Generalinstandsetzung der gesamten Praxis vorgenommen werden muss, ist darauf zu achten, dass die laufende Instandhaltung durchgeführt wird und die Praxis insgesamt einen aufgeräumten, funktionalen Eindruck hinterlässt und ansprechend eingerichtet ist.

3.2.11 Internetpräsenz

Eine Arztpraxis ohne eigene Homepage ist heutzutage nicht mehr denkbar. Die Homepage ist die Visitenkarte im Internet, sie sollte dem sonstigen Auftritt und Erscheinungsbild der Praxis angepasst sein.

Zudem neigen Patienten zunehmend dazu, sich vor der Konsultation eines Arztes im Internet zu informieren; dabei spielen Bewertungsportale eine immer größere Rolle. Auch wenn diese durchaus kritisch zu sehen sind, hat jede noch so berechtigte Kritik an Bewertungsportalen und Internetauftritten nicht zur Folge, dass sich das Verhalten potenzieller Patienten ändert.

Von daher sollte der Internetauftritt der Praxis zeitgerecht, interessant gestaltet und vor allen Dingen aktuell sein. Es ist keineswegs erforderlich, dass auf der Homepage der Praxis ständig neueste medizinische Informationen vorhanden sind oder jede Woche eine neue IGeL-Leistung propagiert wird. Auch statische Homepages ohne wechselnden Content erfüllen durchaus den Zweck, dem Patienten einen ersten Eindruck über die Praxis zu vermitteln. Allerdings sollte die Homepage durch einen professionellen Designer gestaltet werden, „selbstgestrickte" Homepages sehen häufig genau so, nämlich unprofessionell, aus.

Es gibt inzwischen eine ganze Vielzahl von Anbietern, die sich auf die Erstellung einer professionell gestalteten Homepage für Freiberufler, also auch Ärzte, spezialisiert haben. Zu einem in sich geschlossenen Marketingkonzept für die Arztpraxis gehört also auch eine Homepage, die modernen Standards im Wesentlichen entspricht.

3.2.12 Forderungsmanagement

Die Forderungen gegenüber der KV sind sichere Forderungen. Es besteht nicht zu befürchten, dass der Arzt Forderungsausfälle hat. Dennoch sollte immer darauf geachtet werden, dass die Zahlungen in die Praxis schnellstmöglich und in richtiger Höhe erfolgen.

Im Bereich der Privat- und Zuzahlerleistungen ist festzustellen, dass in dem oben bereits behandelten Thema der fehlenden Abrechnungen Zahlungseingänge nicht nachgehalten werden. Häufig traut man sich nicht, den Patienten zu mahnen, weil man Sorge um den öffentlichen Eindruck der Praxis hat. Immer wieder sind auch Organisationsmängel der Grund dafür, dass Zahlungseingänge nicht ordnungsgemäß überwacht werden. Hier hilft es, die Abrechnung und Überwachung des Zahlungseinganges in die Hände einer zuverlässigen Hilfskraft zu legen oder ein professionelles Abrechnungsunternehmen einzuschalten, da diese auch das Forderungsmanagement und gegebenenfalls das Inkasso übernehmen. Die Empfehlung lautet in jedem Fall, die Privat- und Zuzahlerleistungen durch ein Abrechnungsunternehmen abrechnen zu lassen, weil auch hier die Erfahrung zeigt, dass die damit verbundenen Kosten für den Praxisinhaber deutlich geringer sind. Die Personalressourcen, die in der Praxis frei werden, können entweder durch Stundenreduzierung bei den Mitarbeitern ertragreich umgesetzt werden oder die Mitarbeiter können für eine bessere Patientenbetreuung und für die Erbringung von IGeL- und Zuzahlerleistungen eingesetzt werden.

Weiter kann es, wenn kein Abrechnungsunternehmen eingeschaltet wird, hilfreich sein, dass man die Kontoauszüge und die Praxisbelege quartalsweise zum Steuerberater schafft und diesen bittet, unterjährig die Buchhaltung zu erstellen. Insbesondere sollte man den Steuerberater bitten, die Rechnungen für Privatzahlerleistungen als offene Forderungen zu buchen und erst bei Zahlungseingang auszubuchen. Auch so hat man eine Kontrolle, ob die Privatpatienten die geschuldeten Leistungen zeitgerecht erbringen. Die zweite Variante ist die für alle Beteiligten aufwändigere und mit längeren Laufzeiten verbundene.

Ein effizientes Forderungsmanagement in der Praxis lässt sich am leichtesten durch Einschaltung eines geeigneten Abrechnungsunternehmens darstellen.

Auch an dieser Stelle ergibt sich ein doppelter Effekt. Zum einen erhöht sich unmittelbar der dem Praxisinhaber zur Verfügung stehende Gewinn, zum anderen führt der höhere Gewinn zu einem höheren Praxiswert.

3.2.13 Vertragscontrolling

Zusammenstellung aller vorhandenen Verträge

Auch in einer Arztpraxis existiert eine Vielzahl von laufenden Verträgen. Dies beginnt bereits mit dem Mietvertrag über die Praxisräume, es folgen Telekommunikationsverträge, Leasingverträge über Praxisgeräte, Serviceverträge, Softwareverträge und sonstige Verträge. Die wenigsten Praxen verfügen über einen Vertragsordner, in dem alle Verträge sortiert aufgehoben werden. Häufig findet man die Vertragsunterlagen an den unterschiedlichsten Stellen in der Praxis, einige Verträge sind auch gar nicht aufzutreiben.

Da es im Rahmen des Übergangs der Praxis auf einen Nachfolger für diesen wichtig ist, welche Verträge er übernehmen muss und welche er übernehmen kann, sollte schon fünf Jahre vor Übergabe der Praxis darauf geachtet werden, dass sämtliche für die Praxis abgeschlossenen Verträge zentral in einem Ordner zusammengefasst werden. Änderungen von Verträgen, die nur mündlich vorgenommen worden sind, sollten in jedem Fall verschriftlicht werden. In der Praxis findet man häufig höhere Mietzahlungen als in den Verträgen geregelt. Bei einem guten Verhältnis zwischen dem Praxisinhaber und dem Vermieter reicht häufig das mündliche gesprochene Wort. Die Arbeitsverträge der Helferinnen sind möglicherweise gar nicht mehr vorhanden oder es gab noch nie schriftliche Verträge. Selbst wenn die ursprüngliche Fassung des Arbeitsvertrages noch gefunden wird, sind die inzwischen vorgenommenen Gehaltserhöhungen und Anpassungen der Arbeitszeit nirgendwo schriftlich dokumentiert, sondern nur zwischen dem Inhaber und dem Helfer/der Helferin abgesprochen. Hier sollte aus Gründen der Rechtssicherheit für den bisherigen Inhaber, aber insbesondere auch für den Praxisübernehmer, darauf geachtet werden, dass die derzeit geltenden Vereinbarungen in einer Ergänzung zu den entsprechenden Verträgen niedergelegt werden. Gerade bei mündlichen Vereinbarungen besteht bei Unstimmigkeiten zwischen den Vertragsparteien die Gefahr, dass mündlich getroffenen Vereinbarungen oder Zusagen nicht eingehalten werden. Dies gilt insbesondere für die Einzelheiten des Mietvertrages. So können zum Beispiel mündlich vereinbarte Laufzeiten bzw. Kündigungsfristen streitig werden. Für den Praxisabgeber kann das unangenehme Folgen haben. Insbesondere stellen sich für die Übergabe der Praxis unerwartete Probleme ein, weil die möglicherweise im ursprünglichen Mietvertrag vereinbarte Verpflichtung des Vermieters, einen Nachfolger zu akzeptieren, durch die kurzfristige Kündigungsmöglichkeit unterlaufen werden kann. Gerade an diesem Punkt sollte auch fünf Jahre vor der geplanten Praxisübergabe der Rat eines Anwalts gesucht werden, damit derartige Risiken erkannt und durch Zusatzvereinbarungen mit den anderweitigen Vertragspartnern aus der Welt geschafft werden können.

Verschriftlichung aller mündlichen Verträge

Für den Praxisübernehmer ist es von Bedeutung, alle die Praxis verpflichtenden Verträge zu erhalten und entscheiden zu können, welche er übernehmen oder neu abschließen soll. Es macht bei dem Praxisübernehmer einen guten Eindruck, wenn alle Praxisunterlagen geordnet und vollständig übergeben werden. Wie bei den Arbeitsverträgen schon angeführt, fehlen häufig Vertragsurkunden oder enthalten nicht die aktuelle Fassung; daher ist eine frühzeitige Durchsicht und Prüfung auf Vollständigkeit und Aktualität dringend anzuraten.

Auch für den Praxisabgeber kann die Durchsicht und kritische Prüfung der Verträge rechtzeitig vor der Abgabe der Praxis einen angenehmen Nebeneffekt haben. Unter Umständen ergeben sich durch Umstellung von Verträgen auf billigere oder bessere Anbieter und die Kündigung überflüssig gewordener Verträge Kostenvorteile, die den Gewinn der Praxis erhöhen und so zu einem besseren Verkaufspreis führen.

Auflistung von Mitgliedschaften

Häufig ist der abgebende Arzt Mitglied in einer Laborgemeinschaft oder in einer Apparategemeinschaft. Auch hier sollten die damit zusammenhängenden Verträge, Vereinbarungen und Verpflichtungen zusammengetragen und in dem Vertragsordner abgeheftet werden. Diese für einen Erwerber relevanten Informationen sollten griffbereit sein, die Verträge sollten auf dem aktuellsten Stand und der Praxisinhaber in der Lage sein, Fragen des Bewerbers hierzu zu beantworten, insbesondere auch Fragen dergestalt, ob ein Eintritt z. B. in die Apparategemeinschaft oder die Labor GbR möglich ist oder nicht.

Aufstellung von Sonderzulassungen, Hausarzt- und Strukturverträgen

Wenn der Arzt an derartigen besonderen Versorgungsformen teilnimmt, sollten auch hier die entsprechenden Verträge, Richtlinien und sonstigen Vorgaben, die im Rahmen der Teilnahme an derartigen Sonderversorgungsformen zu beachten sind, zusammengestellt werden und in dem Vertragsordner der Arztpraxis gesammelt dem Bewerber zur Verfügung gestellt werden. Ergibt sich aus Haus-, Facharzt- oder Strukturverträgen eine besonders gute Vertragssituation, ist es besonders wichtig, die dafür notwendigen Verträge und Unterlagen parat zu haben, aber dem Bewerber auch Informationen mit an die Hand zu geben, die ihm eine Beurteilung dahingehend ermöglichen, ob er an diesen Sonderversorgungsformen ebenfalls teilnehmen kann.

3.2.14 Kostenstruktur

Auch der bestorganisierte Arzt ist nicht davor gefeit, gegenüber der eigenen Arbeitsorganisation betriebsblind zu werden. Insbesondere, wenn die Praxis stark von Patienten frequentiert wird, bleibt häufig keine Zeit, um sich über die Praxisabläufe und die Kostenstruktur in der Praxis Gedanken zu machen. Zudem bestehen unter Umständen auch persönliche Bindungen, beispielsweise zu Helferinnen oder zu Dienstleistern, die den Praxisinhaber veranlassen, möglicherweise gebotene Maßnahmen zur Reduzierung der Kosten nicht durchzuführen und vielleicht auch wenig effizientes Personal weiter zu beschäftigen. So sehr ein derartiges Verhalten menschlich verständlich ist, steckt auch hier Potenzial zur Stärkung des Praxisgewinns und damit zur Steigerung des Wertes der Praxis. Auch hier empfiehlt es sich, ein geeignetes Beratungsunternehmen einzuschalten, das die Praxisabläufe analysiert, die

Personaleinsatzplanung überprüft, die Arbeitsabläufe analysiert und gegebenenfalls Verbesserungsvorschläge macht.

Im besten Fall gibt es wenig, was an Effizienzressourcen noch gehoben werden kann, im schlechtesten Fall wird festgestellt, dass wesentliche Teile des Praxisablaufs optimiert werden können und unnötige Kosten möglicherweise schon über Jahre verursacht worden sind.

Auch diese Thematik sollte fünf Jahre vor der geplanten Übergabe kritisch beleuchtet und überprüft werden, denn hier Konsequenzen zu ziehen, Praxisabläufe zu ändern, Personaleinsatz zu ändern oder sogar neues Personal zu beschäftigen, führt anfangs zu Reibungsverlusten. Es braucht eine gewisse Zeit, bis Maßnahmen, die den gewohnten Praxisablauf verändern, greifen und effizient durchgesetzt werden können. Dementsprechend braucht es auch eine gewisse Zeit, bis sich Potenziale, die sich durch eine Überprüfung der Kosten und der Arbeitsabläufe ergeben, tatsächlich auszahlen und in Euro und Cent niederschlagen.

Auch hier gilt, dass sich die für ein Beratungsunternehmen aufzuwendenden Kosten in aller Regel in weniger als 12 Monaten amortisieren.

Sollte Ihre Praxis zu den Praxen gehören, in denen eine Reorganisation nicht erforderlich ist, können Sie sich gratulieren, denn dann können Sie gegenüber einem Erwerber mit dem Gutachten der Unternehmensberatung punkten und sagen, dass Sie schon stets eine bestens organisierte Praxis geführt haben und der Praxisübernehmer Ihre Strukturen und Ihre Praxisorganisation übernehmen kann, da sie wenig Änderungen erfordert.

3.2.15 Steuern und Buchhaltung

Aktualisierung steuerlicher Unterlagen

Bei Praxisabgaben stellten die Autoren in der Praxis häufig fest, dass die Unterlagen für das laufende und vorhergehende Kalenderjahr noch gar nicht beim Steuerberater vorlagen oder, sofern doch, dieser aber mit der Bearbeitung der Unterlagen noch nicht begonnen hat. Es hat sich inzwischen bei niederlassungswilligen Ärzten herumgesprochen, dass die betriebswirtschaftliche Auswertung eine wichtige Unterlage ist, um den Wert der Praxis zu beurteilen. Wenn jetzt für das laufende und das vorangegangene Kalenderjahr keine betriebswirtschaftliche Auswertung vorgelegt werden kann, muss der Erwerber mehr oder weniger die Katze im Sack kaufen. Sofern er den Kaufpreis finanzieren muss, wird er die Finanzierung des Kaufpreises nur unter erschwerten Bedingungen verhandelt bekommen, weil die Bankmitarbeiter in der Regel auf aktuellen betriebswirtschaftlichen Zahlen bestehen. Darüber hinaus ist der Praxisinhaber ebenfalls ein Stück weit „im Blindflug" unterwegs, weil er noch nicht weiß, wie sich die Kosten- und Ertragsstruktur seiner Praxis tatsächlich darstellen. Das „Management by Kontostand" („Ist Geld da, wird es ausgegeben, ist kein Geld da, ist der Katzenjammer groß!") erfüllt leider nicht die Anforderungen an ein sinnvolles betriebswirtschaftliches Controlling der eigenen Praxis.

Um also hier die Praxis gut darzustellen und die betriebswirtschaftlichen Zahlen zeitnah präsentieren zu können, aber auch um eventuell zu hebende Gewinnreserven zu lokalisieren, empfiehlt es sich, spätestens fünf Jahre vor dem geplanten Übergabezeitpunkt unterjährig, zumindest quartalsweise, die Belege und Unterlagen zum Steuerberater zu bringen und diesen zu bitten, zumindest quartalsweise eine betriebswirtschaftliche Auswertung zu erstellen. Da der Praxisinhaber, wenn er, wie oben skizziert, wie bisher verfahren ist, in der Regel mit den Zahlen nichts anfangen kann, sollte er den Steuerberater in die Pflicht nehmen, damit dieser ihm den Inhalt und die Bedeutung der verschiedenen Zeilen der betriebswirtschaftlichen Auswertung auseinandersetzt, um letztlich im Gespräch mit dem potenziellen Erwerber kaufmännische Kompetenz an den Tag legen zu können, aber auch die besonders ertragreiche Struktur der eigenen Praxis darstellen zu können.

Erörterung mit dem Steuerberater

Der Steuerberater der Praxis hat nicht nur die Aufgabe, die laufende Gewinnermittlung und die Steuererklärung zu machen, er kann als betriebswirtschaftlicher Berater einige Hinweise und Impulse geben, wie die Ertragssituation der Praxis verbessert werden kann. Dazu ist es erforderlich, dass man den eigenen Steuerberater zum Gespräch bittet und ihn veranlasst, die betriebswirtschaftliche und steuerliche Fachsprache ins Deutsche „zu übersetzen".

Die Autoren stellen in der Praxis immer wieder fest, dass viele Praxisinhaber keine unterjährige Buchhaltung vornehmen, keine unterjährigen betriebswirtschaftlichen Auswertungen erhalten und, wenn sie diese vorgelegt bekommen, sie direkt abheften, da sie sich mit den Zahlen nicht beschäftigen wollen oder können. Damit geben sie eine wichtige Beurteilungsmöglichkeit für die Ertragsfähigkeit der eigenen Praxis aus der Hand; sie verzichten auf einen wesentlichen Teil der Dienstleistung, die ein qualifizierter Steuerberater für einen Praxisinhaber erbringen kann. Sollte der Steuerberater nicht bereit oder in der Lage sein, mit Ihnen über die betriebswirtschaftlichen Zahlen Ihrer Praxis zu sprechen, wäre jetzt der geeignete Zeitpunkt, sich einen Steuerberater zu suchen, der auf die Betreuung von Ärzten spezialisiert ist. Dies hat den angenehmen Effekt, dass für den laufenden Betrieb der Praxis Potenziale definiert werden und gehoben werden können, es hat aber auch den Effekt, dass bei der Einleitung der Übernahme den Erwerbern aktuelle Zahlen präsentiert werden können.

3.3 Besonderheiten Berufsausübungsgemeinschaft

Ist der abgabewillige Arzt Mitglied einer Berufsausübungsgemeinschaft, kann er seinen Praxisanteil nicht ohne Weiteres veräußern. In der Regel sehen die Gesellschaftsverträge ein Zustimmungserfordernis des oder der verbleibenden Partner der Berufsausübungsgemeinschaft vor. Aufgrund der personalistischen Prägung der Praxen kann den verbleibenden Partnern nicht jeder beliebige Nachfolger zugemutet werden. In der Regel behalten sich die verbleibenden Partner einer Berufsausübungsgemeinschaft vor zu prüfen, ob sie mit dem von dem abgabewilligen Arzt ausgesuchten Bewerber einverstanden sind. Hier ist eine frühzeitige Information in Absprache mit den BAG-Partnern erforderlich.

Die Suche nach einem Nachfolger kann eigentlich gar nicht ohne enge Abstimmung mit den Praxispartnern erfolgen. Zwei Wege sind grundsätzlich denkbar.

Die erste Möglichkeit ist, dass der abgabewillige Partner in Abstimmung mit den verbleibenden Partnern einen geeigneten Nachfolger sucht und diesem

seinen Geschäftsanteil überträgt. Der Vorteil ist, dass der Kaufpreis für den Anteil an der BAG direkt dem abgabewilligen Arzt zufließt und man infolge des Verkaufs am Markt einen realistischen Preis für den Praxisanteil erzielt. Der Abgabewillige gibt seine Beteiligung an der Praxis auf und erhält als Kompensation den Kaufpreis für seinen Praxisanteil.

Die zweite Möglichkeit ist, dass die verbleibenden Praxispartner den Anteil des Ausscheidenden zunächst ebenso wie die Zulassung des ausscheidenden Partners erwerben und auf dieser Zulassung einen angestellten Arzt anstellen. Das hat für die verbleibenden Partner der BAG den Vorteil, dass sie über ein Anstellungsverhältnis zunächst ausprobieren können, ob der (junge) Kollege oder die (junge) Kollegin mit den verbleibenden Praxispartnern harmoniert und auf Dauer eine gedeihliche Zusammenarbeit möglich ist. Für den Ausscheidenden hat das den Nachteil, dass er mit seinen verbleibenden Praxispartnern über die Höhe des Kaufpreises verhandeln muss. Naturgemäß gehen die Vorstellungen an der Stelle weit auseinander und der Markt als Wertfindungsinstrument ist nicht gegeben. Hier ist zunächst erforderlich, dass ein Blick in den BAG-Vertrag vorgenommen wird. Dort finden sich häufig Bestimmungen, wie in diesem Fall vorzugehen ist. Oft finden sich im BAG-Vertrag auch Vorschriften, wie in einem derartigen Fall der Anteil des ausscheidenden Partners zu bewerten ist und welche sonstigen Vorschriften zu beachten sind.

Unabhängig von der gewählten Methode, ist der ausscheidende Partner insoweit mit der Praxis noch verbunden, als er fünf Jahre nach seinem Ausscheiden noch für Verbindlichkeiten haftbar gemacht werden kann, die bis zum Zeitpunkt seines Ausscheidens in der BAG begründet worden sind. Dazu gehören zivilrechtliche Ansprüche wie rückständige Mieten, aber auch Schadenersatzansprüche von vermeintlich oder tatsächlich geschädigten Patienten, aber auch Regressforderungen der Kassenärztlichen Vereinigung.

3.4 Besonderheiten Praxisgemeinschaft

Bei der Praxisgemeinschaft besteht ein gleich hoher Abstimmungsbedarf wie bei einer Berufsausübungsgemeinschaft, obwohl zwei Einzelpraxen betrieben werden.

Aufgrund des Umstandes, dass man arbeitend in denselben Räumen tätig ist und häufig auch das Personal gemeinsam beschäftigt, ist auch hier eine frühzeitige Abstimmung mit den verbleibenden Praxisgemeinschaftspartnern erforderlich. Denn auch hier ist die Frage, ob die Partner der Praxisgemeinschaft miteinander auskommen, für ein effizientes Zusammenarbeiten von erheblicher Bedeutung.

Darüber hinaus ist zu beachten, dass bei dem Kaufvertrag über die Einzelpraxis auch der Anteil an der Praxisgemeinschaft mit verkauft wird. Es muss also im Kaufvertrag nicht nur die Praxis verkauft und übertragen werden, sondern auch der Anteil an der Praxisgemeinschaft. Da die Praxisgemeinschaft üblicherweise als Gesellschaft bürgerlichen Rechts organisiert ist, ist für die Übertragung des Anteils des Verkäufers an der Praxisgemeinschaft die Zustimmung der übrigen Praxisgemeinschaftspartner erforderlich.

Der letztgenannte Umstand zeigt deutlich, dass auch in diesen Fällen eine rechtzeitige Information und eine Einbindung der verbleibenden Partner erforderlich sind.

3.5   Checklisten

Checkliste 1 – Vorbereitung der Übernahme		
	Zu erledigen bis	Erledigt
Unterlagen		
1. Arbeitsverträge		☐
2. BP-Berichte, LSt-Außenprüfungsberichte, DRV-Prüfungsberichte		☐
3. BWA, u. U. OP-Listen		☐
4. Darlehensverträge		☐
5. Entsorgungsnachweise		☐
6. Entsorgungsverträge		☐
7. Fortbildungsnachweise Arzt und Mitarbeiter		☐
8. Geräte-Prüfberichte		☐
9. Gesellschafterbeschlüsse		☐
10. Gesellschaftsverträge		☐
11. Grundbuchauszüge		☐
12. Hausärzteverträge u. Ä.		☐
13. Jahresabschlüsse der letzten 3 Jahre		☐
14. Kaufverträge		☐
15. Konsiliararztverträge		☐
16. KV-/KZV-Abrechnungen		☐
17. Leasingverträge		☐
18. Lieferantenverträge		☐
19. Mietverträge		☐

Checkliste 1 – Fortsetzung

	Zu erledigen bis	Erledigt
Unterlagen		
20. Notfallplan		☐
21. Organigramm		☐
22. Unterlagen zu Durchgangsarztzulassungen		☐
23. Unterlagen zum Qualitätsmanagement		☐
24. Verträge mit Kliniken		☐
25. Wartungsverträge		☐
26. Zertifizierungsunterlagen		☐
27. Planung des Ablaufes		☐
28. Bestimmung zeitlicher Ablaufplan		☐
29. Suche Nachfolger		☐
30. Herausarbeitung gemeinsamer Zielvorstellungen		☐
31. Gemeinsame Analyse der Daten		☐
32. Definition Überleitungsphase		☐
33. Planungen zum Kennenlernen (Praxisbesuch, Mitarbeitergespräche usw.)		☐
34. Besprechung von Vertragsinhalten		☐
35. Abschluss Vorverträge (Letter of Intent, Fixierung von Vertragsinhalten)		☐
36. Notfallregelungen		☐

Checkliste 2 – Nachfolgersuche

	Zu erledigen bis	Erledigt
Definition Anforderungsprofil		☐
- persönlich		☐
- fachlich		☐
- menschlich		☐
Klärung Suche unter Eigenregie, Fremdhilfe		☐
Sondierung Anbieter zur Unterstützung bei Suche		☐
Praxisbörsen		☐

Checkliste 2 – Fortsetzung

	Zu erledigen bis	Erledigt
Banken		☐
Depots		☐
Makler		☐
Sonstige Dienstleister		☐
Ermittlung Unternehmenswert		☐
KV-Gutachten		☐
Selbstständige Sachverständige		☐
Klärung Ziele mit Praxisübernehmer		☐

Checkliste 3 – Umsetzung

	Zu erledigen bis	Erledigt
Praxis(anteils-)Kaufvertrag		☐
Abgrenzung Forderungen/ Verbindlichkeiten		☐
Anlagevermögen		☐
Entscheidung Zulassungsausschuss		☐
Regelung Tod Praxisabgeber/ Praxisübernehmer		☐
Inventar		☐
Kaufpreiszahlung/Sicherung		☐
Kostentragung		☐
Patientenkartei		☐
Personalübergang gem. § 613a BGB		☐
Praxisräume/sonstige Verträge		☐
Schiedsgerichts-/Schlichtungsklausel		☐
Regelung Mitarbeit in der Praxis durch Nachfolger		☐
Übertragungszeitpunkt		☐
Vertragsgegenstand		☐
Wettbewerbsverbot		☐
Zustimmung zur Anteilsübertragung		☐

Kurzfristige Überlegungen

Götz Bierling, Harald Engel, Anja Mezger, Daniel Pfofe, Wolfgang Pütz, Dietmar Sedlaczek

© Springer-Verlag Berlin Heidelberg 2016
G. Bierling, H. Engel, A. Mezger, D. Pfofe, W. Pütz, D. Sedlaczek, *Arztpraxis – erfolgreiche Abgabe*,
Erfolgskonzepte Praxis- & Krankenhaus-Management, DOI 10.1007/978-3-662-49763-0_4

Eine erfolgreiche Praxisabgabe sollte immer langfristig geplant werden, dies zeigt sich vor allem bei einem Blick auf das Zulassungsrecht. Neben den persönlichen und wirtschaftlichen Aspekten dieses Unternehmensverkaufs müssen insbesondere die vorgeschriebenen Verwaltungsverfahren zur Praxisabgabe bedacht werden. Die Liberalisierung des Vertragsarztrechts hat eine Vielzahl von Gestaltungsmöglichkeiten für die Tätigkeit als Vertragsarzt hervorgebracht. Gerade diese Gestaltungsmöglichkeiten können bei der Praxisabgabe individuell genutzt werden. Um alle Gestaltungsmöglichkeiten nutzen zu können, muss die Praxisabgabe frühzeitig geplant werden.

Aber auch wenn eine langfristige Planung nicht möglich ist, kann eine Praxisabgabe erfolgreich durchgeführt werden; bestimmte Gestaltungsmöglichkeiten können dann allerdings nicht optimal genutzt werden. Der Gesetzgeber hat aber auch für diese Fälle inzwischen einige Gestaltungsmöglichkeiten geschaffen. Die Abgabeplanung sollte nach unserer Auffassung im Idealfall spätestens drei Jahre vor dem geplanten Abgabezeitpunkt in Angriff genommen werden. Wenn alle zur Verfügung stehenden Gestaltungsformen genutzt werden sollen, muss diese Planung auch schon früher beginnen, je nach Gestaltungsform mehr als fünf Jahre vor dem geplanten Abgabezeitpunkt. Je kürzer der Planungszeitraum, desto genauer müssen die dann noch zur Verfügung stehenden Gestaltungsvarianten geprüft und geplant werden.

Kern der verwaltungsrechtlichen Praxisabgabe ist das sogenannte Nachbesetzungsverfahren im gesperrten Planungsbereich. Das Versorgungsstärkungsgesetz hat das Nachbesetzungsverfahren umfassend neugestaltet. Auch wenn die Grundstrukturen erhalten blieben, haben die Eingriffe des Gesetzgebers weitreichende Auswirkungen auf die Planung und Gestaltung der Praxisabgabe. Insbesondere diese Änderungen erfordern eine gute Planung. Denn in Abhängigkeit von den regionalen Gegebenheiten am Praxissitz müssen für eine sichere und wirtschaftlich erfolgreiche Praxisabgabe unterschiedliche Gestaltungsformen gewählt werden. Der Gesetzgeber hat durch diese Neuregelungen zu erkennen gegeben, dass kooperative Versorgungsformen wie Medizinische Versorgungszentren und Berufsausübungsgemeinschaften besser gestellt und zugleich freiberufliche Teilnahmeformen letztlich schlechter gestellt werden sollen. Deshalb bedeutet Praxisabgabe und Praxisabgabeplanung heute nicht mehr bloß die Gestaltung des sogenannten Nachbesetzungsverfahrens, sondern auch die Prüfung von alternativen Formen zur Praxisabgabe.

In diesem Kapitel lernen Sie das Verwaltungsverfahren bei den hierfür zuständigen Gremien kennen. Ebenso lernen Sie, welche Gestaltungsmöglichkeiten Sie nutzen können. Bereits bei der Zulassung zur ambulanten vertragsärztlichen Versorgung haben Sie die hierfür zuständigen Gremien – die Zulassungs- und Berufungsausschüsse – als eigenständige Behörden kennengelernt. Auch wenn die Mitglieder der Zulassungsgremien von den Kassenärztlichen Vereinigungen und Krankenkassen entsandt werden – mehr dazu später – legen alle Zulassungsgremien großen Wert auf ihre Unabhängigkeit. Zulassungs- und Berufungsausschüsse und deren Geschäftsstellen sind mit den Anforderungen der ambulanten vertragsärztlichen Versorgung vertraut und nehmen Rücksicht darauf. Dieser regelmäßig partnerschaftliche Umgang mit den am Verfahren beteiligten Ärzten und Psychotherapeuten erleichtert die Praxisabgabe, trotz der komplizierten bürokratischen Regelungen des Gesetzgebers. Das Versorgungsstärkungsgesetz hat in stark überversorgten Planungsbereichen – hierzu später mehr – nunmehr angeordnet, dass statt der Praxisnachbesetzung ein Praxisaufkauf durch die Kassenärztliche Vereinigung stattfinden soll. Auch und gerade wegen der damit verbundenen wirtschaftlichen Belastungen für die Kassenärztlichen Vereinigungen werden diese – so ist zu vermuten – die Praxisabgeber dabei unterstützen, ihre Praxen an einen Nachfolger abzugeben, bevor es zu einem kostenintensiven Aufkauf kommt.

Sie werden an vielen Stellen dieses Kapitels den Hinweis finden, dass die örtliche Verwaltungspraxis bei den Zulassungsgremien für den Verfahrensablauf und die Abgabeplanung wichtig ist und Sie sich deshalb bei den Geschäftsstellen der Zulassungsgremien hierüber informieren sollten. Gerade deshalb ist es von Bedeutung, die Zulassungsgremien und die örtlich zuständige Kassenärztliche Vereinigung zumindest bei der Nachbesetzung der Praxis als Partner zu verstehen, und nicht – wie leider manchmal festzustellen – als Gegner. Deshalb ist notwendig und äußerst sinnvoll, früh den Kontakt zu den örtlichen Zulassungsgremien und der Kassenärztlichen Vereinigung zu suchen, damit im späteren Verfahren keine unangenehmen Überraschungen passieren.

Die Regelungen zum sogenannten Praxisnachbesetzungsverfahren finden sich im Sozialgesetzbuch Fünftes Buch (SGB V), der Ärzte-Zulassungsverordnung und der Bedarfsplanungsrichtlinie des Gemeinsamen Bundesausschusses. Wie bei allen gesetzlichen Regelungen gibt es zahlreiche Zweifelsfälle und bewusst den Behörden und Gerichten belassene Gestaltungsspielräume. Diese Gestaltungsspielräume sollten bei der Planung der Praxisabgabe bekannt sein, damit sie optimal genutzt werden können. Die Zuständigkeit des jeweiligen Zulassungsausschusses ist immer auf den Zulassungsbezirk begrenzt, daher können die Zulassungsgremien die regionalen Besonderheiten bei der Ausgestaltung der Verwaltungsverfahren entsprechend berücksichtigen.

Das Nachbesetzungsverfahren und die meisten anderen Zulassungsverfahren sind komplex und sollten regelmäßig nur mit anwaltlicher bzw. steuerlicher Hilfe durchgeführt werden. Stets helfen aber auch die Geschäftsstellen der Zulassungsgremien sowie die Kassenärztlichen Vereinigungen bei der Antragstellung für das jeweilige Verfahren und geben früh Hinweise auf die zu erwartenden Probleme. Die zur Verfügung gestellten Antragsformulare sind meist so detailliert, dass der Antragsteller dort alle notwendigen Informationen findet. Im Prinzip kann das gesamte Praxisabgabeverfahren zwar ohne Anwalt durchgeführt werden, da insoweit kein Anwaltszwang besteht. Allerdings zeigt sich in der Praxis, dass die Beauftragung eines spezialisierten Anwalts in der Regel zu einem schnellen und reibungslosen Ablauf des Verfahrens beiträgt. Insbesondere bei komplexen Verfahren sind hinzugezogene Anwälte äußerst hilfreich. Einige neuere Gestaltungsformen sind ohne anwaltliche bzw. steuerliche Hilfe nicht mehr zu bewältigen.

Leider hat der Gesetzgeber durch die Neuregelung im Nachbesetzungsverfahren Gestaltungsformen der Nachbesetzung in den Vordergrund gerückt, die nicht mehr ohne anwaltliche Hilfe und mitunter notarielle Hilfe realisiert werden

können – gerade bei der Gründung von Medizinischen Versorgungszentren in der Rechtsform der GmbH. Wenn dies in Ihrem Fall die einzig sinnvolle Gestaltung der Praxisabgabe ist, sollten Sie unverzüglich anwaltlichen Rat einholen, denn gerade bei diesen Gestaltungsformen sind eine sehr frühzeitige Planung und eine umfassende Sachkenntnis notwendig.

4.1 Nachbesetzungsverfahren

Das Ausschreibungs- und Nachbesetzungsverfahren wird durch einen Antrag des Vertragsarztes oder seiner Erben beim Zulassungsausschuss auf Durchführung des entsprechenden Verfahrens eingeleitet. Das Nachbesetzungsverfahren steht meist am Ende der vertragsärztlichen Tätigkeit. Nach vielen Jahren der Niederlassung soll jetzt die Praxis an einen Nachfolger weitergegeben werden. Nach dieser Zeit sind die Voraussetzungen der Zulassung bei den meisten Vertragsärzten nicht mehr präsent, deshalb stellen wir Ihnen diese hier noch einmal dar.

4.1.1 Zulassungsvoraussetzungen

Der Gesetzgeber hat für die Zulassung zur vertragsärztlichen Versorgung ein zweistufiges Verfahren vorgesehen. Dabei sind die Kassenärztlichen Vereinigungen für die Eintragung in die bei ihnen geführten Arztregister zuständig. Die Führung der Arztregister und der Register der angestellten Ärzte gehört zu den originären Aufgaben der (kassen-) ärztlichen Selbstverwaltung. Die eigentliche Zulassung zur vertragsärztlichen Versorgung obliegt den Zulassungs- und Berufungsausschüssen, die als Zulassungsgremien bezeichnet werden. Diese Ausschüsse gehören zur gemeinsamen Selbstverwaltung von Ärzten und Krankenkassen, ihre Geschäfte werden bei den jeweiligen Kassenärztlichen Vereinigungen geführt; dort befinden sich auch die Geschäftsstellen der Zulassungsgremien.

▪ ▪ Stufe 1: Eintragung in das Arztregister
Jeder Arzt kann sich in das Arztregister einer Kassenärztlichen Vereinigung eintragen lassen. Zuständig hierfür ist die Kassenärztliche Vereinigung, in

deren Einzugsgebiet der Arzt seinen Wohnsitz hat. Besteht kein inländischer Wohnsitz, kann der Arzt frei wählen, bei welcher Kassenärztlichen Vereinigung er sich in das Arztregister eintragen lässt. Zur Eintragung benötigt der Arzt eine deutsche Approbation und eine Anerkennung als Facharzt. Hier wird bereits deutlich, dass im System der ambulanten vertragsärztlichen Versorgung der „Facharztstandard" gilt und damit jeder Vertragsarzt seinen „Facharztstatus" belegen muss. So können sich sogenannte „praktische Ärzte", also Ärzte ohne Facharztanerkennung bzw. Gebietsbezeichnung, die sich früher noch als Hausärzte niederlassen konnten, nicht mehr in das Arztregister eintragen lassen. Daraus folgt dann letztlich, dass diese Ärzte auch keine Praxen mehr übernehmen können; soweit sie über eigene Praxen verfügen, können diese selbstverständlich abgegeben werden. An die Stelle der Facharzturkunde treten bei Psychologischen Psychotherapeuten und Kinder- und Jugendpsychotherapeuten der Fachkundenachweis des Ausbildungsinstitutes sowie das Zeugnis der staatlichen Prüfung. Psychologische Psychotherapeuten, die bis zum 31.12.1998 die Voraussetzungen zur Approbation erfüllten sowie die entsprechende Fachkunde in einem vom Gemeinsamen Bundesausschuss anerkannten Richtlinienverfahren nachweisen konnten, können sich unter bestimmten Voraussetzungen auch heute noch in das Arztregister eintragen lassen.

Zum Antrag auf Arztregistereintragung gehört auch der lückenlose Nachweis über die ärztliche (psychotherapeutische) Tätigkeit seit Erteilung der Approbation. Einzelne Nachweise können jedoch in begründeten Fällen durch eine eidesstattliche Versicherung ersetzt werden. Es muss dann an Eides statt versichert werden, dass diese nicht mehr vorliegen und verloren gegangen sind. Neben der Vorlage dieser Nachweise muss noch eine Eintragungsgebühr von derzeit 100,00 EUR gezahlt werden.

Wurde die Eintragung in das Arztregister vollzogen, dürfen die dabei vorgenommenen Feststellungen durch die Zulassungsgremien nicht mehr überprüft oder in Frage gestellt werden. Das Bundessozialgericht hat in mehreren Grundsatzentscheidungen klargestellt, dass alle Eintragungen im Arztregister für die Zulassungsgremien bindend sind, nur die die Eintragung vornehmende Kassenärztliche Vereinigung kann diese wieder ganz oder

teilweise zurücknehmen. Auch wegen dieser weitreichenden Konsequenzen der Arztregistereintragung werden die Eintragungsvoraussetzungen immer peinlich genau geprüft. Deshalb nehmen Arztregistereintragungen je nach zuständiger Kassenärztlicher Vereinigung einige Zeit in Anspruch. Wer also eine Niederlassung plant, sollte sich umgehend in das Arztregister eintragen lassen, damit dies in einem Übernahmeverfahren nicht zum Problem wird. Praxisabgeber sollten potenzielle Interessenten gleich nach deren Arztregistereintragung fragen. Damit können Verzögerungen bei der Praxisabgabe vermieden werden, wenn erst die Eintragung abgewartet werden muss.

Nicht nur die Facharztanerkennung ist für die Arztregistereintragung maßgeblich. Insbesondere bei der Arztgruppe der Facharztinternisten muss auch auf sogenannten Schwerpunkt- oder Zusatzbezeichnungen geachtet werden; auch diese werden im Arztregister vermerkt. Zur Übernahme der Praxis eines Kardiologen ist zwar auch ein Facharzt für Innere Medizin ohne Schwerpunktbezeichnung „Kardiologie" berechtigt – hierzu später –, er könnte aber praktisch keine kardiologischen Leistungen abrechnen. Dazu benötigt er honorarrechtlich die entsprechende Schwerpunktbezeichnung nach bisherigem Weiterbildungsrecht. Auch hier sollte also bei Übernahmeplanung ein Blick in die Arztregistereintragung geworfen werden. Bei der zuständigen Kassenärztlichen Vereinigung kann jederzeit ein Arztregisterauszug angefordert werden. Ist dort eine Zusatzbezeichnung nicht vermerkt, sollte diese unverzüglich nachgereicht werden. Bei den Facharztbezeichnungen nach neuer Weiterbildungsordnung – zum Beispiel Facharzt für Innere Medizin und Kardiologie – muss keine Schwerpunktbezeichnung mehr nachgewiesen werden; hier berechtigt also schon die Facharztanerkennung zur Abrechnung der vormals nur mit Schwerpunktbezeichnung abrechenbaren Leistungen.

Zwar muss jeder Arzt, der über eine deutsche Approbation und eine Facharztanerkennung verfügt, in das Arztregister eingetragen werden, doch berechtigt nicht jede Facharztbezeichnung zur Teilnahme an der Versorgung der gesetzlich versicherten Patienten. Ein Facharzt für Anatomie behandelt für gewöhnlich keine Patienten in einer Praxis. Dies gilt auch für eine Reihe anderer Facharztbezeichnungen.

Deshalb gilt: Wer eine Niederlassung als Vertragsarzt plant und über eine solche, meist seltene Facharztbezeichnung verfügt, sollte sich frühzeitig bei der örtlichen Kassenärztlichen Vereinigung und den Zulassungsgremien erkundigen, ob es Probleme bei der Zulassung geben könnte. Für die Praxisabgeber gilt: Nur bei identischer Facharztanerkennung des Praxisabgebers und des Praxisübernehmers kann es im späteren Nachbesetzungsverfahren zu keinen Problemen kommen, deshalb gilt gerade hier: Bei allen Zweifeln sofort Kontakt zur Kassenärztlichen Vereinigung und den Zulassungsgremien aufnehmen.

■■ Stufe 2: Verfahren vor den Zulassungsgremien

Nach der Eintragung in das Arztregister bei der Kassenärztlichen Vereinigung beginnt im zweistufigen Zulassungsverfahren die Zuständigkeit der Zulassungsgremien. Wie im gesamten Sozialversicherungssystem ist auch das Zulassungsverfahren für Vertragsärzte vom Gedanken der Selbstverwaltung der Sozialleistungsträger, Leistungserbringer und Versicherten geprägt. Die Zulassungsgremien gehören zum Bereich der gemeinsamen Selbstverwaltung von Krankenkassen und Ärzten. Daher entsenden Krankenkassen und Ärzte, d. h. die Kassenärztlichen Vereinigungen, Vertreter in diese Gremien. Die Zulassungsausschüsse haben sechs Mitglieder, jeweils drei Vertreter der Krankenkassen und drei Vertreter der Ärzteschaft. In den Sitzungen der Zulassungsausschüsse führt abwechselnd ein Vertreter der Ärzte und der Krankenkassen den Vorsitz. In Angelegenheiten der Psychologischen Psychotherapeuten und der überwiegend oder ausschließlich psychotherapeutisch tätigen Ärzte treten an die Stelle der Ärztevertreter Vertreter der Psychologischen Psychotherapeuten in gleicher Anzahl; davon muss ein Vertreter aus dem Kreis der Kinder- und Jugendpsychotherapeuten stammen. In vielen Zulassungsausschüssen kommen diese Vertreter der Psychologischen Psychotherapeuten zu den Vertretern der Ärzte hinzu, sodass insgesamt sechs Vertreter auf Seiten der Ärzteschaft und der Psychotherapeuten entsandt werden, die Krankenkassen entsenden eine gleich große Anzahl an Vertretern, sodass dann insgesamt 12 Mitglieder den Zulassungsausschuss bilden. Die Berufungsausschüsse werden nach dem gleichen Verfahren besetzt. Allerdings

verfügen diese über einen unparteiischen Vorsitzenden, der die Befähigung zum Richteramt haben muss und die gleichen Stimmrechte wie die anderen Mitglieder hat. Alle Mitglieder der Zulassungsgremien sind in ihrer Entscheidung frei und nicht an Weisungen der entsendenden Krankenkassen und Kassenärztlichen Vereinigungen gebunden. Stellen die Krankenkassenverbände oder die Kassenärztliche Vereinigung eigene Anträge an die Zulassungsgremien, müssen diese in die mündlichen Verhandlungen einen gesonderten Antragstellervertreter entsenden.

Die Zulassungsgremien sind zunächst für alle Verfahren zuständig, die die Zulassung des Vertragsarztes betreffen, also neben der Zulassung zur vertragsärztlichen Versorgung als solcher für alle Anträge auf Genehmigung der Praxissitzverlegung, der Anstellung von Ärzten oder der Bildung bzw. Beendigung von Berufsausübungsgemeinschaften sowie die Zulassung von Medizinischen Versorgungszentren. Daneben sind sie ebenso für die Ermächtigung von Krankenhausärzten zur Behandlung gesetzlich versicherter Patienten in besonderen Fällen zuständig.

Die Zulassungsgremien legen ihre Entscheidungen in sogenannten Beschlüssen nieder; diese Beschlüsse werden nach einer Abstimmung im Ausschuss nach dem Mehrheitsprinzip gefasst. Ist Stimmengleichheit gegeben, gilt der Antrag als abgelehnt. Über die Verhandlungen bei den Zulassungsgremien müssen Niederschriften gefertigt werden, aus denen sich der Gang der Verhandlung und die wesentlichen Erklärungen der Verfahrensbeteiligten ergeben. Diese Niederschriften sind dann besonders wichtig, wenn die Entscheidungen der Zulassungsgremien durch Widerspruch oder Klage angefochten werden. Die Mitglieder der Zulassungsgremien sind zur Verschwiegenheit über die bei den Gremien anhängigen Verwaltungsverfahren verpflichtet, ebenso dürfen sie keine Angaben zum Abstimmungsverhalten machen. Deshalb darf in den Niederschriften über die jeweiligen Zulassungsausschusssitzungen auch nicht festgehalten werden, wie die Mitglieder abgestimmt haben. Nur das Gesamtergebnis wird niedergelegt. Die Zulassungsgremien fällen ihre Entscheidungen in nichtöffentlicher Sitzung. In bestimmten Fällen ist aber eine mündliche Verhandlung zwingend vorgesehen, in allen andern Fällen können die

Zulassungsgremien selbst bestimmen, ob sie eine mündliche Verhandlung durchführen.

Am Verfahren bei den Zulassungsgremien sind neben dem antragstellenden Arzt oder den antragstellenden Ärzten immer die Verbände der Krankenkassen auf Landesebene und die Kassenärztliche Vereinigung beteiligt. Diese haben die Möglichkeit, bei allen Verfahren selbst Stellungnahmen abzugeben und Anträge zu stellen. Sie erhalten ebenfalls eine Ladung. Bei einigen Verfahren müssen die am Verfahren beteiligten Krankennkassenverbände und die Kassenärztliche Vereinigung selbst Anträge stellen, so etwa bei der Nichterfüllung der vertragsärztlichen Fortbildungspflicht, bei der die Kassenärztliche Vereinigung die Entziehung der Zulassung beantragen muss.

Die Kassenärztlichen Vereinigungen und die Landesverbände der Krankenkassen entsenden jedoch nicht zu allen mündlichen Verhandlungen der Zulassungsgremien eigene Sitzungsvertreter. Dies erfolgt meist nur bei Zulassungsentziehungsverfahren oder sonstigen Verfahren mit besonderer Bedeutung für die Sicherstellung der ambulanten vertragsärztlichen und vertragspsychotherapeutischen Versorgung. Bei den später genauer zu erläuternden Nachbesetzungsverfahren war dies bisher nicht der Fall; hier stehen die Interessen der Kassenärztlichen Vereinigungen und sonstigen Verfahrensbeteiligten zumindest bei der Auswahlentscheidung im Hintergrund. Sie entsenden daher hier keine eigenen Vertreter zu den Sitzungen und stellen in der Regel auch keinerlei eigene Anträge. Allerdings hat sich dies durch das Versorgungsstärkungsgesetz geändert. Übersteigt der regionale Versorgungsgrad jetzt in der Bedarfsplanungsgruppe des antragstellenden Arztes oder Psychotherapeuten die Grenze von 140 Prozent, kann es zu einer Aufkaufverpflichtung der Kassenärztlichen Vereinigung kommen. Es ist deshalb davon auszugehen, dass entgegen der bisherigen Praxis in diesen Fällen auch Sitzungsvertreter der Kassenärztlichen Vereinigungen entsandt werden, damit diese die Interessen der Kassenärztlichen Vereinigungen wahren.

Bei den Beschlüssen der Zulassungsgremien handelt es sich um gewöhnliche Verwaltungsentscheidungen (Verwaltungsakte). Sie enthalten zunächst Angaben zu den Verfahrensbeteiligten und den an der Sitzung teilnehmenden Mitgliedern, dann die konkrete Entscheidung des Zulassungsgremiums und eine Schilderung des Sachverhaltes, über den entschieden wurde, sowie eine rechtliche Begründung. Gegen die Beschlüsse des Zulassungsausschusses können alle am Verfahren Beteiligten – also auch die Verbände der Krankenkassen und die Kassenärztlichen Vereinigungen – Widerspruch zum Berufungsausschuss erheben. Gegen die Entscheidungen des Berufungsausschusses kann dann ebenfalls durch alle Verfahrensbeteiligten Klage beim Sozialgericht mit der Möglichkeit der Berufung zum Landessozialgericht und der Revision zum Bundessozialgericht erhoben werden.

Bei Praxisabgaben und dem dabei durchzuführenden Nachbesetzungsverfahren machen praktisch ausschließlich unterlegene Mitbewerber von der Möglichkeit des Widerspruchs zum Berufungsausschuss Gebrauch; die übrigen Verfahrensbeteiligten haben meist kein spezielles Interesse, dass ein bestimmter Bewerber ausgewählt wird. Der Praxisabgeber kann selbst nur dann Widerspruch einlegen, wenn der Bewerber nicht den Verkehrswert der Praxis als Kaufpreis zahlen will; ein Auswahlrecht steht ihm nicht zu.

4.1.2 Rechtsnatur und Inhalt der Zulassung

Aber was ist eigentlich eine Vertragsarztzulassung? Die Zulassung als Vertragsarzt ist zunächst ein bloßer Verwaltungsakt, also eine Entscheidung, die eine Behörde trifft. Durch einen Beschluss der Zulassungsgremien wird einem Arzt die Berechtigung zur Teilnahme an der ambulanten Versorgung der gesetzlich versicherten Patienten erteilt.

Man kann insoweit die Zulassung als Vertragsarzt auch mit der Erteilung des Führerscheins vergleichen. Mit Erhalt des Führerscheins wird die Berechtigung zum Führen eines Fahrzeugs im öffentlichen Straßenverkehr erteilt, mit der zugleich die Verpflichtung zur Einhaltung der Verkehrsregeln verbunden ist.

Doch wie erhält ein Arzt eine Zulassung und was bewirkt die Zulassung? Im vorgeschriebenen zweistufigen Zulassungsverfahren erhält ein ins Arztregister eingetragener Arzt durch einen schlichten (formlosen) Antrag auf Zulassung an den

Zulassungsausschuss eine Zulassung zur Teilnahme an der ambulanten vertragsärztlichen Versorgung; man spricht in der Regel nur von einer Zulassung. Diese Zulassung wird für einen bestimmten Ort ausgesprochen, den Vertragsarztsitz, also die Praxis des Vertragsarztes. Hierzu wird in die Zulassungsentscheidung die Postadresse der Praxis aufgenommen. Grundsätzlich darf der Vertragsarzt nur an diesem Ort Leistungen erbringen – also Patienten behandeln – mit Ausnahme von Hausbesuchen in besonderen Fällen. Will er in anderen Praxen oder an anderen Orten tätig werden, müssen besondere zulassungsrechtliche Voraussetzungen erfüllt werden (wie zum Beispiel bei einer überörtlichen Berufsausübungsgemeinschaft) oder aber besondere Genehmigungen der Kassenärztlichen Vereinigung vorliegen (zum Beispiel zum Betrieb einer Zweigpraxis). Wenn der Arzt ohne diese Genehmigungen an einem anderen Ort Leistungen erbringt, dürfen diese Leistungen in der Regel nicht vergütet werden. Mit dieser Berechtigung zur Teilnahme gehen auch viele Pflichten einher, so zum Beispiel die Pflicht zum Abhalten von Sprechstunden am Vertragsarztsitz.

Mit der Zulassung sind viele Pflichten verbunden, die der Vertragsarzt befolgen muss. Die wesentliche Pflicht ist das Abhalten von Sprechstunden für die gesetzlich versicherten Patienten. Erst durch die Bereitstellung einer ausreichenden Zahl von Ärzten und Praxen, die Sprechstunden anbieten, können die Kassenärztlichen Vereinigungen ihrem Sicherstellungsauftrag nachkommen. Vertragsärzte müssen in Abhängigkeit von ihrem Versorgungsauftrag Sprechstunden abhalten. Das Gesetz kannte bis vor einigen Jahren nur eine Zulassung als Vertragsarzt; hierdurch war der Vertragsarzt verpflichtet, grundsätzlich mit seiner vollen Arbeitszeit und Arbeitskraft gesetzlich versicherte Patienten zu behandeln. Im Rahmen der Flexibilisierung des Vertragsarztrechts wurde ein beschränkter Versorgungsauftrag eingeführt, der sogenannte halbe Versorgungsauftrag. Bei einem vollen Versorgungsauftrag besteht eine Sprechstundenverpflichtung von 20 Stunden. An einem hälftigen Versorgungsauftrag somit eine Sprechstundenverpflichtung von 10 Stunden. Diese Sprechzeiten müssen auf einem Praxisschild angekündigt und der Kassenärztlichen Vereinigung mitgeteilt werden. Diese prüft, ob die Sprechzeiten ausreichen, und überwacht auch deren Einhaltung im

Rahmen ihrer Möglichkeiten. Dabei darf der Vertragsarzt keine besonderen Sprechstunden anbieten, es sei denn, es handelt sich um eine Sprechstunde für Vorsorgeuntersuchungen. Der Vertragsarzt darf aber mehr als die im Bundesmantelvertrag geforderten Sprechstunden anbieten, sei es als feste Sprechstunden oder als Vorbestellpraxis. Das Anbieten von Privatsprechstunden – also Sprechstunden nur für Privatpatienten oder Patienten, die IGeL-Leistungen nachfragen – ist zulässig. Die Regelungen für Vertragsärzte betreffen nur die Leistungserbringung für gesetzlich versicherte Patienten, nicht das Angebot für Privatpatienten.

Durch die Zulassung wird der Vertragsarzt Mitglied der örtlich zuständigen Kassenärztlichen Vereinigung, er unterfällt damit auch deren Disziplinarhoheit. Hierdurch ist er zugleich berechtigt, aktiv und passiv an den Wahlen zur Vertreterversammlung teilzunehmen. Im Rahmen dieser Mitgliedschaft kann er auch zur Teilnahme am ärztlichen Notdienst herangezogen werden.

Neben dem Ort der Zulassung wird auch die genaue Facharztbezeichnung des Arztes in den Zulassungsbeschluss aufgenommen. Verfügt der Arzt über mehrere Facharztanerkennungen, wird die der Zulassung zugrunde liegende Facharztanerkennung benannt. Kann mit dieser Facharztanerkennung sowohl an der hausärztlichen als auch an der fachärztlichen Versorgung teilgenommen werden – so bei Fachärzten für Innere Medizin – wird auch der Versorgungsbereich benannt. Diese Angaben sind äußerst wichtig, denn anhand der Facharztbezeichnung wird festgelegt, welche Leistungen der Vertragsarzt generell erbringen darf, denn der Einheitliche Bewertungsmaßstab für die vertragsärztliche Versorgung – kurz EBM – knüpft an die jeweilige Facharztbezeichnung an. So darf grundsätzlich nur ein Facharzt für Labormedizin Leistungen erbringen und abrechnen, die den Fachärzten für Labormedizin im EBM zugeordnet sind. Leistungen, die nur einem Facharzt für Innere Medizin und Kardiologie (neue Bezeichnung) bzw. einem Facharzt für Innere Medizin mit der Schwerpunktbezeichnung Kardiologie zugeordnet sind, darf nur ein Arzt erbringen und abrechnen, der mit dieser Facharztbezeichnung zugelassen wurde, usw. Die Kassenärztlichen Vereinigungen sind verpflichtet, die Beschlüsse der Zulassungsgremien bei der Honorarverteilung genau zu beachten, deshalb muss der zugelassene Arzt immer genau prüfen, ob die Zulassungsgremien bei ihrer Entscheidung die Facharztbezeichnung oder gegebenenfalls mehrere Facharztbezeichnungen richtig wiedergegeben haben, da es sonst zu empfindlichen Honorareinbußen kommen kann, gerade bei einer Praxisabgabe, bei der die bisherige Praxis genauso wie bisher fortgeführt werden soll.

Bei der Planung der Praxisabgabe ist deshalb ein Blick in den vielleicht schon vor vielen Jahren erteilten Zulassungsbescheid unerlässlich. Eine Kopie des Zulassungsbescheides kann man – sollte der Bescheid nicht mehr auffindbar sein – auch bei den Geschäftsstellen der Zulassungsausschüsse anfordern. Hier gilt es, noch einmal nachzuschauen, welche Facharztbezeichnung und welche anderen Feststellungen im Bescheid zu finden sind. In einigen Fällen haben Gesetzesänderungen in der Vergangenheit dazu geführt, dass Leistungen von Ärzten noch erbracht und abgerechnet werden dürfen, die dies nach heutigem Recht nicht mehr dürfen, so zum Beispiel bei bestimmten fachärztlichen Leistungen. Auch hier gilt: Wenn es Unsicherheiten gibt, ob ein Arzt mit dieser Zulassung heute noch dieselben Leistungen erbringen darf wie der Praxisabgeber, sollte unverzüglich die Kassenärztliche Vereinigung um Auskunft und Beratung gebeten werden. Nur so lassen sich unangenehme Überraschungen vermeiden.

Auch nach dem Versorgungsstärkungsgesetz gilt, ein mit einem vollen Versorgungsauftrag zugelassener Vertragsarzt muss zwar nur 20 Stunden Sprechzeit anbieten, er ist aber weiterhin verpflichtet, vollschichtig seiner vertragsärztlichen Tätigkeit nachzugehen, also in der Regel etwa 40 Stunden wöchentlich für gesetzliche Versicherte Patienten Leistungen zu erbringen. Bislang haben die Kassenärztlichen Vereinigungen die Einhaltung der Sprechzeiten und die damit verbundene Leistungserbringung unterschiedlich stark überwacht, etwa durch anlassbezogene Prüfungen oder im Rahmen der Honorarabrechnung. Das Versorgungsstärkungsgesetz verpflichtet die Kassenärztlichen Vereinigungen jetzt zur regelmäßigen Überprüfung der Teilnahme der Vertragsärzte und Vertragspsychotherapeuten. Ziel dieser Regelung soll es wohl sein, Praxen, die nicht ausreichend teilnehmen, zur ausreichenden Teilnahme aufzufordern

oder im Rahmen einer Zulassungsentziehung die Zulassung teilweise oder komplett zu entziehen. Deshalb gilt auch hier: Praxisabgeber sollten schon bei der Planung der Praxisabgabe überprüfen, ob die angebotenen Sprechstunden ausreichen und die Anzahl der behandelten Patienten zumindest dem Fachgruppendurchschnitt entspricht – hierzu später mehr.

Bedarfsplanung und Zulassung

Der Anspruch auf Zulassung nach Eintragung ins Arztregister besteht jedoch nicht uneingeschränkt. In den 1990er Jahren hat der Gesetzgeber festgelegt, dass es nur noch eine bestimmte Anzahl an Vertragsärzten (damals Kassenärzten) in einem Zulassungsbereich geben darf. Damit wurde die sogenannte Bedarfsplanung eingeführt. Hintergrund der Einführung dieses Steuerungsinstruments war die Annahme, dass es zu viele Vertragsärzte gab und damit künstlich ein zu hoher Bedarf an medizinischer Versorgung geschaffen wurde. Der Gesetzgeber nahm an, dass weniger Ärzte auch weniger Medikamente und Hilfsmittel verordnen würden. Ob die damals angenommene Ärzteschwemme jemals bestand, kann dahingestellt bleiben. Die Bedarfsplanung legt für derzeit 23 Planungsgruppen Verhältniszahlen fest, die angeben, wie viele Ärzte es in einem Planungsbereich geben muss. Derzeit gilt, dass auf 1657 Einwohner ein Arzt in der Bedarfsplanungsgruppe der Hausärzte kommen muss. Bei den Fachärzten für Strahlentherapie sind es 173.576 Einwohner, für die jeweils ein Facharzt für Strahlentherapie zur Verfügung stehen muss. In einer Planungsgruppe werden Ärzte mit verschiedenen Facharztbezeichnungen zusammengefasst, die im Wesentlichen nach dem Berufsrecht die gleichen Leistungen erbringen können und dürfen. So gehören zur Planungsgruppe der Hausärzte die Fachärzte für Allgemeinmedizin, die Fachärzte für Innere Medizin und Allgemeinmedizin, die Fachärzte für Innere Medizin ohne Schwerpunktbezeichnung und die Praktischen Ärzte bzw. Ärzte ohne Gebietsbezeichnung, die bis zur Praxisaufgabe noch weiter an der Versorgung teilnehmen dürfen.

Anhand der durch die Landesämter für Statistik ermittelten Einwohnerzahl kann durch die Kassenärztliche Vereinigung festgestellt werden, ob in einem Planungsbereich in einer Bedarfsplanungsgruppe ausreichend Ärzte vorhanden sind. Dazu wird die Soll-Ärztezahl der tatsächlich vorhandenen Zahl an Vertragsärzten gegenübergestellt. Entspricht die Sollzahl der Istzahl an Ärzten, so beträgt der Versorgungsgrad 100 Prozent. Dieser Versorgungsgrad wird in der Regel zwei Mal jährlich durch die Kassenärztliche Vereinigung ermittelt. Überschreitet der Versorgungsgrad die Grenze von 110 Prozent, gibt es also 10 Prozent mehr Ärzte als die Bedarfsplanung vorsieht, so muss der Landesausschuss der Ärzte und Krankenkassen – ebenfalls ein Gremium der gemeinsamen Selbstverwaltung – sogenannte Zulassungssperren für die betroffenen Arztgruppen anordnen. Das bedeutet, dass ab diesem Zeitpunkt keine Neuzulassung für einen Vertragsarzt mehr erteilt werden darf. Erst wenn der Versorgungsgrad wieder unter 110 Prozent sinkt, dürfen Ärzte wieder „frei" zugelassen werden.

Die Beschlüsse des Landesausschusses der Ärzte und Krankenkassen werden veröffentlicht. Darüber hinaus können die aktuellen Versorgungsgrade bei den Kassenärztlichen Vereinigungen nachgefragt werden. Dabei muss man jedoch berücksichtigen, dass die Facharztbezeichnung des Praxisabgebers unter Umständen in einer anderen Bedarfsplanungsgruppe berücksichtigt wird, als man dies erwarten würde. Die Anordnung von Zulassungssperren ist heute der Regelfall, die Möglichkeit der freien Zulassung derzeit (noch) die Ausnahme. So bestehen für praktisch alle städtischen und vor allem großstädtischen Planungsbereiche Zulassungssperren. Allerdings nimmt mit der Abnahme der Ärztezahl die Zahl der „entsperrten" Planungsbereiche zu.

Die Bedarfsplanung in ihrer heutigen Form soll nach dem Willen des Gesetzgebers reformiert werden. Der Gesetzgeber hat dem hierfür zuständigen Gemeinsamen Bundesausschuss den Auftrag erteilt, die Verhältniszahlen und den Zuschnitt .der Planungsbereiche zu überprüfen und neu festzulegen. Wie der Gemeinsame Bundesausschuss diesem Auftrag nachkommen wird, ist noch nicht absehbar. Da der Gesetzgeber aber tendenziell in einigen Arztgruppen mehr Ärzte in der ambulanten Versorgung für notwendig erachtet – dies lässt sich am Gesetzgebungsverfahren erkennen – werden wohl teilweise geringere Verhältniszahlen festgelegt werden. Dies dürfte dann zu einem Absinken

der Versorgungsgrade in vielen Zulassungsbezirken führen und gegebenenfalls neue „freie" Zulassungen ermöglichen. Damit könnte auch die Aufkaufpflicht – dazu später mehr – in einigen Zulassungsbezirken für die eine oder andere Bedarfsplanungsgruppe entfallen, was jedoch noch abzuwarten bleibt. Gänzlich nicht vorherzusagen ist die Neueinteilung der Planungsbezirke. Bislang werden die Arztgruppen einzelnen Planungsebenen zugeordnet. Je spezialisierter eine Planungsgruppe ist, desto größer ist der Planungsbereich. Laborärzte werden deshalb für den gesamten KV-Bezirk geplant, es spielt hier kaum eine Rolle, wo deren Praxen im Bundesland angesiedelt werden; Hausärzte werden deshalb im kleinsten Bereich geplant, denn diese müssen zwingend nah am Patienten zu finden sein. Auch hier hat der Gesetzgeber Reformbedarf angemeldet mit der Absicht, eine kleinräumigere Planung zu erreichen. Ob dadurch neue Planungsbereiche oder Planungsbezirke entstehen, in denen dann neue freie Zulassungen möglich sind – was gegebenenfalls die Intention des Gesetzgebers war – bleibt abzuwarten.

Der Praxisverkauf

Die Zulassung als Vertragsarzt kann nicht verkauft werden. Zwar wird im allgemeinen Sprachgebrauch und auch an vielen Stellen dieses Buches von einem Praxisverkauf gesprochen, aber dies meint nicht den Verkauf der Zulassung. Denn bei einer Zulassung als Vertragsarzt handelt es sich um ein sogenanntes höchstpersönliches Recht. Höchstpersönliche Rechte, dazu gehört zum Beispiel das Erbrecht oder das Recht am eigenen Namen, können nicht veräußert werden. Es würde sicherlich auch niemand versuchen, seinen Führerschein zu verkaufen.

Aber wie kann dann eine Vertragsarztpraxis verkauft werden, wenn die Zulassung unverkäuflich ist? Eine Vertragsarztpraxis ist wie jede (Privat-)Arztpraxis ein Unternehmen – auch wenn es von Freiberuflern betrieben wird. Unternehmen können grundsätzlich verkauft werden, denn sie unterfallen dem Eigentumsschutz. Bei Ärzten kommt dem eine ganz besondere Bedeutung zu, denn praktisch immer stellt das Unternehmen – die Praxis – einen erheblichen Teil der Alterssicherung dar, obwohl dies, wie bereits festgestellt, nicht zu empfehlen ist.

Bestehen keine Zulassungsbeschränkungen, kann ein anderer Arzt eine Zulassung beantragen und die abzugebende Praxis übernehmen – dann wird nicht die Zulassung verkauft, sondern „nur" die Praxiseinrichtung und der immaterielle Wert der Praxis. Problematischer ist dies allerdings, wenn Zulassungsbeschränkungen angeordnet wurden, denn jetzt kann sich nicht einfach ein anderer Arzt niederlassen und die Praxis übernehmen. Der Gesetzgeber hat dieses Problem erkannt und dafür ein besonderes Verfahren geschaffen.

Das sogenannte Nachbesetzungsverfahren dient dazu, die Abgabe einer Praxis in einem gesperrten Planungsbereich zu ermöglichen. Nach einem recht komplizierten Verfahren kann dann ein anderer Arzt nach Verzicht des abgebenden Arztes als Praxisnachfolger zugelassen werden. Es wird also eine neue Zulassung ausgesprochen, nachdem ein anderer Arzt auf seine Zulassung verzichtet hat. Im Ergebnis kommt also kein weiterer Arzt hinzu, sondern ein Arzt wird ausgetauscht. Damit bleibt der Versorgungsgrad gleich.

4.1.3 Einleitung des Nachbesetzungsverfahrens

Das Nachbesetzungsverfahren dient also dazu, in einem gesperrten Planungsbereich die Möglichkeit zu schaffen, eine Praxis eines Vertragsarztes an einen Nachfolger weiterzugeben. Diese Vorstellung des Gesetzgebers steht hinter der Systematik des § 103 Abs. 3a, Abs. 4 SGB V. Ein Nachbesetzungsverfahren findet damit immer nur bei einer Zulassungssperre statt, bei freier Zulassungsmöglichkeit kann der Praxisnachfolger eine Zulassung als Vertragsarzt beantragen und die Praxis dann vom Praxisabgeber ohne Weiteres übernehmen. Zur Kontrolle muss sich der Praxisabgeber daher immer zunächst informieren, ob noch Zulassungssperren bestehen und wie hoch der Versorgungsrad ist; manchmal können die für die Aufstellung des Bedarfsplans zuständigen Kassenärztlichen Vereinigungen auch Hinweise geben, ob bald mit einer Entsperrung zu rechnen ist. Wächst etwa die Bevölkerung und ist zugleich der Versorgungsgrad niedrig, kann kurzfristig eine bestehende Zulassungssperre aufgehoben werden; dies gilt z. B. auch

dann, wenn einige Ärzte im Zulassungsbezirk ohne die Absicht der Nachbesetzung auf ihre Zulassung verzichten.

Ziel des Nachbesetzungsverfahrens ist einerseits die Ermöglichung der Abgabe der Praxis an einen Nachfolger, andererseits geht es aber auch um die Sicherstellung und Fortführung der ambulanten vertragsärztlichen Versorgung. Gerade bei sehr patientennahen Arztgruppen – wie etwa Haus- und Kinderärzten – spielt für den Patienten die Bindung an die vielleicht sogar wohnortnahe Praxis eine große Rolle. Deshalb kann es sinnvoll sein, trotz rechnerischer Überversorgung eine Praxis an einem bestimmten Ort fortzuführen. Auch dieser Gedanke prägt das Nachbesetzungsverfahren.

Bedingter oder unbedingter Verzicht auf die Zulassung

Verwaltungsverfahren finden immer dann statt, wenn ein Antrag an die Behörde gestellt wird oder die Behörde – wenn die gesetzlichen Voraussetzungen vorliegen – selbst, also „von Amts wegen" tätig wird. Das Nachbesetzungsverfahren findet nur auf Antrag eines Arztes statt. Er kann die Durchführung des Verfahrens beantragen, wenn er auf seine Zulassung verzichtet hat oder sie entzogen wurde. Nach dem Tod des Vertragsarztes können die Erben die Durchführung beantragen.

Ausgangspunkt der meisten Nachbesetzungsverfahren ist der Verzicht des Vertragsarztes auf seine Zulassung. So wie der Führerschein jederzeit zurückgegeben werden kann, kann auch der Vertragsarzt auf sein Recht aus der Zulassung verzichten. Dann endet seine Zulassung automatisch nach Beschluss des Zulassungsausschusses mit dem Ende des auf die Verzichtserklärung folgenden Quartals.

Dieses Ergebnis ist bei einer Praxisabgabe allerdings nachteilig. Kann die Praxis – das werden wir nachfolgend aufzeigen – praktisch nie innerhalb dieses Zeitraumes von einem Nachfolger übernommen werden, darf der Arzt dort nicht mehr weiter gesetzlich versicherte Patienten behandeln. Dann suchen sich die bislang behandelten Patienten einen anderen Arzt, und damit geht die wirtschaftliche Basis der Praxis recht schnell verloren. Sinnvoll wäre es daher, dass die Verzichtserklärung erst dann wirksam wird, wenn ein Praxisnachfolger die

Praxis übernimmt. Eine solche Vorgehensweise sieht das Gesetz aber nicht vor; der Verzicht als einseitige empfangsbedürftige Willenserklärung darf grundsätzlich nicht mit einer Bedingung – Fortführung der Praxis durch einen Nachfolger – erklärt werden. Es kann ja auch niemand die Kündigung seiner Wohnung für den Fall erklären, dass er eine bessere und günstigere Wohnung findet.

Die Zulassungsgremien in allen Zulassungsbezirken kennen jedoch dieses Problem. Daher wird – entgegen der formal korrekten Lösung – dennoch die Erklärung des Verzichts unter der Bedingung der Fortführung durch einen Nachfolger anerkannt. Der die Praxis abgebende Vertragsarzt kann dann den Verzicht auf seine Zulassung mit der Maßgabe der Fortführung durch einen Nachfolger erklären; somit wird der Verzicht erst mit Übernahme der Praxis wirksam. Der abgebende Vertragsarzt hat also ein Wahlrecht: Entweder er verzichtet zum (gesetzlich vorgesehenen) nächstmöglichen Zeitpunkt oder zum Zeitpunkt der Zulassung eines Nachfolgers. Diese Variante ist in der Praxis die häufigste Form des Verzichts, auch deshalb, weil das Bundessozialgericht entschieden hat, dass eine Praxis, die über einen längeren Zeitpunkt nicht mehr bestanden hat, unter Umständen nicht mehr nachbesetzt werden kann. Eben wegen dieser Rechtsprechung hat auch das Bundessozialgericht den sogenannten bedingten Verzicht für ausnahmsweise zulässig erachtet. Sinnvoll ist diese Vorgehensweise aber auch, weil in dem Fall, in dem keine Nachfolger gefunden werden kann, der abgebende Arzt die Praxis zunächst weiterführen kann.

Der Verzicht auf die Zulassung sollte daher immer unter der Bedingung der Fortführung der Praxis durch einen Nachfolger erklärt werden. Diese modifizierte Verzichtserklärung wird von vielen Zulassungsgremien schon vorformuliert in den Antragsformularen für Nachbesetzungsverfahren vorgesehen. Ist dies nicht der Fall, sollte der Praxisabgeber unbedingt bei der Geschäftsstelle der Zulassungsgremien nachfragen, ob dort die bedingte Verzichtserklärung ohne ausdrückliche Erklärung des abgebenden Vertragsarztes immer angenommen wird, oder ob diese durch ein formloses Schreiben erklärt werden muss.

Dieser bedingte Verzicht kann dann nicht erklärt werden, wenn der Praxisabgeber ab einem bestimmten Zeitpunkt nicht mehr am Vertragsarztsitz tätig sein kann, etwa weil er eine Beschäftigung in einem Krankenhaus oder bei einem anderen Vertragsarzt aufnehmen will und eine auch nur vorübergehende gleichzeitige Tätigkeit nicht möglich ist, etwa wegen der Entfernung der neuen Tätigkeit zum Vertragsarztsitz. In diesem Falle kann nur ein unbedingter Verzicht erfolgen. Damit geht jedoch die Gefahr einher, dass die Praxisabgabe erst nach dem Verzichtszeitpunkt erfolgen kann und damit die Praxis einige Quartale leer steht. Dies kann leider nicht immer vermieden werden.

Privilegierter Nachfolger

Die Vorschriften über das Nachbesetzungsverfahren finden sich in § 103 SGB V. Diese Vorschrift trägt die amtliche Überschrift „Überversorgung". Damit wird auch klar, was der Gesetzgeber mit dieser Regelung bezweckt, nämlich den Abbau von Überversorgung. Dies war schon – wie wir oben gesehen haben – ein Grund der Einführung der Bedarfsplanung. Der Gesetzgeber hat deshalb festgelegt, dass dieses Verfahren nur durchgeführt werden kann, wenn die Praxis aus Versorgungsgründen weiter benötigt wird. Das Versorgungsstärkungsgesetz hat hier die in der Fachöffentlichkeit am heftigsten diskutierten Änderungen vorgenommen. Bislang galt, dass, wenn keine Versorgungsgründe vorliegen, die die Nachbesetzung der Praxis erforderlich machen, die Zulassungsausschüsse entscheiden können, dass die Praxis nicht nachbesetzt wird. Dann musste die örtlich zuständige Kassenärztliche Vereinigung den Verkehrswert entschädigen – die Praxis praktisch aufkaufen. Dabei handelte es sich jedoch ausdrücklich um keine „Kann-Regelung", den Zulassungsausschüssen wurde also ein weites Ermessen eingeräumt. Das Versorgungsstärkungsgesetz ändert jetzt diese Systematik. In einem überversorgten Zulassungsbereich – also einem Zulassungsbereich mit mehr als 110 Prozent Versorgungsgrad – kann der Zulassungsausschuss bei einem Versorgungsgrad von 110 bis 140 Prozent entscheiden, dass die Praxis nicht nachbesetzt wird und dann der Praxisinhaber entschädigt wird. Ab einem Versorgungsgrad von 140 Prozent – das ist die Neuerung – soll der Zulassungsausschuss die Praxis nicht mehr nachbesetzen. Welche Konsequenzen dies für die Praxisabgabe hat, werden wir später erörtern.

Ob Versorgungsgründe vorliegen, die eine Praxisnachbesetzung erfordern, muss der zuständige Zulassungsausschuss prüfen. Welche Gründe dies sind, hat der Gesetzgeber offen gelassen. Bei der Schaffung des Versorgungsstärkungsgesetzes wurde jedoch an einigen Stellen Bezug genommen auf den bisherigen Umfang der Teilnahme an der Versorgung. Dies spricht dafür, dass der Gesetzgeber selbst davon ausgeht, dass ausgelastete Praxen in der Regel versorgungsrelevant sind. Mit dieser Frage muss sich der Praxisabgeber nicht auseinandersetzen, der an einen sogenannten privilegierten Nachfolger abgeben möchte. Sind sogenannte privilegierte Nachfolger vorhanden, an die die Praxis abgegeben werden soll, muss zunächst das Nachbesetzungsverfahren durchgeführt werden, selbst wenn keine Versorgungsgründe zur Nachbesetzung gegeben sind. Diese sind:

- Der Praxisübernehmer ist während einer fünf Jahre dauernden vertragsärztlichen Tätigkeit in einem unterversorgten Gebiet tätig gewesen
- Er ist Ehegatte, Lebenspartner oder Kind des Praxisabgebers
- Der Praxisübernehmer der Praxis war am 05.03.2015 (Tag der ersten Lesung des Versorgungsstärkungsgesetzes) in der Praxis des Praxisabgebers entweder bei diesem angestellt oder hat die Praxis mit ihm zu diesem Stichtag gemeinschaftlich betrieben

Nach neuem Recht muss der Zulassungsausschuss einer Nachbesetzung auch dann zustimmen, wenn sich der Praxisübernehmer der Praxis verpflichtet, die Praxis in ein anderes Gebiet des Planungsbereichs zu verlegen, in dem nach Mitteilung der Kassenärztlichen Vereinigung auf Grund einer zu geringen Arztdichte ein Versorgungsbedarf besteht.

Diese Regelung bietet damit dem abgebenden Vertragsarzt die Möglichkeit, in rechtlich zulässiger Weise Einfluss auf das Nachbesetzungsverfahren zu nehmen. Wird ein Privilegierungsgrund geschaffen, so muss dem Antrag auf Durchführung des Nachbesetzungsverfahrens entsprochen werden. Dies setzt zunächst voraus, dass der Praxisabgeber den privilegierten Nachfolger als Wunschkandidaten benennt. Die Zulassungsausschüsse fragen daher konkret nach dem Wunschnachfolger, um genau diese Privilegierung prüfen zu können. Deshalb sehen die meisten Antragsformulare der Zulassungsgremien Angaben zum gewünschten Nachfolger vor. Allerdings gilt, dass die bei der Durchführung des Nachbesetzungsverfahrens vorgesehene Privilegierung nur dann eine Prüfung der Erforderlichkeit der Praxis aus Versorgungsgründen gänzlich vermeidet, wenn der Wunschkandidat auch tatsächlich bei der Auswahlentscheidung ausgewählt wird. Ist dies nicht der Fall, muss dennoch eine Versorgungsprüfung durchgeführt werden (dazu später).

Gerade wegen dieser vom Gesetzgeber vorgesehenen Privilegierung bestimmter Nachfolger sollte es das Ziel der Praxisabgabeplanung sein, von Anfang einen potenziellen Nachfolger zu finden. Für diesen „Wunschkandidaten" können dann gezielt und rechtlich zulässig Privilegierungsvoraussetzungen geschaffen werden.

Die privilegierenden Tatbestände der Stellung als Kind, Ehegatte oder Lebenspartner sind für eine Gestaltung der Nachbesetzung nicht geeignet – wenn auch theoretisch. Allerdings ist die Anstellung eines Arztes oder die gemeinsame Berufsausübung eine auch tatsächlich genutzte Gestaltungsmöglichkeit. Auch dies ist ein Grund dafür, die Praxisabgabe frühzeitig zu planen. Allerdings ist gerade die Anstellung eines Arztes in einem gesperrten Planungsbereich nur unter besonderen Voraussetzungen möglich. Während in einem „entsperrten" Planungsbereich jederzeit mit Genehmigung der Zulassungsgremien eine Anstellung erfolgen kann – die Anstellung steht dabei für die Bedarfsplanung der Zulassung eines weiteren Vertragsarztes gleich – ist dies in einem gesperrten Planungsbereich nur durch Übernahme eines Vertragsarztsitzes oder durch eine Anstellung im sogenannten Jobsharing möglich. Eine Anstellung im Jobsharing ist hingegen in gesperrten Planungsbereichen leicht zu realisieren, dazu kommen wir später. Dieser im Jobsharing angestellte Arzt ist im Nachbesetzungsverfahren privilegiert. Ebenso privilegiert sind Ärzte, mit denen die Praxis gemeinsam betrieben wird.

Was der Gesetzgeber mit gemeinsamer Berufsausübung meint, hat er jedoch offen gelassen. Grundsätzlich kommen hier drei Formen der gemeinsamen Tätigkeit in Betracht: die Praxisgemeinschaft, die Bildung einer Berufsausübungsgemeinschaft und die sogenannte Zulassung zur gemeinsamen Berufsausübung im Jobsharing. Bei

Praxisgemeinschaften wirtschaften die beteiligten Vertragsärzte getrennt und teilen sich in der Regel nur Praxisräume und gegebenenfalls das Praxispersonal. Diese Form der gemeinsamen Tätigkeit muss der Kassenärztlichen Vereinigung nur angezeigt werden; Genehmigungspflichten bestehen hier nicht. Ob diese Form der gemeinsamen Tätigkeit als schwächste Form der beruflichen Zusammenarbeit für eine Privilegierung ausreicht, ist letztlich umstritten. Ein sicheres Gestaltungsmittel ist sie daher nicht.

Die Bildung einer Berufsausübungsgemeinschaft ist recht unproblematisch, allerdings müssen sich dazu mindestens zwei Vertragsärzte zusammenfinden, die zukünftig als Gemeinschaftspraxis an der Versorgung teilnehmen wollen. Dazu muss zwingend eine gesellschaftsrechtliche Bindung zwischen den Vertragsärzten geschaffen werden, in der Regel eine Gesellschaft bürgerlichen Rechts. Das Ziel dieser Gemeinschaft muss die gemeinsame Behandlung von Patienten sein. Ab der Gründung dieser Gemeinschaftspraxis, die auch an verschiedenen Praxissitzen als überörtliche Berufsausübungsgemeinschaft gegründet werden kann, muss grundsätzlich gemeinsam gewirtschaftet werden, in der Regel wird auch eine gemeinsame Abrechnung erstellt. Wird die Berufsausübungsgemeinschaft jedoch nur zum Schein und damit nicht mit dem Ziel der gemeinsamen Berufsausübung, sondern gegebenenfalls nur mit dem Ziel der Beeinflussung des Nachbesetzungsverfahrens gegründet, dürfen die Zulassungsgremien dies nach den Grundsätzen des sogenannten Gestaltungsmissbrauchs nicht berücksichtigen.

Die Jobsharing-Zulassung ist eine besondere Form des Jobsharing. Im Gegensatz zur Jobsharing-Anstellung wird der weitere Arzt jedoch nicht als Angestellter, sondern freiberuflich tätig, wobei seine Zulassung auf den Bestand der Zulassung des Vertragsarztes beschränkt ist; dies nennt man eine vinkulierte Zulassung. Vertragsarzt und im Jobsharing zugelassener Arzt bilden dann zwingend eine Berufsausübungsgemeinschaft. Wichtig ist aber, dass eine Jobsharing-Zulassung bei Nachbesetzungsverfahren erst nach einer Dauer von fünf Jahren der gemeinsamen Berufsausübung berücksichtigt werden darf. Deshalb eignet sich diese Gestaltungsform bei der Praxisabgabeplanung nur bei sehr langen Planungszeiträumen.

Hier stellt sich natürlich die Frage, ab wann eine solche Anstellung oder die Bildung einer Berufsausübungsgemeinschaft die vom Gesetzgeber vorgesehene Privilegierung auslöst. Der Gesetzgeber hatte bislang auf eine genaue Regelung verzichtet. Daher hatte er es den Zulassungsgremien und den Gerichten überlassen, hier eine Lösung zu finden. Das Versorgungsstärkungsgesetz hat jetzt Klarheit geschaffen. Jetzt gilt einheitlich, dass die Jobsharing-Anstellung und die gemeinsame Berufsausübung erst nach drei Jahren berücksichtigt werden dürfen. Ziel der Privilegierung ist es nämlich, in den Fällen, in denen besonders geschützte Interessen des Vertragsarztes oder sonstiger Beteiligter bestehen – bei den Kindern zum Beispiel das verfassungsrechtlich garantierte Erbrecht –, diese gegenüber dem gesetzgeberischen Ziel des Abbaus von Überversorgung zurücktreten zu lassen.

Bei der Praxisabgabe an einen angestellten Arzt oder einen Arzt, mit dem die Praxis gemeinsam betrieben wurde, stehen einerseits die wirtschaftlichen Interessen des privilegierten Nachfolgers im Vordergrund, andererseits die besondere Bindung der Patienten an die Praxis und die dort tätigen Ärzte, die im Rahmen der Sicherstellung von besonderer Bedeutung ist. Damit diese schützenswerten Interessen überhaupt entstehen können, muss denknotwendig das Anstellungsverhältnis für einige Zeit bestanden haben oder die gemeinsame Berufsausübung einige Zeit andauern. Erst dann ist die notwendige Bindung der Patienten an die Praxis und die privilegierten Personen anzunehmen.

Die Neuregelung zur Mindestdauer der gemeinsamen Berufsausübung oder der Anstellung von drei Jahren gilt aber nicht für die Fälle, bei denen die Anstellung oder gemeinsame Berufsausübung zum Zeitpunkt der ersten Lesung des Versorgungsstärkungsgesetzes am 05.03.2015 schon bestand; hier verbleibt es bei der bisherigen Spruchpraxis der Zulassungsgremien, die in der Regel schon deutlich weniger als drei Jahre gemeinsame Tätigkeit forderten.

Eine neue und für die Praxis gut nutzbare Privilegierung ist jedoch durch das Versorgungsstärkungsgesetz eingeführt worden. Jetzt gilt, dass auch dann die Praxis nachbesetzt werden muss, wenn der Nachfolger erklärt, dass er die Praxis in eine Region im Planungsbereich verlegen wird, in der nach Mitteilung der Kassenärztlichen Vereinigung eine zu geringe Arztdichte und damit ein erhöhter Versorgungsbedarf besteht. Um diese Privilegierung zu nutzen, muss also zunächst geklärt werden, für welche Regionen im maßgeblichen Planungsbereich die Kassenärztliche Vereinigung dies mitgeteilt hat bzw. mitteilen würde. Hier reicht eine Nachfrage bei der KV aus. Dann muss der gewünschte Nachfolger schriftlich erklären, dass er die Praxis in diesen Bereich verlegen wird. Dieses Vorgehen eignet sich vor allem für die Fälle, in denen keine langfristige Planung der Praxisabgabe möglich ist, denn hier gibt es keine Wartezeiten. Sind in der Person des übernahmebereiten Arztes die bereits genannten Privilegierungen jedoch nicht erfüllt, bliebe dem abgebenden Arzt nach derzeitiger Rechtslage nur der Weg in die Gründung eines medizinischen Versorgungszentrums, in dem er sich anstellen lässt. Auf diese Weise bleibt der Vertragsarztsitz erhalten, weil der Wechsel innerhalb eines medizinischen Versorgungszentrums (MVZ) in Form eines Eintritts in das MVZ keiner Entscheidung des Zulassungsausschusses zugänglich ist.

Ziel des Gesetzgebers

Ist kein privilegierter Nachfolger vorhanden, muss der Zulassungsausschuss prüfen, ob die Praxis aus Versorgungsgründen benötigt wird. Diese Prüfaufgabe der Zulassungsgremien wurde erst 2013 eingeführt. Bis zu diesem Zeitpunkt war dies die alleinige Aufgabe der Kassenärztlichen Vereinigungen.

Prüfverfahren

Das Nachbesetzungsverfahren ermöglicht in gesperrten Planungsbereichen die Weitergabe einer Praxis an einen Nachfolger. Diese Weitergabe ist aus Sicht des Gesetzgebers aber nicht immer sinnvoll. Denn durch die Weitergabe der Praxen bleibt die Überversorgung im Zulassungsbezirk bestehen. Viel mehr noch führt die Weitergabe der Praxis an einen Nachfolger dazu, dass dieser sich nicht an einem anderen Ort niederlässt, an dem es unter Umständen zu wenige Ärzte gibt, also eine sogenannte Unterversorgung vorliegt. Der Abbau der Überversorgung ist aber das erklärte Ziel des Gesetzgebers. Dies war auch der Grund für die Übertragung

der Entscheidungskompetenz über die Durchführung des Nachbesetzungsverfahrens auf den Zulassungsausschuss. In diesem entscheiden Vertreter der Ärzte und Krankenkassen gemeinsam. Damit können die Kassenärztlichen Vereinigungen nicht mehr alleine entscheiden, ob eine Praxis nachbesetzt wird. Liegen keine Versorgungsgründe vor, die die Nachbesetzung der Praxis erfordern, soll an Stelle der Weitergabe der Praxis der Praxisabgeber für den Verlust der Möglichkeit zur Praxisweitergabe entschädigt werden. Das Versorgungsstärkungsgesetz reagiert nunmehr auf die Tatsache, dass praktisch kein Praxisaufkauf stattfand, mit einer Verschärfung der Regelungen. Wie auch bisher kann bei einem Versorgungsgrad bis 140 Prozent – also genauer 139 Prozent – die Praxisnachbesetzung abgelehnt werden, ab einem Versorgungsgrad von 140 Prozent soll sie abgelehnt werden. Diese kleine Änderung ist juristisch sehr bedeutsam. Die Zulassungsausschüsse hatten bislang einen großen Ermessensspielraum bei der Frage der Nachbesetzung und der Bewertung der Versorgungsgründe. Daher erfolgte praktisch keine Ablehnung der Nachbesetzung aus Versorgungsgründen. Nach der Neuregelung können Sie nur noch mit erhöhtem Begründungsaufwand ab einem Versorgungsgrad von 140 Prozent für eine Nachbesetzung votieren. Denn dabei gilt, je höher der Versorgungsgrad, desto größer muss der Begründungsaufwand sein, damit die Entscheidung für die Nachbesetzung auch bei einer gerichtlichen Überprüfung bestehen bleibt. Bei einem Versorgungsgrad von 250 Prozent – dies ist in einige Bedarfsplanungsgruppen keine Seltenheit, obgleich auch dann noch Terminwartezeiten bestehen – wird es also äußerst schwierig zu begründen, dass die Praxis noch benötigt wird.

Dabei stellen sich für die Zulassungsausschüsse bei Nachbesetzungsverfahren also zwei Fragen: Wann kann eine Praxis überhaupt nachbesetzt werden und wann ist eine nachbesetzungsfähige Praxis aus Versorgungsgründen notwendig?

Nachbesetzungsfähigkeit einer Praxis

Schon vor der Neuregelung des Nachbesetzungsverfahrens haben der Gesetzgeber und die Gerichte eine Weitergabe der Praxis nur dann für zulässig gehalten, wenn überhaupt eine übergabefähige Praxis vorhanden war. Diese Frage trat und tritt immer dann auf, wenn sehr kleine Praxen weitergegeben werden sollen, also Praxen, in denen nur wenige Patienten behandelt wurden. Das Nachbesetzungsverfahren soll die Weitergabe einer Praxis an einen Nachfolger ermöglichen, damit der Wert des Unternehmens „Praxis" dem Praxisabgeber oder dessen Erben zufließen kann. Es soll also nicht isoliert nur die Zulassung übertragen – dies ist ja unzulässig –, sondern ein Unternehmen fortgeführt werden. Diese Unternehmensfortführung kann aber nur dort erfolgen, wo auch ein Unternehmen vorhanden ist. Doch wann ist eine solche übergabefähige Praxis vorhanden? Das Bundessozialgericht hat hierzu die sogenannte „Praxissubstratrechtsprechung" entwickelt. Nur wenn ein hinreichendes Praxissubstrat vorhanden ist, soll eine Praxisfortführung möglich sein. Ein hinreichendes Praxissubstrat liegt vor, wenn Praxisräume, Praxisinventar, Patientenkartei und hinreichende Patienten vorhanden sind. Im Laufe der Jahre hat sich hierzu eine weite Kasuistik entwickelt, insbesondere zu der Frage, wie lange nach Beendigung der Tätigkeit des Vertragsarztes noch eine übergabefähige Praxis vorhanden ist, was vor allem in dem Fall wichtig wird, in dem durch den Tod des Vertragsarztes die Praxis nachbesetzt werden soll. Das Bundessozialgericht hält hier einen Zeitraum von etwa einem Jahr Praxisschließung für möglich, denn dann dürften noch Patienten diese Praxis aufsuchen wollen. Diese zu der Zeit, als die Kassenärztlichen Vereinigungen über die Ausschreibung einer Praxis entscheiden durften, entwickelte Rechtsprechung, wird auch nach Inkrafttreten des Versorgungsstärkungsgesetzes weiterhin gelten.

Neben einem hinreichenden Praxissubstrat müssen auch Versorgungsgründe zur Fortführung der Praxis gegeben sein. Dies ist Dreh- und Angelpunkt der Diskussionen zum Nachbesetzungsverfahren.

Der Gesetzgeber hat auf eine Definition der Versorgungsgründe verzichtet, sodass die Zulassungsgremien bei diesem sogenannten unbestimmten Rechtsbegriff einen weiten Beurteilungsspielraum haben. Die meisten Zulassungsausschüsse gehen davon aus, dass eine Praxis, die ausreichend Patienten behandelt, auch zur Versorgung benötigt wird. Diese Zulassungsausschüsse gehen damit davon aus, dass eine ausgelastete Praxis stets aus

Versorgungsgründen benötigt wird. Damit muss zum Zeitpunkt der Abgabe der Umfang der Teilnahme an der ambulanten Versorgung ermittelt werden. Belegt dieser Umfang der Teilnahme eine Auslastung der Praxis, so liegen Versorgungsgründe vor, die eine Nachbesetzung rechtfertigen. Die in dieser Praxis behandelten Patienten müssten im Falle der Ablehnung des Nachbesetzungsverfahrens in anderen Praxen weiterbehandelt werden, wobei das Risiko besteht, dass diese an ihre Kapazitätsgrenzen stoßen und unter Umständen Patienten unbetreut zurückbleiben. Stehen bei sehr großen Praxen, die häufig auch als Versorgerpraxen bezeichnet werden, gar keine Praxen in der Umgebung zur Verfügung, die diese Patienten überhaupt aufnehmen können, käme es bei der Ablehnung der Nachbesetzung unweigerlich zu einen schweren Sicherstellungsproblem für die Kassenärztliche Vereinigung. Einige Zulassungsausschüsse prüfen neben der Auslastung der Vertragsarztpraxis insbesondere, ob Praxisbesonderheiten vorliegen, also spezielle Leistungsangebote gegeben sind, die andere Praxen nicht vorhalten.

Prüfungskriterien

■ ■ Arztfallzahl

Die Prüfung der Auslastung der Praxen ist jedoch für die Zulassungsgremien selbst nicht möglich. Diese müssen sich dazu der Hilfe der Kassenärztlichen Vereinigung bedienen. Doch auch die Prüfung der Auslastung einer Praxis ist nicht unproblematisch.

So können zunächst die Arztfallzahlen der zurückliegenden Jahre mit dem Durchschnitt der Fallzahlen der Fachgruppe verglichen werden. Der sogenannte Arztfall wird im Bundesmantelvertrag-Ärzte definiert. Hierunter versteht man alle durch einen Arzt in einem Kalendervierteljahr erbrachten Leistungen zugunsten eines gesetzlich versicherten Patienten zu Lasten derselben Krankenkasse. Diese Zahl ist am ehesten geeignet, um festzustellen, wie viele Patienten in einer Praxis regelmäßig behandelt werden und wie diese Zahl im Verhältnis zu anderen Praxen zu bewerten ist. Werden in Hausarztpraxen durchschnittlich 850 Patienten im Quartal behandelt, so sind alle Praxen, die ebenfalls 850 Patienten oder mehr behandeln, als voll ausgelastet zu bewerten. In einigen Fachgruppen kann anhand der Arztfallzahlen aber nur sehr unzureichend festgestellt werden, ob die Praxis bzw. der Vertragsarzt in ausreichendem Maße an der Versorgung teilnimmt. So dürfen bestimmten Facharzt-Internisten, wenn sie qualitätsgesicherte Leistungen erbringen, aufgrund der Qualitätssicherungsvereinbarungen nur wenige Patienten behandeln, bei Psychologischen Psychotherapeuten und ärztlichen Psychotherapeuten können je nach angewandtem Richtlinienverfahren (Verhaltenstherapie, tiefenpsychologisch fundierte Psychotherapie, Psychoanalyse) die Fallzahlen ebenfalls weit divergieren. So kann ein im Richtlinienverfahren der Psychoanalyse tätiger Psychotherapeut aufgrund der höheren Kontaktfrequenz in der Regel nicht die durchschnittlichen Fallzahlen von Verhaltenstherapeuten erreichen. Ebenso nehmen einige Arztgruppen häufig in großem Maße an Verträgen zur integrierten Versorgung teil; die in diesem Zusammenhang erbrachten Fallzahlen tauchen mitunter gar nicht in der Abrechnung mit der Kassenärztlichen Vereinigung auf. Deshalb müssen gerade in diesen Fällen zur Beurteilung einer Vertragsarzt- oder Psychotherapeutenpraxis ergänzende Informationen herangezogen werden. Die Arztfallzahlen sind aber praktisch immer der erste Anhaltspunkt zur Beurteilung einer Praxis.

■ ■ Praxisumsatz

Einen weiteren Anhaltspunkt bieten die Umsatzzahlen der Praxis im Verhältnis zum Durchschnitt der Fachgruppe. Die Kassenärztliche Bundesvereinigung und die Kassenärztlichen Vereinigungen verfügen über Honorarberichte, aus denen der Durchschnittsumsatz einer fachgleichen Praxis ermittelt werden kann. Da allerdings die Honorarsystematik der jeweiligen Kassenärztlichen Vereinigung und die abgerechneten Leistungen großen Einfluss auf die Honorarhöhe haben können, bietet dies nur eine weitere – wenn auch eingeschränkte – Möglichkeit zum Vergleich mit der Fachgruppe. Einige Kassenärztliche Vereinigungen geben die individuellen Honorarzahlen der Praxen auch aus Datenschutzgründen nicht an die Zulassungsgremien weiter, da es sich hierbei um sehr sensible persönliche Daten der Praxisabgeber handelt. Soll zum Beispiel ein Vertragsarztsitz nachbesetzt werden, der zu einer Berufsausübungsgemeinschaft gehört, müssen natürlich die

durch diesen Arzt erzielten Umsätze mit denen eines durchschnittlichen Arztes verglichen werden; hier hilft der Gesamtumsatz der Praxis nicht weiter.

■ ■ EBM-Prüfzeiten

Eine weitere Vergleichsmöglichkeit sind die sogenannten Prüfzeiten nach dem EBM. Mit wenigen Ausnahmen wird für jede Leistung, die im EBM abgebildet wurde, eine Zeit festgelegt, die durchschnittlich benötigt wird, um diese Leistung zu erbringen. Diese Zeiten werden bei der Überprüfung von Quartalsabrechnungen der Vertragsärzte und Vertragspsychotherapeuten genutzt, um die Plausibilität der Abrechnung zu überprüfen. Die Kassenärztlichen Vereinigungen sind zu dieser Überprüfung verpflichtet. Durch die Festlegung von Prüfzeiten kann ermittelt werden, wie lange der Arzt an einem bestimmten Tag vermutlich gearbeitet haben muss, wenn er bestimmte Leistungen abrechnet. Dabei leuchtet es ein, dass eine Arbeitszeit von zum Beispiel mehr als 20 Stunden an einem Tag nicht plausibel erscheint. Anhand der Prüfzeiten kann aber auch festgestellt werden, wie lange ein Vertragsarzt regelmäßig in seiner Praxis Patienten behandelt. Dazu wird das gleiche Prüfverfahren angewendet wie bei der Prüfung der Plausibilität der Abrechnungen. Doch statt die Plausibilität der Abrechnung zu prüfen, geht es hier um die Ermittlung der Behandlungsdauer in der Praxis. Damit von einer ausreichend ausgelasteten Praxis ausgegangen werden kann, könnten diese Behandlungszeiten mit den Behandlungszeiten einer ausgelasteten Praxis verglichen werden. Diese Zeiten werden jedoch bei der Plausibilitätsprüfung nicht ermittelt; sie für diese Prüfverfahren zu ermitteln, wäre überdies äußerst aufwändig, sie stehen demnach für einen Vergleich nicht zur Verfügung. Die Zulassungsgremien vergleichen daher diese Zeiten mit den Pflichtleistungszeiten eines Vertragsarztes bzw. eines Arztes, der vollschichtig tätig ist, also in der Regel durchschnittlich mehr als 20 Stunden wöchentlich tätig ist.

Wie lange ein Vertragsarzt in der Praxis arbeiten muss, hat der Gesetzgeber allerdings nicht geregelt. Wie wir bereits gesehen haben, legt der Bundesmantelvertrag-Ärzte nur fest, welche Mindestsprechzeiten der Vertragsarzt anbieten muss; dies sind bei einem vollen Versorgungsauftrag 20 Stunden und bei einem hälftigen Versorgungsauftrag 10 Stunden. Die Ärzte-Zulassungsverordnung geht hingegen von einer hauptberuflichen und damit vollschichtigen Tätigkeit aus; in der Bedarfsplanungsrichtlinie werden genehmigte Anstellungen erst mit einer wöchentlichen Arbeitszeit von mehr als 30 Stunden als vollschichtige Tätigkeit gewertet. Aus diesen Vorschriften leitet das Bundessozialgericht ab, dass ein Vertragsarzt vollschichtig und demnach mit seiner vollen Arbeitszeit tätig sein muss. Dies entspricht nach allgemeinem Verständnis einer Arbeitszeit von 40 Stunden pro Woche. Werden also Prüfzeiten nach EBM von 30 bis 40 Stunden ermittelt, kann man zweifelsohne von einer voll ausgelasteten Praxis ausgehen. Zum Teil lassen Zulassungsausschüsse bereits eine Prüfzeit von mehr als 10 oder 20 Stunden ausreichen, um von einer ausreichend ausgelasteten Praxis auszugehen. Diese Ausschüsse stellen eher auf die Mindestsprechzeiten nach dem Bundesmantelvertrag ab.

■ ■ Gesamtbetrachtung

Den Zulassungsausschüssen stehen damit einige Anhaltspunkte zur Beurteilung der Auslastung einer Praxis zur Verfügung. Allerdings gibt keines der vorgenannten Kriterien in allen Fällen sicheren Aufschluss darüber, ob die Praxis tatsächlich ausgelastet ist. Auch die Prüfzeiten nach dem EBM sind bei Praxen, in denen Ärzte in erster Linie apparativ-technisch tätig sind, wie etwa Pathologen und Labormediziner, nicht aussagekräftig. Die in diesen Praxen erbrachten Leistungen wurden häufig mit keinen Prüfzeiten im EBM versehen. In einzelnen Fällen habe Gerichte hier eine Prüfung anhand der Punktzahlmengen der Praxis vorgeschlagen; eine Entscheidung des Bundessozialgerichts gibt es noch nicht. Daher muss jede Praxis individuell betrachtet werden. Nur eine Gesamtschau aller zur Verfügung stehenden Kriterien lässt eine genaue Beurteilung der Auslastung der Praxis zu, wenn ein Kriterium gegen eine ausreichende Auslastung der Praxis spricht. Daher geht es um eine wertende Betrachtung, die der Praxisabgeber bei der Praxisabgabeplanung schon im Vorfeld selbst vornehmen kann.

Anhand dieser Kriterien können Praxisabgeber auch selbst prüfen, ob ihren Praxen abgabefähig sind. Die abgerechneten Fallzahlen der letzten Jahre finden sich in den Honorarabrechnungen der Kassenärztlichen Vereinigung; teilweise werden hierbei auch die durchschnittlichen Fallzahlen der gesamten Arztgruppe mitgeteilt. Praktisch alle Praxen nutzen darüber hinaus heute Softwarelösungen, die die Praxisverwaltung und die Abrechnung mit der Kassenärztlichen Vereinigung übernehmen. Diese Programme bieten auch die Möglichkeit, die Prüfzeiten nach dem EBM selbst zu ermitteln. In Zweifelsfällen sollten Sie sich aber direkt an Ihre Kassenärztliche Vereinigung wenden. Diese kann immer anhand der vorliegenden Abrechnungsdaten ermitteln, wie stark eine Praxis gemessen am Durchschnitt der Fachgruppe an der Versorgung teilnimmt.

■ ■ Besondere Fälle bei der Praxisprüfung

Alle Prüfungsansätze basieren jedoch auf einer Betrachtung der in der Vergangenheit in der Praxis erbrachten Leistungen. Dieser Leistungsumfang kann jedoch aus besonderen Gründen abgenommen haben. Überwiegend oder ausschließlich psychotherapeutisch tätige Ärzte und psychologische Psychotherapeuten beginnen vor Praxisabgabe keine neuen Langzeittherapien; bestehende Langzeittherapien werden beendet und nicht verlängert. In diesen Fällen nimmt über einen längeren Zeitraum der Leistungsumfang der Praxis ab. Auch eine längere Krankheit, die Pflege naher Angehöriger oder die Betreuung von Kindern (zum Beispiel auch von Pflegekindern oder von Enkeln) führt selbst bei ordnungsgemäßer Vertretung durch einen andern Arzt oder Vertragsarzt zu einem Abfall des Leistungsumfanges. Dies muss bei der Bewertung der Tätigkeit berücksichtigt werden.

Allerdings werden diese Besonderheiten bei der Praxisprüfung häufig übersehen und es kann dadurch zu einer teilweisen oder völligen Ablehnung der Nachbesetzung wegen eines fehlenden Praxissubstrats kommen. Damit es nicht dazu kommt, sollte der Praxisabgeber schon beim Antrag auf Einleitung des Nachbesetzungsverfahrens auf diese Besonderheiten hinweisen. Auf einen solchen Hinweis hin müssen die Zulassungsausschüsse wegen des Amtsermittlungsgrundsatzes alle behaupteten Umstände von Amts wegen überprüfen und berücksichtigen. Bei einem Rückgang des Leistungsumfangs wegen Urlaub, Krankheit, der Pflege naher Angehöriger oder der Betreuung von Kindern kann die Kassenärztliche Vereinigung

Amtshilfe leisten. Dort werden die entsprechenden Meldungen von Vertragsärzten und Vertragspsychotherapeuten erfasst und anhand der Vertretungsregelungen in der Ärzte-Zulassungsverordnung geprüft. Nicht nur wegen der disziplinarrechtlich zu ahndenden Pflicht zur ordnungsgemäßen Vertretungsmeldung, sondern auch im Hinblick auf eine spätere Praxisabgabe sollten Praxisschließungen immer sofort gemeldet werden. Liegen der Kassenärztlichen Vereinigung keine Vertretungsmeldungen vor, kann sie in einem Nachbesetzungsverfahren die Behauptung des Antragstellers nicht bestätigen. Insbesondere bei der langfristigen Planung der Praxisabgabe sollte deshalb immer auf die regelmäßige Meldung von Praxisschließungen geachtet werden. Auch Veränderungen in der Abrechnungssystematik, die Auflösung einer Berufsausübungsgemeinschaft und viele andere Aspekte können einen Rückgang der Patientenzahlen auslösen. Auch hier muss immer darauf hingewiesen werden.

Die meisten Praxisabgaben finden am Ende des Berufslebens statt. Nicht nur der nahende Rentenbeginn, sondern auch gesundheitliche Aspekte sind häufig der Grund, warum die Praxisabgabe in Angriff genommen wird. In der Praxis machen viele Vertragsärzte hier einen schwerwiegenden Fehler. Durch Krankheiten, Krankenhausaufenthalte und Rehabilitationsmaßnahmen kann die Praxistätigkeit nicht im bislang üblichen Umfang fortgesetzt werden. Um die Patienten aber weiter adäquat zu versorgen, wird häufig die Sprechstundenzeit auf das Mindestmaß reduziert und die Praxis allenfalls für einzelne Tage geschlossen, manchmal nur für eine Woche. Dies geschieht aber nicht nur für kurze Zeit, sondern gerade bei Erkrankungen, die eine lange Behandlungsdauer über Monate oder Jahre hinweg mit sich bringen. Da aber durch die Beschränkung der Sprechstundenzeit und die nur tageweise bestehende Praxisschließung keine Meldung an die Kassenärztliche Vereinigung erfolgt – diese ist im Regelfalle erst ab einer durchgehenden Schließung von einer Woche vorgeschrieben – wird zu keinem Zeitpunkt aktenkundig, dass der Vertragsarzt aus gesundheitlichen Gründen seine Praxistätigkeit beschränkt. Wird dann erst bei der Prüfung der Praxis im Nachbesetzungsverfahren der geringe Praxisumfang festgestellt, ist der Nachweis des Rückgangs des Leistungsumfangs wegen Krankheit

nicht mehr oder nur schwer möglich. Also gilt auch hier: Wann immer die Praxis auch nur tageweise geschlossen wird, sollte umgehend eine Meldung an die Kassenärztliche Vereinigung erfolgen.

■ ■ Praxisräume

Neben diesem Kriterium der ausreichenden Patientenbehandlung muss es aber auch noch vorhandene Praxisräume geben, in denen die Praxis fortgeführt werden kann. Ebenso fordert das Bundessozialgericht, wie schon dargelegt, auch das Vorhandensein einer sogenannten Patientenkartei.

Das Erfordernis der noch vorhandenen Praxisräume ist Ausfluss des Fortführungsgedankens. Die Praxis soll in einem gesperrten Planungsbereich durch einen Praxisnachfolger in den bisherigen Praxisräumen fortgeführt werden. So soll die Versorgung der Patienten am gleichen Ort sichergestellt werden. Damit versucht die Rechtsprechung, einem etwaig isolierten Übertragen der Zulassung entgegenzutreten, dem oft befürchteten Konzessionshandel. Dies führt allerdings in vielen Fällen zu Problemen. Wird etwa die Praxis in einem Haus betrieben, das zugleich das Wohnhaus des Praxisabgebers ist, oder auch in einer Eigentumswohnung des bisherigen Vertragsarztes, hat dieser häufig kein Interesse, die bisherigen Räumlichkeiten für unbestimmte Zeit an den Praxisnachfolger zu vermieten. Viele Arztpraxen werden gerade dann abgegeben, wenn der häufig auf fünf Jahre geschlossene Gewerbemietvertrag ausläuft. Sieht der Vermieter für die Zukunft eine andere Nutzung vor, kann der Praxisnachfolger keinen Anschlussmietvertrag mehr erhalten. Auch kann manchmal aus baurechtlichen Gründen der Nachfolger seine Tätigkeit nicht mehr in den gleichen Räumen aufnehmen. Diese Probleme sind allen Zulassungsgremien bekannt. Deshalb wird schon bei der Antragstellung von den Geschäftsstellen der Zulassungsausschüsse überprüft, ob der Praxisabgeber angegeben hat, dass noch Praxisräume vorhanden sind. Ist dies nicht der Fall, so wird regelmäßig um eine Erklärung durch den Vertragsarzt gebeten. Kann dann nachvollziehbar dargelegt werden, dass der Praxisnachfolger nicht in den gleichen Räumen tätig werden kann, und dies letztlich nicht in den Verantwortungsbereich des Praxisabgebers fällt, wird durch die meisten Zulassungsausschüsse die Fortführung in unmittelbarer Nähe der bisherigen Praxis für ausreichend erachtet.

Manche Zulassungsausschüsse fordern dabei allerdings weitergehende Nachweise, auch im Hinblick auf alternative Praxisräume. Dieses Vorgehen ist eine Abweichung von der Rechtsprechung des Bundessozialgerichts. Im Ergebnis handelt es sich aber um eine rechtlich zulässige und gebotene Verwaltungspraxis. Der abgebende Vertragsarzt, der keine Möglichkeit hat, die Räume für den Praxisnachfolger zu sichern, wäre ansonsten vom Nachbesetzungsverfahren an diesem Ort ausgeschlossen. Die Fortführung der Praxis in unmittelbarer Nähe gibt ihm so die Möglichkeit, dennoch seine Praxis wirtschaftlich zu verwerten. Dabei bleibt für die Patienten die Praxis erhalten, wenn auch (nur) in der Nähe der bisherigen Praxis. Schwierigkeiten bereitet dabei immer die Frage, was unter „in der Nähe" zu verstehen ist. Dies variiert je nach Zulassungsbezirk. Man kann jedoch davon ausgehen, dass unmittelbare Nähe bei sehr patientennahen Fachgruppen wie Hausärzten, Augenärzten etc. als fußläufige Entfernung zur bisherigen Praxis zu verstehen ist, bei Fachgruppen der allgemeinen, gesonderten oder spezialisierten fachärztlichen Versorgung können dies auch größere Distanzen sein, gegebenenfalls auch einige Kilometer.

Wenn bei einer geplanten Praxisabgabe eine Fortführung in den bisherigen Praxisräumen nicht mehr möglich ist, sollte unmittelbar Kontakt zur Geschäftsstelle der Zulassungsgremien aufgenommen werden. Dort ist die Spruchpraxis der Zulassungs- und Berufungsausschüsse bekannt. Anhand dieser Auskünfte kann dann geprüft werden, ob gegebenenfalls alternative Räume gesucht werden müssen. Allerdings greift hier jetzt das Versorgungsstärkungsgesetz ein. Da der Gesetzgeber selbst die Möglichkeit geschaffen hat, dass die Praxis bei der Abgabe verlegt wird – wie wir oben gesehen haben –, wird die bisherige Rechtsprechung so nicht zu halten sein. Zumindest bei dieser gezielten Praxissitzverlegung bei der Nachbesetzung müssen keine Räume mehr vorhanden sein. Auch das Auswahlkriterium „für Behinderte besonders geeignete Räume" – dazu später mehr – wird dies öffnen. Jetzt kann ein Bewerber nur deswegen ausgewählt werde, weil die von ihm angebotenen Praxisräume besonders den Belangen von Behinderten entsprechen. Dass hierdurch gänzlich auf dieses Kriterium verzichtet wird, ist eher nicht zu erwarten.

■■ Patientenkartei

Das Erfordernis der noch vorhandenen Patientenkartei wurde von der Rechtsprechung zu einer Zeit entwickelt, als Patientenakten noch per Hand geführt und diese Karteien an die Praxisnachfolger weitergereicht wurden. Heute wird hierunter das ausreichende Vorhandensein von Patienten verstanden, die ein Praxisnachfolger übernehmen kann – auch bei digitaler Aktenführung. Ungeachtet der datenschutz- und berufsrechtlichen Probleme soll hierdurch sichergestellt werden, dass tatsächlich Patienten vom Praxisnachfolger weiterbehandelt werden können. Dies ist etwa bei einer Hausarztpraxis der Regelfall, bei einer psychotherapeutischen Praxis aber eher unwahrscheinlich. Wichtig ist bei der Abgabeplanung, dass darauf geachtet wird, dass der Praxisnachfolger tatsächlich Patienten übernehmen und dies auch gegenüber den Zulassungsgremien dokumentiert werden kann. Unter Umständen wird hierzu eine gesonderte Erklärung verlangt.

Konsequenzen aus dem Versorgungsstärkungsgesetz (VSG)

Das Versorgungsstärkungsgesetz wird aber – von der Fachpresse bislang eher unbemerkt – die Nachbesetzungsverfahren verändern. Der Gesetzgeber hat ohne jeden Zweifel durch die oben beschriebenen besonderen Privilegierungs- und Prüfkriterien auch die bislang durch die Rechtsprechung gebildeten Grundsätze verändert. Die erklärte Verpflichtung zur Verlegung der Praxis durch den Nachfolger als Grundlage für die Zustimmung zur Nachbesetzung ist die Aufgabe des Grundsatzes der Fortführung am Vertragsarztsitz. Ob hiermit nur eine Einzelfallregelung geschaffen werden und im Übrigen die bisherige Rechtsprechung weitergelten soll, hat der Gesetzgeber offen gelassen. Die Zulassungsgremien werden hier erst einmal eine Spruchpraxis finden müssen; die erkennbar nur für bestimmte Fälle vorgesehene Sonderregelung wird dabei wahrscheinlich nicht zu einer gänzlichen Aufgabe der bisherigen Rechtsprechung führen. Dafür spricht, dass die Nachbesetzungsregelung keine weiteren Änderungen oder Klarstellungen erfahren hat, die dafür sprechen, dass der Gesetzgeber die Vorgaben der Rechtsprechung aufheben oder modifizieren wollte. Ebenso sind die Auswirkungen der Neuregelung der Auswahlkriterien noch nicht in Gänze abzusehen. Die Formulierung, dass die Belange von Behinderten beim Zugang zur Versorgung ein Kriterium zur Auswahl darstellen sollen, ist als weitere Abweichung vom Grundsatz der Praxisfortführung am bisherigen Sitz zu verstehen. Denn nur bei einer Fortführung in Räumen, die die Belange von Behinderten bei Zugang zur Versorgung besser gewahrt erscheinen lassen, kommt dieses Kriterium zum Zuge. Dies bedeutet aber zugleich, dass ein Ort zur Praxisfortführung ausgewählt wird, an dem bislang die Praxis nicht geführt wurde. Ob dies nur bei einer Fortführung in unmittelbarer Nähe des bisherigen Praxissitzes gelten soll und wie weit der neue Praxisort entfernt sein darf, wird durch die Zulassungsgremien zu klären sein. Ganz gleich, welche Auslegung die Zulassungsgremien finden werden, bleibt festzuhalten, dass der Gesetzgeber in beträchtlichem Umfang den Grundsatz der Fortführung am Praxissitz aufgegeben hat.

Regionale Besonderheiten

Die gerade beschriebenen Prüfpflichten gelten für alle Zulassungsgremien gleichermaßen. Dabei gibt es jedoch gewisse regionale Unterschiede. Liegt zum Beispiel nur eine geringe Überversorgung vor und ist ein Vertragsarztsitz für sein Einzugsgebiet sehr wichtig, dann tendieren praktisch alle Zulassungsgremien zur Durchführung des Nachbesetzungsverfahrens mit dem Ziel, diesen Vertragsarztsitz für einen Nachfolger zu erhalten, um dann die Versorgung der Patienten durch einen anderen Arzt zu ermöglichen. Auch wegen der mit der Ablehnung des Nachbesetzungsverfahrens verbundenen Entschädigungspflicht der Kassenärztlichen Vereinigungen befürworten viele Zulassungsausschüsse generell die Durchführung des Nachbesetzungsverfahrens.

Aber insbesondere beim detaillierten Prüfungsumfang gibt es Unterschiede zwischen den Zulassungsbezirken. Die hier beschriebenen Prüfungsansätze setzen einen großen Arbeitsaufwand in den Geschäftsstellen der Zulassungsausschüsse voraus, der bei hohen Antragseingängen nicht immer geleistet werden kann. Auch die immer am Verfahren beteiligten Kassenärztlichen Vereinigungen

müssen einen recht hohen Arbeitsaufwand leisten, um sämtliche Praxisdaten zu erheben. Insbesondere aus diesem Grund wird der Prüfungsumfang von den Zulassungsausschüssen häufig nur dann ausgeweitet, wenn eine erste – beschränkte – Prüfung Anlass zu einer weitergehenden Prüfung gibt, etwa bei sehr geringen Arztfallzahlen. Auch aus diesem Grund nehmen die Prüfverfahren bei den Zulassungsausschüssen unterschiedliche Zeit in Anspruch. Gerade bei einem sehr heterogenen Leistungsangebot in den Vertragsarztpraxen steht für viele Zulassungsgremien die potenzielle Modernisierung und Ausweitung des Leistungsspektrums im Vordergrund. Hierdurch sollen auch bei bestehender Überversorgung jüngere Praxisinteressenten die Möglichkeit bekommen, ein breites Leistungsangebot zu realisieren. Hier stehen damit auch versorgungspolitische Interessen im Vordergrund.

Insbesondere in Flächenländern kommen noch weitere Besonderheiten hinzu. In einzelnen Bundesländern sind für Zulassungsverfahren in Abhängigkeit von der betroffenen Facharztgruppe unterschiedliche Zulassungsausschüsse zuständig. So kann es vorkommen, dass etwa für die Planungsgruppe der gesonderten fachärztlichen Versorgung eine andere Zuständigkeit eines Zulassungsausschusses gegeben ist als für die hausärztliche Planungsgruppe. Gerade in Flächenländern sollten sich Praxisabgeber hierüber informieren, denn ansonsten kann durch die notwendige Weiterleitung der Antragsunterlagen an den zuständigen Zulassungsausschuss eine unnötige Verzögerung eintreten.

Auch hier gilt also: frühzeitig informieren und Kontakt zur Kassenärztlichen Vereinigung und den Zulassungsausschüssen aufnehmen.

Gestaltungsmöglichkeiten

Grundsätzlich gilt für alle Zulassungsbezirke, dass die Durchführung des Nachbesetzungsverfahrens dann keine Probleme bereitet, wenn die Praxis in ausreichendem Maße an der Versorgung teilnimmt. Zum Zeitpunkt der Nachbesetzung sollte die Praxis daher ausreichend Patienten behandeln, jeweils gemessen am Fachgruppendurchschnitt.

Bei der Planung der Praxisabgabe sollte daher als erstes immer kritisch der Praxisumfang geprüft werden. Sind die Fallzahlen etwa in den vorangehenden Quartalen abgesunken, sollten diese im Idealfall auf den Fachgruppendurchschnitt erhöht werden, bei einem vollen Versorgungsauftrag zumindest deutlich über die Hälfte des Fachgruppendurchschnitts. Sind die Fallzahlen etwa wegen einer Erkrankung des Praxisinhabers abgesunken, genügt unter Umständen die Überprüfung der bei der Kassenärztlichen Vereinigung gemeldeten Krankheitszeiten.

Gerade bei kleinen Vertragsarztpraxen kann das Problem auftreten, dass eine Fallzahlerhöhung nicht mehr möglich ist. Soll die Praxisabgabe etwa aus gesundheitlichen Gründen erfolgen, kann der Vertragsarzt häufig selbst die Fallzahlen nicht mehr oder nur sehr unzureichend erhöhen. Dann besteht bei Anträgen auf Durchführung des Nachbesetzungsverfahrens immer das Risiko, dass die Durchführung teilweise oder gänzlich abgelehnt wird. Hier bietet sich für den Praxisabgeber die Möglichkeit, die Fallzahlen mit Hilfe eines Jobsharing-Partners zu erhöhen. Da dieser zugleich mit dem Praxisabgeber tätig wird, werden alle durch diese erbrachten Leistungen dem Vertragsarzt zugerechnet, denn Jobsharer und Vertragsarzt teilen sich die Leistungsberechtigung des Vertragsarztes (hierzu später mehr).

Es gilt in allen Fällen, dass ausgelastete Praxen eher nachbesetzt werden als unterdurchschnittlich teilnehmende Praxen. Je höher das Maß an Überversorgung, desto mehr kommt es darauf an, dass die Praxis besonders versorgungsrelevant ist. Dies ist sie umso mehr, je stärker sie an der Versorgung teilnimmt und desto mehr sie sich von den anderen Praxen unterscheidet. Können nämlich wegen der Spezialisierung oder eines Schwerpunktes der Praxis – zum Beispiel Patienten mit HIV, Gerinnungsstörungen etc. – die Patienten wahrscheinlich nicht von anderen Praxen übernommen werden, ist von hoher Versorgungsrelevanz auszugehen. Deshalb sollte vor der Einleitung des Nachbesetzungsverfahrens die Praxis kritisch geprüft werden, gegebenenfalls mit Hilfe eines Rechtsanwaltes oder der Kassenärztlichen Vereinigung. In der Praxis gehen einige Praxisinhaber fälschlicherweise davon aus, dass ihre Praxis, die sie über Jahre aufgebaut haben, bestimmt eine solche besonders relevante Praxis ist. Hier können die regionalen Fachverbände mitunter besser beurteilen, ob eine bestimmte Schwerpunktbildung die Praxis von anderen Praxen unterscheidet; gegebenenfalls hilft auch ein gezieltes Nachfragen bei Kolleginnen und Kollegen.

Nicht vergessen werden sollte, dass das Nachbesetzungsverfahren keine Einbahnstraße ist. Wie bei jedem anderen Verfahren kann der Vertragsarzt durch Antragsrücknahme das gesamte Verfahren beenden. Stellen die Zulassungsausschüsse etwa fest, dass das Praxissubstrat nicht zur Nachbesetzung ausreicht, kann durch Antragsrücknahme Zeit gewonnen werden, um die Praxis wieder auszuweiten. Wird offenbar, dass eine Praxisnachbesetzung am bisherigen Standort aus Versorgungsgründen nicht in Betracht kommt, kann durch Antragsrücknahme noch eine Praxissitzverlegung nach einem gesonderten Antrag erfolgen.

Die gilt natürlich nur dann, wenn die Zulassungsausschüsse und sonstigen Verfahrensbeteiligten, insbesondere die Kassenärztlichen Vereinigungen, den Antrag auf Durchführung des Nachbesetzungsverfahren nicht zum Anlass nehmen, den Status des Vertragsarztes vorab durch hälftige Zulassungsentziehung wegen teilweiser oder vollständiger Nichtausübung zu korrigieren. Denn eine unzureichende Teilnahme an der Versorgung durch zu geringe Fallzahlen, die zur Ablehnung des Nachbesetzungsverfahrens führt, bedeutet in der Regel auch eine zumindest teilweise Nichtteilnahme an der Versorgung, die ihrerseits zur teilweisen oder völligen Entziehung der Zulassung führen kann, soweit weitere spezielle Voraussetzungen erfüllt sind. In einigen KV-Bezirken werden solche Anträge von der Kassenärztlichen Vereinigung gestellt, wenn diese bei ihrer Zuarbeit für den Zulassungsausschuss feststellt, dass eine teilweise oder völlige Nichtteilnahme vorliegt. Diese anlassbezogenen Zulassungsentziehungsverfahren sind grundsätzlich zulässig. Sie dienen mitunter dazu, etwaige Ablehnungen der Anträge auf Nachbesetzung wegen nicht ausreichenden Praxissubstrats und damit einhergehende Unklarheiten zu vermeiden. Die Kassenärztlichen Vereinigungen, die dieses Verfahren praktizieren, bieten allerdings in der Regel die Möglichkeit, sich vorab durch die Abteilungen für Niederlassungsberatung zu informieren, ob im konkreten Einzelfall ein solcher Antrag durch die KV in Betracht kommt.

4.1.4 Verweigerung der Ausschreibung der Zulassung aus Versorgungsgründen

Wie bereits dargelegt, kann die Nachbesetzung und damit die Ausschreibung einer Praxis aus Versorgungsgründen abgelehnt werden, wenn der Versorgungsgrad 110 bis 140 Prozent beträgt; ab 140 Prozent Versorgungsgrad soll eine Ablehnung erfolgen, soweit die Praxis aus Versorgungsgründen nicht benötigt wird. Wie wir bereits oben gesehen haben, kann eine Praxis nur nachbesetzt werden, wenn eine nachbesetzungsfähige Praxis, also ein hinreichendes Praxissubstrat (mit den geschilderten Einschränkungen), Praxisräume und eine Patientenkartei vorliegen. Aber wann kommt eine solche Ablehnung aus Versorgungsgründen überhaupt in Betracht? Was sind Versorgungsgründe und wie kann der Praxisabgeber auf diese Regelungen reagieren?

Abbau von Überversorgung

Wie wir bereits gesehen haben, ist das Ziel der Regelungen zum Nachbesetzungsverfahren der Abbau von Überversorgung. Das Nachbesetzungsverfahren soll also als Hebel zur Senkung der Arztzahlen in den Zulassungsbezirken dienen. Da jede Überversorgung aus der Sicht des Gesetzgebers abgebaut werden soll, ist eine Ablehnung der Nachbesetzung ab einem Versorgungsgrad von 110 Prozent möglich, ab 140 Prozent soll sie erfolgen. Das Versorgungsstärkungsgesetz hat dazu eine weitere Formvorschrift eingeführt. Die für die Bedarfspläne zuständigen Landesausschüsse der Ärzte und Krankenkassen müssen jetzt gesondert feststellen, in welchen Fachgruppen ein Versorgungsgrad von mehr als 140 Prozent besteht. Zwar wurde bislang in den Bedarfsplänen und den sogenannten Planungsblättern der Versorgungsgrad für jede Bedarfsplanungsgruppe ausgewiesen, doch soll durch diese neue Feststellungspflicht den Landesausschüssen die Möglichkeit gegeben werden, durch Änderungen in der Bedarfsplanung die auch als Aufkaufregel bezeichnete Neuregelung nicht zur Anwendung kommen zu lassen. Ob der Landesausschuss der Ärzte und Krankenkassen solche Feststellungen getroffen hat, kann auch hier bei den Kassenärztlichen Vereinigungen und den Zulassungsgremien erfragt werden. In der Regel werden diese Beschlüsse auch auf den Internetseiten der Kassenärztlichen Vereinigungen – wie auch die Bedarfspläne – veröffentlicht. Solange diese Beschlüsse nicht gefasst wurden – auch etwa beim Ansteigen der Versorgungsgrade in einem Zulassungsbezirk – ist die Aufkaufregel nicht anzuwenden.

Der Gesetzgeber hat jedoch auch nicht festgelegt, was unter Versorgungsgründen zu verstehen ist. Da die gesamte Regelung an den Versorgungsgrad anknüpft, kann dies nur bedeuten, dass es sich um Tatsachen handeln muss, die neben den Versorgungsgrad treten, wegen derer eine Nachbesetzung durchgeführt wird bzw. werden kann. Es gibt derzeit keinerlei Rechtsprechung zu dieser Frage, denn bislang musste noch kein Gericht über die Ablehnung einer Nachbesetzung aus Versorgungsgründen entscheiden. Allerdings lässt sich aus den Vorschriften zur Nachbesetzung im Sozialgesetzbuch V, in der Bedarfsplanungsrichtlinie und den Gesetzesmaterialien ableiten, dass eine Praxis immer dann versorgungsrelevant ist, wenn ihre Schließung eine Versorgungslücke zur Folge hätte, die durch die übrigen Praxen nicht geschlossen werden kann. Die Bedarfsplanungsrichtlinie hat das Ziel, eine ausgewogene und möglichst wohnortnahe Versorgung der gesetzlich versicherten Patienten sicherzustellen. Sie geht allgemein davon aus, dass beim Erreichen eines Versorgungsgrades von 110 Prozent keine Versorgungslücken mehr bestehen. Allerdings geht der Gemeinsame Bundesausschuss als Normgeber der Bedarfsplanungsrichtlinie davon aus, dass auch bei einem Versorgungsgrad von 110 Prozent noch Versorgungslücken bestehen können, obwohl sich kein Arzt mehr im Planungsbereich frei niederlassen kann. Bei solche lokalen Versorgungslücken – bei denen also in einer Fachgruppe für ein bestimmtes Einzugsgebiet kein Arzt erreichbar ist oder nur schwer erreicht werden kann – oder Versorgungslücken auf Grund der Qualifikation der niedergelassenen Vertragsärzte – etwa in der Gruppe der Facharztinternisten bei den Fachärzten für innere Medizin und Rheumatologie bzw. mit Schwerpunktbezeichnung Rheumatologie – bestehen, kann dann dennoch ein weiterer Arzt zugelassen werden. Diese Praxis nimmt wie jede andere Arztpraxis an der Versorgung teil, allerdings kann sie nur nachbesetzt werden, wenn dieser sogenannte Sonderbedarf fortbesteht.

Zur Frage, wann ein Sonderbedarf vorliegt, gibt es eine umfassende Rechtsprechung; das Bundessozialgericht hat in zahlreichen Urteilen die Voraussetzungen zur Anerkennung eines Sonderbedarfs und zur ordnungsgemäßen Ermittlung durch die Zulassungsgremien präzisiert. Daraus lässt sich ableiten, dass Versorgungsgründe zum Erhalt einer Praxis immer dann gegeben sind, wenn nach der Ablehnung der Nachbesetzung einer Vertragsarztpraxis mit dem Ziel des Abbaus der Überversorgung am gleichen Ort eine Sonderbedarfszulassung ausgesprochen werden müsste, um die jetzt entstandene Versorgungslücke zu schließen. Aus dieser Überlegung lässt sich auch folgern, dass immer dann eine Praxisnachbesetzung erfolgen muss, wenn die Schließung der Praxis selbst bei ausreichender räumlicher Erreichbarkeit von Praxen und mit ausreichender Qualifikation der Vertragsärzte eine nicht zu kompensierende Verschlechterung der Versorgung zur Folge hätte. Dies wird immer dann der Fall sein, wenn übermäßig ausgelastete Praxen – sogenannte Versorgerpraxen – nicht nachbesetzt werden sollen. Werden in einer solchen Hausarztpraxis etwa 1.300 Patienten im Quartal behandelt, die dann nicht von der übrigen Praxen in räumlicher Nähe weiterbehandelt werden können – was sowohl in größeren Landkreisen als auch in den Randbereichen von Großstädten der Fall sein wird – würde die Ablehnung der Nachbesetzung zu nicht mehr hinzunehmenden Versorgungslücken führen. Dasselbe gilt für Praxen mit einem besonderen Patientenstamm, etwa bei Substitutionspraxen, HIV-Praxen oder zum Beispiel Kinderpneumologen etc. Auch hier gilt, dass diese speziellen Patientengruppen mitunter nicht durch andere Vertragsarztpraxen weiterbehandelt werden können. Auch dies spricht für das Vorliegen von Versorgungsgründen zur Fortführung der Praxis.

Die Neuregelungen durch das Versorgungsstärkungsgesetz müssen erst einmal durch die Zulassungsausschüsse umgesetzt werden. Noch lässt sich nicht abschätzen, ob es tatsächlich zu Praxisaufkäufen kommen wird. Allerdings wird die neue „Soll"-Bestimmung zu weitreichenden Veränderungen im Verfahren führen. Bislang musste besonders begründet werden, wenn eine Nachbesetzung abgelehnt wurde. Dies war Ausfluss der „Kann"-Regelung, die jetzt noch bei einem Versorgungsgrad von 110 Prozent bis 140 Prozent greift. Die Umstellung auf eine Soll-Regelung ab 140 Prozent bedeutet jedoch, dass jetzt besonders begründet werden muss, dass die Nachbesetzung durchgeführt wird. Dies bedeutet auch, dass noch intensiver geprüft werden muss, ob eine Praxis versorgungsrelevant ist. Unter Umständen werden jetzt einige Zulassungsausschüsse ähnlich wie bei Anträgen auf Sonderbedarfszulassung Umfragen unter den Vertragsärzten in einem Zulassungsbezirk bzw. in einer Region starten und Ärzteverbände sowie Kassenärztliche Vereinigungen und Krankenkassen um Stellungnahmen bitten. Dies wird zu erheblichem Zeitaufwand in den Geschäftsstellen der Zulassungsausschüsse führen.

Ob im jeweiligen Zulassungsbezirk überhaupt Ablehnungen aus Versorgungsgründen erfolgt sind, kann meist recht unproblematisch bei den Kassenärztlichen Vereinigungen und Zulassungsgremien erfragt werden; auch die örtlichen Versorgungsgrade sind dort bekannt. Bislang galt, dass der Praxisaufkauf die Ausnahme war und praktisch stets Praxen nachbesetzt wurden. Dies wird zukünftig in hoch überversorgten Planungsbereichen nicht mehr in allen Fällen erfolgen. Es lässt sich zwar keine starre Grenze ziehen, aber Versorgungsgrade von mehr als 200 Prozent werden zukünftig ein Indiz dafür sein, dass der Praxisaufkauf stattfinden wird.

Besondere Erklärungen

Wir haben gerade gesehen, wie der Praxisabgeber die Versorgungsrelevanz der Praxis durch eine Veränderung des Leistungsspektrums erhöhen kann. Dies kann aber auch durch die Verlegung der Praxis in einen Bereich im Zulassungsbezirk erfolgen, der schlechter versorgt ist als die übrigen Bereiche. Welche Bereiche in einem Zulassungsbezirk schlechter versorgt sind, ist in den meisten Fällen bekannt, gerade langjährig tätige Ärzte kennen diese Bereiche. Aber auch die Kassenärztlichen Vereinigungen können hier entsprechende Informationen liefern. Die Niederlassungs- oder Betriebswirtschaftlichen Beratungsstellen der Kassenärztlichen Vereinigungen verfügen nicht nur über die Kenntnisse, welche Bereiche schlechter versorgt sind, sondern kennen auch die Versorgungsschwerpunkte, die dringend benötigt werden. Kann aufgrund der bestehenden Qualifikationen zum Beispiel ein Schwerpunkt im Bereich Rheumatologie oder etwa HIV gebildet werden, wäre dies ein

Argument für das Vorliegen von Versorgungsgründen zur Nachbesetzung der Praxis.

Das Versorgungsstärkungsgesetz hat neben der Verschärfung der Aufkaufregelung bei der Entscheidung über die Durchführung des Nachbesetzungsverfahrens eine weitere, äußerst wichtige Änderung vorgenommen. Demnach können die Zulassungsgremien auch dann für die Durchführung des Nachbesetzungsverfahrens stimmen, wenn der Praxisnachfolger sich bereit erklärt, die Praxis in einem Gebiet im Planungsbereich – also Zulassungsbezirk – fortzuführen, in dem nach Mitteilung der Kassenärztlichen Vereinigung wegen einer zu geringen Arztdichte ein besonderer Versorgungsbedarf besteht. Können also bei einer Praxis, die ein ausreichendes Praxissubstrat aufweist, keine besonderen Versorgungsgründe festgestellt werden, die die Nachbesetzung erforderlich machen, kann durch die Erklärung des Praxisnachfolgers zur Bereitschaft zur Praxisverlegung dennoch eine Nachbesetzung ermöglicht werden. Diese Regelung ist praktisch das Spiegelbild zur Möglichkeit, die Praxis vor der Nachbesetzung in eine andere Region im Planungsbereich zu verlegen. Kommt eine solche Verlagerung vor der Praxisabgabe nicht mehr in Betracht, kann dies durch den Nachfolger selbst erfolgen.

Es ist zu erwarten, dass die Kassenärztlichen Vereinigungen zum Erhalt der Versorgungsstruktur und zur Verbesserung der Versorgung diese Mitteilungen regelmäßig an die Zulassungsgremien senden werden. Für welche Bereiche solche Mitteilungen vorliegen, wird dann bei den Zulassungsgremien zu erfragen sein. Auch diese Neuregelung zeigt, dass dem Grundsatz der Fortführung der Praxis am bisherigen Standort immer weniger Bedeutung zukommt.

Damit von dieser Sonderregelung Gebrauch gemacht werden kann, muss denknotwendig der Praxisnachfolger bei der Beantragung des Nachbesetzungsverfahrens schon feststehen. Nur wenn gleichzeitig mit der Antragstellung auf Nachbesetzung der Nachfolger benannt wird und dessen Erklärung, dass die Praxis in einem solchen besonderen Bereich fortgeführt werden soll, vorliegt, kann eine Nachbesetzung dennoch erfolgen. Dies ist ebenfalls ein Grund dafür, dass die Praxisnachfolge frühzeitig geplant werden sollte. Um auf diesem Wege eine Praxisabgabe durchzuführen, sollte es möglich sein, Praxismietvertrag und sonstige Verträge, die an den Praxisort gebunden sind, kurzfristig zu beenden. Sollte bei der Abgabeplanung feststehen, dass eine Fortführung am Praxissitz aus Versorgungsgründen wohl nicht erfolgen wird, sollten sämtliche Verträge daran angepasst werden. Wird später ein Nachfolger gefunden, der in einem Bereich mit geringer Arztdichte die Praxis fortführen will, kann dann die Praxistätigkeit schnell beendet werden, ohne dass Nachmieter gefunden werden oder einzelne Verträge angepasst werden müssen.

Klageverfahren

Gegen die Ablehnung des Nachbesetzungsverfahrens aus Versorgungsgründen durch den Zulassungsausschuss können alle am Verfahren beteiligten Personen und Institutionen direkt Klage beim Sozialgericht erheben. Während bei allen anderen Zulassungsentscheidungen zunächst Widerspruch beim Berufungsausschuss als Widerspruchsbehörde in Zulassungsfragen erhoben werden muss, gegen dessen Entscheidung dann beim Sozialgericht Klage eingereicht werden kann, ist bei der Ablehnung und der Genehmigung der Nachbesetzung aus Versorgungsgründen der direkte Klageweg eröffnet.

Praktische Bedeutung bekommt diese Klagemöglichkeit vor allem, wenn die Durchführung des Nachbesetzungsverfahrens durch den Zulassungsausschuss abgelehnt wird und der Vertragsarzt die Nachbesetzung erzwingen möchte. Davon zu unterscheiden ist der Fall, dass der Antrag auf Nachbesetzung wegen eines fehlenden Praxissubstrats abgelehnt wird. Für diesen Fall sieht das Gesetz gerade keine direkte Klagemöglichkeit vor, sodass hierbei weiterhin die Möglichkeit des Widerspruchs zum Berufungsausschuss gegeben ist.

Ziel der Klage des Vertragsarztes ist es, den Zulassungsausschuss zur Durchführung des Nachbesetzungsverfahrens zu zwingen. Es muss also dem Gericht dargelegt werden, dass die Praxis aus Versorgungsgründen benötigt wird. Das Gericht hat dabei eine beschränkte Prüfungsberechtigung und darf alle Erwägungen des Zulassungsausschusses auf Nachvollziehbarkeit nachprüfen. Eine solche Klage wird in der Regel auch durch die örtlich zuständige Kassenärztliche Vereinigung unterstützt werden, da diese üblicherweise kein Interesse daran haben wird, dass der Praxisinhaber entschädigt werden muss.

Dabei kommt es zunächst auf die Begründung der Entscheidung durch den Zulassungsausschuss an. Hat dieser nur unzureichend dargelegt, warum er die Durchführung des Nachbesetzungsverfahrens ablehnt, oder aber keine ausreichenden Ermittlungen im Rahmen seiner Amtsermittlungspflicht unternommen, wird das Gericht unter Umständen der Klage stattgeben. Auch wegen dieses erheblichen Begründungsaufwandes und der damit verbundenen Schwierigkeiten ist es sinnvoll, im Rahmen der Abgabeplanung der Praxis durch eine Ausweitung der Fallzahlen und gegebenenfalls die Etablierung einzelner Spezialisierungen eine besondere Versorgungsrelevanz zu geben. Denn das Gericht wird in allen Fällen zunächst auf diese Besonderheiten hin die Entscheidung überprüfen, soweit dies vom klagenden Vertragsarzt oder der Kassenärztlichen Vereinigung vorgetragen wird.

Ersatz des Verkehrswertes

Wird keine Klage erhoben oder kommt auch das Gericht zum Ergebnis, dass die Praxis aus Versorgungsgründen nicht benötigt wird, und hat der Zulassungsausschuss im Nachbesetzungsverfahren aus Gründen der Überversorgung (< 140 Prozent) den Antrag abgelehnt, hat die Kassenärztliche Vereinigung dem Vertragsarzt oder seinen zur Verfügung über die Praxis berechtigten Erben eine Entschädigung in Höhe des Verkehrswertes der Arztpraxis zu zahlen. Der Verkehrswert der Praxis muss dann durch die KV ermittelt werden; die Zulassungsausschüsse sind hierfür nicht zuständig. Zum Kaufpreis und seiner Ermittlung erfahren Sie Näheres weiter unten. Verkürzt lässt sich festhalten: Der Verkehrswert ist der Wert des Unternehmens Praxis, den dieses im Verkaufsfalle erzielen würde, also der Wert aller zur Praxis gehörenden Güter und des sog. immateriellen Firmenwertes oder Goodwill, also der Wert der Praxis als „Marke". Diesen muss die Kassenärztliche Vereinigung ersetzen.

Solche Aufkaufverfahren hat es bislang nicht gegeben; in einzelnen Fällen wurde auf Basis anderer gesetzlicher Regelungen lediglich die eine oder andere Praxis aufgekauft. Deshalb gibt es praktisch keine Erfahrungen mit diesem Verfahren. Die nunmehr geänderte Vorschrift hat spätestens seit dem Bekanntwerden des Regierungsentwurfs zu

vielen Spekulationen Anlass gegeben. Es steht nicht einmal fest, ob die einzelnen Kassenärztlichen Vereinigungen überhaupt finanziell in der Lage sind, die hierfür erforderlichen finanziellen Mittel aufzubringen. Hierfür wurde auch bei den KV (noch) kein eigenes Budget gebildet, sodass die Mittel einzig und allein aus der Gesamtvergütung geschöpft werden könnten, die aber vollkommen anderen Zwecken, nämlich der Honorierung vertragsärztlicher Leistungen, dienen. Es wird daher allgemein bezweifelt, dass es tatsächlich zu einem Aufkauf von Arztpraxen kommt, ganz abgesehen von den damit zusammenhängenden zivilrechtlichen Problemen. Diese ergeben sich allein daraus, dass oft langjährige Praxismietverträge nicht zuletzt einen attraktiven Standort einer Arztpraxis oder einer Gemeinschaftspraxis sichern, aus denen sich die Kassenärztlichen Vereinigungen nicht so ohne Weiteres werden lösen können. Zudem stellt sich die Frage, was mit den Arbeitsverhältnissen geschehen soll und wer letztendlich eine solche Praxis abwickelt.

Auf diese Fragen hat das Gesetz keine ausdrückliche Antwort; immerhin ist die Regel, dass bei Ermittlung des Verkehrswertes auf den Verkehrswert abzustellen ist, der bei Fortführung der Praxis maßgeblich ist. Damit ist zumindest die Streitfrage geklärt, ob sich die Entschädigung nur auf den GKV-Anteil der Praxis bezieht oder auf den Goodwill, der sich aus der privatärztlichen Tätigkeit gebildet hat. Nach der Gesetzesbegründung sind sowohl der materielle als auch der immaterielle Wert der Praxis als solcher bei der Ermittlung des Verkehrswerts zu berücksichtigen.

Auch wenn es keine allgemeingültige Methode gibt, den Verkehrswert einer Praxis zu berechnen, so haben doch in der Rechtsprechung sowohl der Bundesgerichtshof als auch das Bundessozialgericht die sogenannte modifizierte Ertragswertmethode als geeignet angesehen.

Umgekehrt soll den Arzt aber eine Schadensminderungspflicht in der Weise treffen, dass er sich den Veräußerungserlös von Gerätschafteninventar auf den Verkehrswert anrechnen lassen muss und evtl. Anstrengungen nachzuweisen hat, in welcher Weise er versucht hat, sich aus einem längerfristigen Mietverhältnis und/oder Arbeitsverhältnis zu lösen. Dabei wird die Auffassung vertreten, der abgebende Arzt trage das Risiko, dass die in seiner Praxis abgeschlossenen Verträge (Mietverträge und sonstige Verträge) nicht zum Aufgabestichtag enden.

Fest steht jedoch, dass die jeweiligen Kassenärztlichen Vereinigungen in diesem Fall selbst – gegebenenfalls unter Zuhilfenahme eines Sachverständigen – den Verkehrswert der Praxis ermitteln müssen. Wie dabei mit den bestehenden Arbeitsverhältnissen und dem Anlagevermögen der Praxis verfahren wird, ist weiterhin unklar. Auch das Versorgungsstärkungsgesetz hat hier keine Klarheit geschaffen. Zwar wurde im Gesetzgebungsverfahren erklärt, dass zum Verkehrswert auch die Praxisschließungskosten hinzugerechnet werden müssen, also die Kosten der Restlaufzeit des Mietvertrages, der Arbeitsverhältnisse sowie die Rückbaukosten für die in die Praxis eingebrachten Geräte. Dies wurde im Gesetzgebungsverfahren so ausgeführt. Der Gesetzgeber hat allerdings auch hier offen gelassen, welche Kosten in welcher Form berücksichtigungsfähig sind. Nach den Worten des Gesetzgebers soll der Vertragsarzt sich das anrechnen lassen müssen, was er im Rahmen des Nachbesetzungsverfahrens als Wert in der Praxis behält, etwa ein Röntgengerät, ein CT oder Laborgeräte. Hier besteht im Einzelfall ein großes Streitpotenzial, denn der Wert dieser Geräte ist nur schwer zu ermitteln.

Dabei sind die Kassenärztlichen Vereinigungen als Körperschaften des öffentlichen Rechts dazu verpflichtet, die Kosten eines Praxisaufkaufs möglichst gering zu halten. Einer großzügigen Entschädigung des Vertragsarztes stehen also haushaltsrechtliche Gesichtspunkte entgegen; ein Verkauf an einen anderen Arzt wird deshalb in der Regel wohl lukrativer sein, zumal ein potenzieller Praxisnachfolger in Betracht zieht, dass die sofortige Nutzung der vorhandenen Geräte kostengünstiger als eine Neuanschaffung sein kann, denn diese kostet Zeit, in der die vorhandenen Geräte und Einrichtungen schon genutzt werden können.

In einem überversorgten Gebiet ist dem Praxisabgeber deshalb immer anzuraten, sich zum Aufgabestichtag möglichst aus allen langfristigen Verträgen (insbesondere Miet- und Arbeitsverträgen) zu lösen. Gelingt ihm das nicht, ist ihm zu raten, mit Hilfe anwaltlicher Beratung gegen die Entscheidung, die die Nachbesetzung ablehnt, Widerspruch einzulegen. Diesem Widerspruch kommt eine aufschiebende Wirkung zu, d. h. die Entscheidung ist solange nicht vollziehbar, als der Berufungsausschuss über den Widerspruch nicht entschieden hat, und eine für den Arzt ungünstige Entscheidung des Berufungsausschusses rechtzeitig im Wege der Anfechtungsklage vor dem Sozialgericht angegriffen wird. Erst durch eine rechtskräftige Entscheidung im Sozialgerichtsverfahren (dieses kann sich über sämtliche Instanzen bis hin zum Bundessozialgericht erstrecken) kann eine ablehnende Entscheidung Bestandskraft erlangen.

In jedem Falle würde der abgabewillige Arzt im Laufe dieses – durchaus langwierigen – Verfahrens genug Zeit gewinnen, um sich aus eventuell längerfristigen Verträgen zu lösen, müsste aber in dieser Zeit auch seine Praxis weiterführen.

Unbeantwortet ist noch die Frage, welcher Verkehrswert schließlich von der Kassenärztlichen Vereinigung zu vergüten ist. Hierbei kann sich die Frage stellen, ob auf den ursprünglichen Zeitpunkt oder auf den Zeitpunkt der letzten mündlichen Verhandlung vor dem Sozialgericht, dem Landessozialgericht oder sogar dem Bundessozialgericht abzustellen ist.

Auch werden kaum ein Praxisabgeber und/oder ein Praxisübernehmer bereit sein, die Entscheidung kampflos hinzunehmen, sondern vielmehr zunächst einstweiligen Rechtsschutz verfolgen.

4.1.5 Annoncierung des Sitzes im KV-Blatt

Kommt der Zulassungsausschuss zum Ergebnis, dass die Praxis nachbesetzt werden kann, beginnt die zweite Stufe des Nachbesetzungsverfahrens: die Ausschreibung der Praxis im – wie es im Gesetz heißt – für amtliche Bekanntmachungen vorgesehenen Blatt der Kassenärztlichen Vereinigung – heute auch im Internet. Ab diesem Zeitpunkt können sich alle im Arztregister eingetragenen Ärzte auf diese Praxis bewerben. Die ursprüngliche Vorstellung des Gesetzgebers war es, das erst jetzt die potenziellen Nachfolger Kenntnis von der Abgabe dieser Praxis erlangen und sich erst ab diesem Zeitpunkt mit dem Praxisabgeber in Verbindung setzen, um die Kaufmodalitäten zu besprechen. Wie oben dargestellt, entspricht dies nicht mehr der jetzigen Vorstellung des Gesetzgebers, der davon ausgeht, dass die potenziellen Praxisübernehmer und der Praxisabgeber sich schon im Vorfeld über die Modalitäten verständigen, was im Übrigen der Praxis entspricht.

Sinn des Ausschreibungsverfahrens

Am Ausschreibungsverfahren lässt sich gut erkennen, dass es sich um ein öffentlich-rechtliches Verfahren der Abgabe einer Praxis handelt. Jeder in ein Arztregister eingetragene Arzt soll die Möglichkeit haben, einen frei werdenden Vertragsarztsitz zu übernehmen. Der möglichst große Kreis der potenziellen Bewerber soll dazu beitragen, dass die Praxis von einem Arzt fortgeführt wird, der am besten die dort behandelten Patienten weiterbehandeln kann. Damit soll auch einer potenziellen Direktweitergabe ohne öffentlich-rechtliche Kontrolle entgegengewirkt werden – auch um die Anforderungen an die Qualität der ambulanten vertragsärztlichen Leistungserbringung überprüfen zu können. Dieses offene Verfahren führt zu einer großen Transparenz der Praxisabgabe, die verhindert, dass „hinter verschlossenen Türen" Praxen abgegeben werden.

Ausschreibung durch die KV

Die Ausschreibung durch die KV stellt auch weiterhin den Startschuss für die Praxisübernehmer dar. Die Kassenärztlichen Vereinigungen müssen die jeweiligen Praxen unter Berücksichtigung der Rechtsprechung des Bundessozialgerichts so ausschreiben, dass der potenzielle Praxisübernehmer genau erkennen kann, um welche Praxis es sich handelt. Sie sind dabei an die Entscheidung des Zulassungsausschusses gebunden. Dieser entscheidet nicht nur, ob eine Ausschreibung stattfindet, sondern in der Regel auch, mit welcher Facharztbezeichnung etc. Die Kassenärztlichen Vereinigungen nennen daher in den Ausschreibungstexten zunächst die Facharztbezeichnung des abgebenden Vertragsarztes; stattdessen oder zugleich werden auch häufig die Bedarfsplanungsgruppe und der Planungsbereich bzw. eine noch kleinere räumliche Ebene angegeben, in der sich die Praxis befindet.

Da auch die Form, in der die Praxis betrieben wird, Einfluss auf das Nachbesetzungsverfahren haben kann, also als Einzelpraxis oder als Teil einer Berufsausübungsgemeinschaft oder eines

Medizinischen Versorgungszentrums, wird auch dies in der Regel mitgeteilt, ebenso der gewünschte Zeitpunkt der Abgabe. Diese Informationen finden sich so oder so ähnlich aufbereitet in allen Bekanntmachungsblättern der Kassenärztlichen Vereinigungen. Einige Kassenärztliche Vereinigungen teilen ebenfalls mit, ob ein privilegierter Nachfolger vorhanden ist. Da dieser aber – wie wir später sehen – nicht zwingend bei der Auswahlentscheidung berücksichtigt werden muss, wird dies in der Regel nicht mitgeteilt, um nicht von vornherein den Bewerberkreis zu beschränken.

Das Versorgungsstärkungsgesetz hat nun – wie wir oben gesehen haben – besondere Möglichkeiten der Praxisnachbesetzung geschaffen. Bestehen keine Versorgungsgründe zur Praxisnachbesetzung am Praxissitz, kann der Praxisnachfolger erklären, dass er die Praxis in einem Gebiet weiterführt, für das die Kassenärztliche Vereinigung wegen einer geringen Arztdichte den Zulassungsgremien besonderen Versorgungsbedarf mitgeteilt hat. In diesem Fall wurde der Nachbesetzung nur zugestimmt, weil dieser bereits benannte und bekannte Nachfolger die Praxis verlegen will. Da es sich aber weiterhin um ein öffentlich-rechtliches Ausschreibungsverfahren handelt, müssen auch andere Bewerber die Möglichkeit bekommen, sich auf diese Praxis – dann wohl ebenfalls mit der Bereitschaft zur Fortführung der Praxis in einem besonderen Gebiet – zu bewerben. Auch wenn noch keine Erfahrungswerte in den einzelnen Kassenärztlichen Vereinigungen bestehen, ist davon auszugehen, dass in diesen Fällen die besonderen Voraussetzungen der Nachbesetzung kenntlich gemacht werden, wahrscheinlich durch einen kurzen Hinweis im Ausschreibungstext. Auch hier gilt: Die genaue Ausschreibungspraxis sollte bei der Kassenärztlichen Vereinigung nachgefragt werden.

Besondere Versorgungsbedürfnisse der KV

Der Gesetzgeber hat in § 103 Abs. 4 SGB V die Möglichkeit der Kassenärztlichen Vereinigung zur Festlegung eines besonderen Versorgungsbedürfnisses geschaffen. Hierdurch soll den Kassenärztlichen Vereinigungen die Möglichkeit gegeben werden, steuernd in das Nachbesetzungsverfahren einzugreifen. Hier ist unter anderem denkbar, dass die Verlegung der Praxis in einen schlechter versorgten Bereich innerhalb des Planungsbereiches geltend gemacht wird – parallel zur Durchführung des Nachbesetzungsverfahrens wegen Praxissitzverlegung – oder etwa bestimmte Zusatzqualifikationen der Bewerber gefordert werden, etwa ein palliativer oder diabetologischer Schwerpunkt. Dabei sind die durch die Kassenärztliche Vereinigung geltend gemachten besonderen Versorgungsbedürfnisse bei der späteren Auswahlentscheidung für den Zulassungsausschuss nicht bindend. Ein Bewerber, der dieses Versorgungsbedürfnis erfüllt, kann bei der Auswahlentscheidung besonders berücksichtigt werden; es handelt somit lediglich um ein weiteres Auswahlkriterium.

Die Kassenärztlichen Vereinigungen machen von dieser Möglichkeit nur sehr selten Gebrauch. Denn für diese können hiermit einige Probleme verbunden sein. Ein so definiertes Versorgungsbedürfnis kann auch als Hinweis auf einen ungedeckten Versorgungsbedarf und damit auf einen lokalen oder qualifikationsbedingten Sonderbedarf gewertet werden. Die Kassenärztlichen Vereinigungen sehen diese Zulassungsformen in der Regel kritisch, denn sie sollen nur im Ausnahmefall eine Versorgungslücke decken. Sollte bei einer Ausschreibung ein solches Bedürfnis der Kassenärztlichen Vereinigung zu finden sein – etwa einen besonderen Niederlassungsort oder eine besondere Qualifikation zur Behandlung bestimmter Patientengruppen – ist der Bewerber grundsätzlich besser gestellt, der in seiner Person die Versorgungsbedürfnisse erfüllt.

4.1.6 Eingang der Bewerbungen

Der Gesetzgeber weist den Kassenärztlichen Vereinigungen im Nachbesetzungsverfahren die Rolle einer Postsammelstelle zu. Je nach Verfahrensgang teilen diese nach Eingang der Bewerbung die Kontaktdaten des Praxisabgebers mit, damit die Bewerber sich die Praxis anschauen und die Modalitäten des Praxiskaufs besprechen können. Einige Kassenärztliche Vereinigungen sehen dann eine weitere Mitteilung vor, damit die Bewerber entscheiden können, ob sie am Auswahlverfahren beim Zulassungsausschuss teilnehmen wollen. Am Ende des Ausschreibungsverfahrens – hier wird praktisch immer eine Bewerbungsfrist festgelegt – leitet die Kassenärztliche Vereinigung dem Zulassungsausschuss und dem Praxisabgeber eine Liste der Bewerber zu.

Die Zahl der Bewerbungen schwankt von Zulassungsbereich zu Zulassungsbereich. In großstädtischen Zulassungsbereichen können auf einen ausgeschriebenen Vertragsarzt- oder Psychotherapeutensitz je nach Bedarfsplanungsgruppe bis zu 100 Bewerbungen kommen.

Das Ausschreibungsverfahren soll als öffentlichrechtliches Bewerbungsverfahren allen Bewerbern prinzipiell die gleichen Chancen zur Übernahme des Vertragsarztsitzes eröffnen, soweit der Gesetzgeber keine besonderen Privilegierungen vorsieht. Deshalb sollte der Praxisabgeber jedem Bewerber die Möglichkeit einräumen, die Praxis zu besichtigen und über den Praxiskauf zu verhandeln sowie einen vorläufigen (bedingten) Kaufvertrag zu unterzeichnen. Einige Zulassungsausschüsse überprüfen die Gewährung der Möglichkeit zur Kontaktaufnahme, Besichtigung und Unterzeichnung eines bedingten Kaufvertrages gezielt durch Nachfrage bei den Bewerbern. Hintergrund ist, dass historisch bedingt ein reiner „Konzessionshandel" vermieden werden soll, bei dem Praxisabgeber und Praxisübernehmer das Verfahren miteinander absprechend und abstimmen, damit kein Dritter die Chance zur Übernahme der Konzession – hier also der Zulassung – bekommt. Sollte dies gewollt sein, so würde es sich um die Umgehung des Nachbesetzungsverfahrens handeln, denn dieses setzt die Bereitschaft zur Abgabe an jeden Dritten voraus. Zwar ist ein Wunschkandidat vom Gesetzgeber akzeptiert und erkennbarer Weise auch gewollt, es muss aber prinzipiell immer allen Bewerbern die Möglichkeit zur Übernahme eingeräumt werden.

In der Praxis hat sich gezeigt, dass es sinnvoll ist, bei vielen Bewerbern Besichtigungstermine festzulegen, etwa an mehreren aufeinanderfolgenden Samstagen. Da die Kassenärztlichen Vereinigungen die Kontaktdaten der Bewerber in der Regel auch den Praxisabgebern mitteilen, sollte auch hier eine schnelle Kontaktaufnahme stattfinden.

Auch die präferierten Bewerber – Wunschkandidaten – müssen sich in diesem Verfahren auf die Praxis bewerben. Leider kommt es häufig vor, dass gerade dieser Wunschkandidat die Bewerbungsfrist versäumt, weil schon die ersten Schritte zur Übernahme der Praxis unternommen werden. In dieser

Situation besteht für die Kassenärztliche Vereinigung praktisch keine Möglichkeit, die Bewerbungsfrist zu verlängern. Zwar kann formell bei allen Behördenfristen diese auf Antrag verlängert werden, doch ist dies bei Ausschreibungsverfahren sehr problematisch. Es müsste dann die für alle Bewerber öffentlich mitgeteilte Bewerbungsfrist verlängert werden, was nur durch erneute Ausschreibung auf die gleiche Art und Weise erfolgen könnte. Sollte dennoch eine Bewerbungsfrist versäumt worden sein, bietet sich für den Praxisabgeber nur die Möglichkeit, durch Rücknahme des Antrages auf Durchführung des Nachbesetzungsverfahrens das Verfahren zu retten.

4.1.7 Entscheidung des Zulassungsausschusses

Erhält der Zulassungsausschuss, genauer die Geschäftsstelle des Zulassungsausschusses, die Liste der Bewerber, beginnt die dritte Phase des Nachbesetzungsverfahrens. Diese Listen werden je nach Zulassungsbezirk wenige Tage oder Wochen nach Ende der Bewerbungsfrist weitergeleitet. Jetzt muss unter den Bewerbern ein Nachfolger ausgewählt werden, der dann die Praxis weiterführt. Diese Entscheidung muss nach einer mündlichen Verhandlung getroffen werden; zu dieser mündlichen Verhandlung lädt der Zulassungsausschuss mit einer Frist von zwei Wochen alle Verfahrensbeteiligten, das heißt Praxisabgeber, Bewerber und die am Verfahren beteiligten Landesverbände der Krankenkassen und die Kassenärztliche Vereinigung. In dieser Verhandlung müssen alle Bewerber persönlich angehört werden. Sinn dieser Anhörung ist es, eine transparente Entscheidung des Ausschusses zu ermöglichen. Es wird gerade keine Entscheidung am grünen Tisch gefällt, sondern jedem der Bewerber die Möglichkeit einer persönlichen Vorstellung gegeben.

Geeignetheit der Bewerber

Das Nachbesetzungsverfahren dient in einem gesperrten Planungsbereich der Weitergabe der Praxis an einen Nachfolger mit dem Ziel des Erhalts der Praxis für den Praxisübernehmer und der Fortsetzung der Versorgung der Patienten. In der ambulanten vertragsärztlichen Versorgung gilt allerdings der Facharztstandard und der Facharztstatus – im Gegensatz zur privatärztlichen Leistungserbringung. Dabei dürfen Vertragsärzte nur innerhalb der Grenzen ihres Fachgebietes tätig werden. Soll also die Versorgung der Patienten fortgesetzt werden, dann kann dies nur durch einen Facharzt mit derselben Facharztbezeichnung wie der des Praxisabgebers erreicht werden. Auch aus diesem Grund sieht die Bedarfsplanungsrichtlinie vor, dass Praxen durch Fachärzte desselben Fachgebiets nachbesetzt werden dürfen. In bestimmten Fällen führt dies jedoch zu Problemen. So wurde die Facharztbezeichnung „Facharzt für Nervenheilkunde" durch die beiden Facharztbezeichnungen „Facharzt für Neurologie" und „Facharzt für Psychiatrie" ersetzt. Deshalb sieht die Bedarfsplanungsrichtlinie vor, dass die Vertragsarztpraxis auch in Abweichung von der bisherigen Facharztbezeichnung für solche Ärzte ausgeschrieben werden darf, die ganz oder teilweise in einem Fachgebiet tätig sind, das mit dem Fachgebiet des Praxisabgebers übereinstimmt. Dies ermöglicht es, je nach Ausrichtung der Praxis eines Nervenarztes diese an einen Facharzt für Neurologie oder einen Facharzt für Psychiatrie weiterzugeben. Bei den Fachärzten für Innere Medizin besteht ein ähnliches Problem. Diese können sowohl als Hausärzte tätig werden und damit an der hausärztlichen Versorgung teilnehmen, oder aber als eigentliche Fachärzte für Innere Medizin an der fachärztlichen Versorgung. Dabei wird zwischen Fachärzten für Innere Medizin mit und ohne Schwerpunktbezeichnung unterschieden. Aufgrund der Abrechnungssystematik können bestimmte fachärztliche Leistungen nur durch Fachärzte für Innere Medizin mit einer entsprechenden Schwerpunktbezeichnung abgerechnet werden. Auch in diesen Fällen ist für die Fortführung der Praxis die Facharztbezeichnung des Praxisübernehmers maßgeblich. Nur wenn dieser über dieselbe Facharztbezeichnung und dieselbe Schwerpunktbezeichnung verfügt, können die bislang in der Praxis behandelten Patienten weiter behandelt werden. Vereinfacht gesagt, kann nur ein Facharzt für Innere Medizin mit der Schwerpunktbezeichnung Kardiologie oder nach neuem Weiterbildungsrecht ein Facharzt für Innere Medizin und Kardiologie wirklich eine kardiologische Praxis fortführen. Formell kann aber auch ein Facharzt für Innere Medizin mit einer anderen Schwerpunktbezeichnung die Praxis fortführen; die Übernahme der Patienten wird dann aber in der Regel schwierig.

Deshalb ist im Nachbesetzungsverfahren nur ein solcher Bewerber zur Praxisübernahme geeignet, dessen Fachgebiet zumindest teilweise mit dem Fachgebiet des Praxisabgebers übereinstimmt. Bei der langfristigen Praxisabgabeplanung muss daher immer bedacht werden, ob der avisierte Praxisübernehmer überhaupt über eine geeignete Facharztbezeichnung verfügt. Gerade im Zuge der Änderung des ärztlichen Weiterbildungsrechts kann dies im Einzelfall schwierig sein. Hier kann eine direkte Nachfrage bei den Geschäftsstellen der Zulassungsgremien hilfreich sein; diese kennen in der Regel die Spruchpraxis der Zulassungs- und Berufungsausschüsse. Ungeeignete Bewerber, die über keine zutreffende Facharztbezeichnung verfügen, werden von vornherein bei der Auswahlentscheidung der Zulassungsgremien nicht berücksichtigt.

Dabei wird ausschließlich auf die Facharztbezeichnung abgestellt. Etwaige Schwerpunktbezeichnungen, Tätigkeitsschwerpunkte oder Zusatzbezeichnungen im Sinne des Weiterbildungsrechts sind zunächst von keinerlei Relevanz. Stellen aber diese besonderen Zusatzqualifikationen und die damit einhergehenden zusätzlichen Abrechnungsmöglichkeiten bei qualitätsgesicherten Leistungen einen erheblichen Umsatzanteil der Praxis dar, kann zwar formell eine Praxisnachfolge zulässig sein, sie wäre aber wirtschaftlich nicht sinnvoll. Kann ein Großteil der Patienten nur durch diese Zusatzqualifikationen weiterbehandelt werden, bedeutet das Fehlen der Abrechnungsmöglichkeiten zugleich den Verlust wertvoller Patienten.

Bei der Praxisabgabeplanung sollte daher auch beim Vorliegen identischer Facharztbezeichnungen überprüft werden, ob der Nachfolgekandidat auch das Leistungsspektrum der Praxis aufrechterhalten kann, zumindest das wesentliche Leistungsspektrum. Fehlt später eine wichtige Genehmigung – etwa für Sonographie, Labor etc. – kann dies bei der Refinanzierung des Kaufpreises zu Problemen führen. Leider sind die Vorgaben der Qualitätssicherungsvereinbarungen im Vertragsarztrecht sehr kompliziert. Hier muss in der Regel die Kassenärztliche Vereinigung um Rat gefragt werden. In der Praxis hat sich bewährt, die besonderen Abrechnungsgenehmigungen des Praxisabgebers zusammenzustellen und dann mit der Bitte um Auskunft an die Kassenärztliche Vereinigung heranzutreten, ob prinzipiell der vorgesehene Praxisnachfolger die entsprechenden Genehmigungen ebenfalls erhalten könnte. Diese Schnittstelle zwischen dem vertragsärztlichen Zulassungsrecht und den Regelungen zur Qualitätssicherung wird leider häufig übersehen.

Kriterienkatalog

Der Zulassungsausschuss ist bei seiner Auswahlentscheidung unter den Bewerbern nicht gänzlich frei, sondern an gesetzliche Vorgaben gebunden. Der Gesetzgeber hat eine Reihe von Kriterien genannt, die die Zulassungsgremien zu berücksichtigen haben. Dies sind die berufliche Eignung, das Approbationsalter, die Dauer der ärztlichen Tätigkeit, eine mindestens fünf Jahre dauernde vertragsärztliche Tätigkeit in einem Gebiet, in dem das Bestehen von Unterversorgung festgestellt wurde, ob der Bewerber Ehegatte, Lebenspartner oder ein Kind des bisherigen Vertragsarztes ist, ob er ein angestellter Arzt des bisherigen Vertragsarztes oder ein Vertragsarzt ist, mit dem die Praxis bisher gemeinschaftlich betrieben wurde, oder ob der Bewerber bereit ist, besondere Versorgungsbedürfnisse, die in der Ausschreibung der Kassenärztlichen Vereinigung definiert worden sind, zu erfüllen. Diese Kriterien sind aber alle gleichwertig; so ist die Dauer der ärztlichen Tätigkeit nicht höherwertiger als die berufliche Eignung oder umgekehrt. Die Rechtsprechung hat diese Kriterien im Laufe der Zeit näher präzisiert. So hat das Bundessozialgericht entschieden, dass das Approbationsalter nach fünfjähriger Tätigkeit keine Besserstellung eines Bewerbers mehr rechtfertigt. Dies war notwendig, um gleichwertige Chancen aller Bewerber herbeizuführen; ansonsten wäre bei der Auswahlentscheidung immer ein älterer Bewerber zu bevorzugen. Das Kriterium der mindestens fünf Jahren dauernden Tätigkeit in einem unterversorgten Gebiet kommt dort zum Tragen, wo innerhalb eines Bundeslandes in einzelnen Zulassungsbezirken Unterversorgung festgestellt wurde und ein Arzt dort längere Zeit tätig war. Praktisch bedeutsam sind vor allem die Fälle der besonderen persönlichen Nähe zum Praxisabgeber als Ehegatte, Lebenspartner oder Kind und die besondere berufliche Beziehung bei Anstellung oder gemeinsamer Berufsausübung in einer Berufsausübungsgemeinschaft oder Praxisgemeinschaft. Die Tätigkeit als angestellter Arzt oder die gemeinsame Berufsausübung sind, wie wir schon gezeigt haben, die Kriterien, die dem Praxisabgeber oder dem Bewerber die Möglichkeit geben, Einfluss auf die Auswahlentscheidung zu nehmen. In einem gesperrten Planungsbereich ist dies meist die Anstellung im sogenannten Jobsharing-Verfahren. Soweit eine genehmigte Anstellung – also eine Anstellung auf einem eigenen Vertragsarztsitz – vorliegt, ist dies gleichwertig. Die gemeinsame Berufsausübung wird als Auswahlkriterium berücksichtigt, um die wirtschaftlichen Interessen der Praxispartner zu schützen.

Besondere Belange Behinderter

Auch hier wurde durch das Versorgungsstärkungsgesetz eine neue Regelung eingefügt. Nunmehr sollen die Zulassungsgremien ebenfalls die Belange von Menschen mit Behinderung beim Zugang zur Versorgung bei der Auswahl berücksichtigen. Darunter sind nach den Erläuterungen des Gesetzgebers vor allem die Anforderungen an die Barrierefreiheit der Praxis zu verstehen. Die Bedarfsplanungsrichtlinie als Grundlage der Bedarfspläne kennt die Berücksichtigung der Barrierefreiheit bereits seit langem als Kriterium bei der Aufstellung von Bedarfsplänen. Diese Regelung hat jedoch nicht dazu geführt, dass die Zahl der barrierefreien Praxen zugenommen hat. Gerade der Grundsatz der Fortführung der Praxen am bisherigen Standort im Rahmen des Nachbesetzungsverfahrens hat letztlich zur Folge, dass auch nicht barrierefreie Praxen gerade nicht in für behinderte Menschen besser geeignete Räume verlegt werden.

Wie die Zulassungsgremien mit diesem Auswahlkriterium umgehen werden, bleibt abzuwarten. Nach der Vorstellung des Gesetzgebers soll wohl ein Bewerber, dessen beabsichtigter Praxissitz barrierefrei ist oder sonstige besondere Ausstattungsmerkmale aufweist, die den Anforderungen zur Behandlung behinderter Menschen besonders gerecht werden, bevorzugt werden. Zwar gibt es – wie beschrieben – zwischen den einzelnen Kriterien kein Rangverhältnis und keinen Vorrang eines Kriteriums, doch wird dies wegen der besonderen

Hervorhebung der Anforderungen behinderter Menschen bei diesem Kriterium in der Praxis wohl zu einer Besserstellung des Bewerbers mit barrierefreien Räumen führen. Da damit aber der Grundsatz der Fortführung der Praxis am bisherigen Sitz aufgegeben wird, werden die Zulassungsgremien wahrscheinlich nur dann diese Barrierefreiheit in ihre Bewertung einbeziehen, wenn sich die barrierefreien Räume in unmittelbarer Nähe zur bisherigen Praxis befinden.

Für die Planung der Praxisabgabe kann dieses Kriterium allerdings genutzt werden. Sind die Praxisräume nicht barrierefrei und nachvollziehbar nicht zur Behandlung behinderter oder allgemein in der Mobilität eingeschränkter Patienten geeignet, ist dies ein Argument dafür, die Praxis im Rahmen der Nachbesetzung in barrierefreie Räume zu verlegen. Kann also ein Praxisnachfolger gefunden werden, der in unmittelbarer Nähe barrierefreie Räume nutzen kann, wird dies in der Regel zu einer Besserstellung des Bewerbers im Verfahren führen. Gerade bei langjähriger Bindung an die Praxisräume ist eine Verlegung in besser geeignete Räume häufig nicht oder nicht wirtschaftlich möglich. Solche ungünstig gelegenen Praxen bieten für den Praxisnachfolger häufig keine ausreichenden Entwicklungsmöglichkeiten; dann kann der Hinweis auf die Möglichkeit zur Verlegung der Praxis im Rahmen der Nachbesetzung vorteilhaft sein.

Verbesserung der Versorgungsstruktur eines MVZ

Ein ebenfalls in der bisherigen öffentlichen Diskussion zum Versorgungsstärkungsgesetz übersehenes neues Kriterium bei der Auswahlentscheidung ist die potenzielle Verbesserung des Versorgungsangebotes eines MVZ. Demnach kann anstelle der gerade dargestellten Kriterien die Verbesserung des Versorgungsangebotes des MVZ zur Auswahl herangezogen werden. Bislang wurde bei der Auswahlentscheidung so verfahren, dass bei einer Bewerbung eines MVZ auf einen ausgeschriebenen Praxissitz auf die Qualifikationen des Arztes geschaut wurde, den das MVZ anstellen wollte. Damit wurde letztlich so getan, als habe sich der Arzt selbst zur freiberuflichen Fortführung der Praxis beworben. Andere Möglichkeiten der Auswahlentscheidung bestanden nicht. War aber nun der vom MVZ benannte Arzt bei der Anwendung der Auswahlkriterien schlechter zu bewerten als die übrigen Bewerber, konnte das MVZ den Sitz nicht erhalten. Damit hing die Chance zum Erhalt eines Vertragsarztsitzes im Nachbesetzungsverfahren von den persönlichen Voraussetzungen des anzustellenden Arztes ab. Die an dieser Verfahrensweise geübte Kritik veranlasste nun den Gesetzgeber zu dieser Neuregelung. Allerdings ist noch nicht klar, was unter einer Verbesserung des Versorgungsangebotes des MVZ zu verstehen ist. Ob damit nur bestimmte Kombinationen von Arztgruppen gemeint sind, bleibt offen. Geht man aber davon aus, dass es die Intention des Gesetzgebers war, durch die Schaffung fachübergreifender MVZ die Versorgung der Patienten zu verbessern und insbesondere die interdisziplinäre Behandlung zu fördern, dürfte darunter zu verstehen sein, dass durch den neu hinzukommenden Vertragsarztsitz die gemeinsame Patientenbehandlung optimiert wird. So kann etwa die Kombination Hausarzt und Facharztinternist oder ambulant operierender Chirurg und Anästhesist von Vorteil sein. Wie die Zulassungsgremien mit diesem Kriterium umgehen werden, bleibt abzuwarten. Soll allerdings ein MVZ Praxisnachfolger werden, ist es sinnvoll, die Verbesserung des Versorgungsangebotes schon bei der Bewerbung auf den ausgeschriebenen Vertragsarztsitz zu erläutern und gegebenenfalls zu belegen. Dies müssen die Zulassungsgremien dann zwingend berücksichtigen. Probleme wird dabei sicherlich die Neuregelung der fachgleichen MVZ bereiten. Bei fachübergreifenden MVZ wird die Verbesserung des Versorgungsangebotes darstellbar sein, bei fachgleichen MVZ scheint die Übernahme eines weiteren fachgleichen Vertragsarztsitzes nicht zwingend das Versorgungsangebot zu verbessern, sondern allenfalls zu erweitern.

Diese Neuregelung macht es unter Umständen für Praxisabgeber interessanter, Praxen an ein MVZ zu veräußern. Bislang führte dies häufig zu einer Ablehnung der Nachbesetzung durch das MVZ, wenn dieses nicht in unmittelbarer Nähe befindlich und ein anderer Bewerber gegeben war, der die Praxis in den bisherigen Räumen weiterführen wollte. Der Gesetzgeber hat durch die Neuregelung klargestellt, dass dieser faktische Nachrang nicht mehr wie bisher begründet werden kann. Dies eröffnet potenziell neue Abgabemöglichkeiten für Praxisinhaber.

Rechtsprechung

Die Rechtsprechung hat in zahlreichen Entscheidungen die gesetzlichen Kriterien der Auswahlentscheidung näher präzisiert und definiert. Zwar darf das Alter wegen des allgemeinen Gleichbehandlungsgrundsatzes und des allgemeinen Gleichbehandlungsgesetzes nicht negativ gewertet so, sodass ältere Bewerber nicht wegen ihre Alters ausgeschlossen werden dürfen, aber nach einem jüngeren Urteil des Bundessozialgerichts muss der Bewerber wegen des Grundsatzes der Fortführung einer Praxis in der Regel eine fünfjährige Fortführungsdauer der Praxis sicherstellen können. Das Bundessozialgericht hat darüber hinaus den Zulassungsgremien die Möglichkeit eingeräumt, eigene Kriterien bei der Auswahlentscheidung zu schaffen, wie zum Beispiel besondere Qualifikationen. Diese selbst geschaffenen Kriterien können dabei auch dazu genutzt werden, in Auswahlsituationen, in denen die Bewerber nahezu identische Qualifikationen aufweisen, weitere Differenzierungsmöglichkeiten zu bekommen. Allerdings müssen die Zulassungsausschüsse diese Kriterien bei der Beschlussfassung dezidiert darlegen und begründen. Hier bietet sich spätestens in der mündlichen Verhandlung beim Zulassungsausschuss die Möglichkeit, als Bewerber selbst nachzufragen, ob besondere Auswahlkriterien seitens des Gremiums gelten sollen.

Einflussnahmemöglichkeiten

Die Auswahlentscheidungen der Zulassungsgremien sind Ermessensentscheidungen. Das Bundessozialgericht erkennt hierbei einen großen – gerichtlich nur eingeschränkt überprüfbaren – Beurteilungsspielraum der Zulassungsgremien an. Diese müssen lediglich nachvollziehbar und anhand im Verfahren festgestellter Tatsachen ihre Entscheidungen begründen. Eine Einflussnahme der Praxisabgeber auf die Auswahlentscheidung ist im Gesetz nur eingeschränkt vorgesehen. Das Interesse des Praxisabgebers, einen bestimmten Bewerber auszuwählen, wird gesetzlich nicht geschützt. Alle Zulassungsgremien geben dem Praxisabgeber jedoch die Möglichkeit, einen Wunschkandidaten zu benennen; dies ist, wie wir gesehen haben, bereits bei der Entscheidung über die Durchführung des Nachbesetzungsverfahrens besonders relevant. Ziel des

Nachbesetzungsverfahrens ist die Sicherung der Fortführung einer Praxis durch einen Nachfolger; diese Fortführung kann im Sinne der Sicherstellung einer kontinuierlichen Patientenversorgung dann am besten erfolgen, wenn Praxisabgeber und Praxisnachfolger sich früh über alle Modalitäten der Abgabe einig sind. Bei einem Wunschnachfolger wird davon ausgegangen, dass bei der Abgabe an diesen die Praxisabgabe für die Patienten reibungslos erfolgt.

Das Gesetz sieht ferner „eine angemessene Berücksichtigung" der Interessen der Praxispartner vor. Diese angemessene Berücksichtigung wurde durch das Bundessozialgericht in einigen Urteilen näher beschrieben. Demnach können die Zulassungsgremien keinen Bewerber gegen den erklärten Willen der Praxispartner auswählen. Hintergrund dieser Rechtsprechung sind die gesellschaftsrechtlichen Besonderheiten einer Gemeinschaftspraxis, die bei der Auswahlentscheidung bedacht werden müssen.

Bis zum Inkrafttreten des Versorgungsstärkungsgesetzes musste diese Gemeinschaftspraxis nach der Rechtsprechung des Bundessozialgerichts für einen gewissen Zeitraum bestanden haben, damit bei einer gelebten Gemeinschaftspraxis die hier typische enge Bindung der Gesellschafter überhaupt entstehen konnte. Wie lange eine Berufsausübungsgemeinschaft konkret bestanden haben musste, damit die Interessen der Praxispartner hinreichend berücksichtigt werden müssen, hat das Bundessozialgericht offen gelassen. Es kam dann auf den Einzelfall an. Das Versorgungsstärkungsgesetz hat nunmehr für die Privilegierung bei der Nachbesetzung die Grenze von drei Jahren festgelegt; bis zum Erreichen dieses Zeitraums soll keine Privilegierung gegeben sein. Dies gilt allerdings nur für solche Praxen, in denen nach dem 05.03.2015 eine Anstellung erfolgte oder eine Berufsausübungsgemeinschaft gegründet wurde. Für alle Praxen, in denen dies vor dem 05.03.2015 der Fall war, gilt die bisherige Rechtslage. Diese einzigartige Regelung hat der Gesetzgeber eingefügt, damit im Zuge der Diskussion um das Versorgungsstärkungsgesetz nicht kurzfristig Berufsausübungsgemeinschaften gegründet werden, um der früh kommunizierten 3-Jahres-Regelung zu entgehen.

Für alle Altfälle gilt damit weiterhin, dass der Zulassungsausschuss entsprechend der Rechtsprechung des Bundessozialgerichts selbst genau ermitteln muss, ob eine gemeinsame Berufsausübung tatsächlich zu einer derart engen Bindung der Praxispartner geführt hat. Dies kann er nur durch Aufforderung an die Praxispartner zur Stellungnahme und gegebenenfalls. persönliche Anhörung in einer mündlichen Verhandlung. Dabei sind diese Stellungnahmen letztlich eher als Meinungsäußerung zu werten und nur bedingt objektiv zu bewerten. Das Bundessozialgericht hat für Umfragen bei Vertragsärzten im Zusammenhang mit Sonderbedarfszulassungen wegen potenziell tendenziöser Antworten eine Plausibilisierung der Antworten verlangt. Das heißt nichts anderes, als dass anhand von Abrechnungsdaten eine Überprüfung der Antworten vorgenommen werden soll. Dies ist aber auch bei der Bewertung der gemeinsamen Berufsausübung möglich. Im Rahmen der Honorarabrechnungen wird ein Kooperationsgrad ermittelt, anhand dessen in der Regel Zuschläge auf das Gesamthonorar gewährt werden. Hier können Praxisabgeber und Praxispartner bereits bei der Antragstellung oder Anhörung durch die Zulassungsgremien darlegen, in welchem Umfange gemeinsam Patienten behandelt wurden. Dies ist das gewichtigste Indiz für eine tatsächlich gelebte Berufsausübungsgemeinschaft.

Die Zulassungsgremien müssen den Praxispartnern in jedem Fall rechtliches Gehör vor der Auswahlentscheidung geben. Wird dieses nicht gewährt, so kann ein Widerspruch zum Berufungsausschuss alleine hierauf gestützt werden.

Die Regelungen zum Nachbesetzungsverfahren sehen also nur geringe Einflussmöglichkeiten für den Praxisabgeber vor. Die Auswahlentscheidung kann jedoch wirksam indirekt beeinflusst werden. Wird der spätere Praxisübernehmer zuvor im Jobsharing angestellt, so ist dieser als angestellter Arzt des Praxisabgebers bei der Auswahl privilegiert. Dies gilt auch für Praxispartner, die dann den Vertragsarztsitz – etwa zum Zwecke der Anstellung eines Arztes – übernehmen wollen.

Um alle Möglichkeiten der Einflussnahme umfassend zu nutzen, sollte daher bei der langfristigen Abgabeplanung schon die spätere Auswahlentscheidung berücksichtigt werden. Soll etwa ein Praxisnachfolger die Praxis übernehmen, der ersichtlich neben anderen Bewerbern, etwa wegen des Approbationsalters, benachteiligt wäre, kann ein frühzeitig begonnenes Jobsharing diesen Nachteil ausgleichen. Wird bei der Preisfindung der Verkehrswert nach den allgemein anerkannten Regeln bestimmt, kann dies bei Differenzen mit einzelnen Bewerbern als Beleg dafür dienen, dass der Wert der Praxis tatsächlich so hoch ist. Auch hier gilt: Eine frühe Abgabeplanung eröffnet viele Gestaltungsmöglichkeiten, die sonst nicht mehr genutzt werden können.

Besonderheit üBAG und MVZ im Auswahlverfahren

Im Zuge der Flexibilisierung und Liberalisierung des Vertragsarztrechts wurden neue Formen der gemeinsamen vertragsärztlichen Tätigkeit eingeführt. Hierzu gehören die sogenannte überörtliche Berufsausübungsgemeinschaft (üBAG) und das Medizinische Versorgungszentrum (MVZ). Bei einer überörtlichen Berufsausübungsgemeinschaft sind die einzelnen Partner nicht an einem Standort, sondern an verschiedenen Standorten tätig. Hier gilt das oben zur (örtlichen) Berufsausübungsgemeinschaft Gesagte; allerdings legt die Rechtsprechung bei der Berücksichtigung der Interessen der Partner höhere Maßstäbe an, damit deren Interessen angemessen berücksichtigt werden können. Dies wird damit begründet, dass im Gegensatz zur gemeinsamen Berufsausübung an einem Ort bei einer überörtlichen Tätigkeit eine vergleichbar intensive Bindung der Gesellschafter erst nach längerer Zeit eintreten wird. Damit wirkt die Rechtsprechung einer missbräuchlichen Gründung überörtlicher Berufsausübungsgemeinschaften zum Zwecke der Beeinflussung späterer Nachbesetzungsverfahren entgegen. Die Interessen der Partner der Berufsausübungsgemeinschaft sind jedoch bei hinreichend langer Dauer des Bestehens der überörtlichen Berufsausübungsgemeinschaft gleichermaßen zu berücksichtigen. Allerdings müssen überörtliche Berufsausübungsgemeinschaften im Vergleich zu örtlichen Berufsausübungsgemeinschaften länger bestanden haben, um die Interessen der Praxispartner zu berücksichtigen. Hier muss jetzt nach den Neuregelungen durch das Versorgungsstärkungsgesetz ebenfalls ein Zeitraum von drei Jahren gemeinsamer Berufsausübung verstrichen sein, es sei denn, die Berufsausübungsgemeinschaft wurde vor dem 05.03.2015 begründet.

Medizinische Versorgungszentren sind nach der Reform durch das Versorgungsstärkungsgesetz ärztlich geleitete Einrichtungen, in denen Ärzte freiberuflich oder als angestellte Ärzte tätig sind. MVZ wurden durch den Gesetzgeber nach dem Beispiel der Polikliniken in der ehemaligen DDR geschaffen. Ziel war zugleich die Bündelung unterschiedlicher Fachgebiete in einer Versorgungseinrichtung und die Ausweitung der Möglichkeiten, als angestellter Arzt in der ambulanten Versorgung tätig zu werden. Bis zum Inkrafttreten des Versorgungsstärkungsgesetzes mussten MVZ fachübergreifend tätig sein, also mindestens Ärzte aus zwei Fachrichtungen aufweisen. Dieses sogenannten fachübergreifende Moment wurde jetzt aufgeben, sodass auch reine Hausarzt-MVZ zulässig sind. Freiberufliche Arztsitze in einem MVZ werden genauso wie alle anderen Vertragsarztsitze nachbesetzt. Da auch hier die Interessen der Partner des MVZ tangiert werden, müssen auch diese – wie die Partner einer Berufsausübungsgemeinschaft – bei der Auswahlentscheidung angehört werden. Die Rechtsprechung hat allerdings bislang die für Berufsausübungsgemeinschaften aufgestellten Kriterien zur Dauer des Bestehens der Berufsausübungsgemeinschaft nicht auf Sitze in MVZ übertragen; dies ist jedoch zu erwarten.

Bedeutung des Verkehrswertes für das Auswahlverfahren

Ziel des Nachbesetzungsverfahrens ist die Fortführung der Praxis, um sowohl die Versorgung der Patienten sicherzustellen als auch die Sicherung des materiellen und immateriellen Wertes der Praxis für den abgebenden Arzt oder dessen Erben. Diese Sicherung des Praxiswertes bringt der Gesetzgeber dadurch zum Ausdruck, dass er ausdrücklich die Berücksichtigung der wirtschaftlichen Interessen des Praxisabgebers bis zur Höhe des Verkehrswertes anordnet. Demnach können die Zulassungsgremien keinen Bewerber auswählen, der nicht bereit ist, den Verkehrswert zu zahlen. Ein höheres Gebot eines Bewerbers darf nicht zu einer Besserstellung führen. Die Zulassungsgremien prüfen diese Bereitschaft meist dadurch nach, dass sie die Bewerber sowie den Praxisabgeber fragen, ob eine Einigung über den Kaufpreis erzielt wurde. Dabei wird davon ausgegangen, dass sich die Beteiligten dadurch auf eine Zahlung des Verkehrswertes geeinigt haben.

Wird jedoch durch einen Bewerber behauptet, der Verkehrswert sei geringer, müssen die Zulassungsgremien von Amts wegen prüfen, wie hoch der Verkehrswert ist. Da die Zulassungsgremien diese Prüfung nicht selbst vornehmen können, muss dann ein Sachverständiger herangezogen werden. Eine solche Verkehrswertermittlung ist sehr zeitintensiv sowie kostenträchtig und sollte daher möglichst vermieden werden. Wird den Zulassungsgremien eine dezidierte Verkehrswertberechnung – etwa vom Steuerberater erstellt – vorgelegt, kann dies unter Umständen ein Verkehrswertgutachten erübrigen. Zwar hat das Bundessozialgericht entschieden, dass die Zulassungsgremien nicht selbst – also von Amts wegen – den Verkehrswert festsetzen dürfen; doch gilt in diesem Fall, dass keine Festsetzung, sondern eine Ermittlung des Verkehrswertes durch Sachverständige erfolgt. Dies erfolgt nur, um einen Bewerber, der nicht bereit ist, den Verkehrswert zu zahlen, in zulässiger Weise von der Auswahlentscheidung auszuschließen.

Ziel der Verhandlungen mit den Bewerbern muss wegen dieser Besonderheiten immer eine Einigung über den Kaufpreis sein. Es bietet sich an, allen Bewerbern die gleichen Kaufvertragsentwürfe vorzulegen und diesen – wie üblich – unter der aufschiebenden Bedingung der Auswahlentscheidung durch den Zulassungsausschuss zu schließen. Der Praxiskaufvertrag muss den Zulassungsgremien nicht vorgelegt werden; sie haben auch kein Recht diesen anzufordern.

4.1.8 „Übertragung der Zulassung" durch Anstellung

Das Nachbesetzungsverfahren war ursprünglich der einzige Weg zur Weitergabe eines Vertragsarztsitzes. Der Gesetzgeber hat inzwischen auch andere – wenn auch indirekte – Wege zur Übertragung einer Zulassung geschaffen. Durch das Vertragsarztrechtsänderungsgesetz wurde die Möglichkeit zur vereinfachten Anstellung von Ärzten bei Vertragsärzten und MVZ geschaffen; zuvor war dies nur in bestimmten Fällen zulässig. Dazu muss der anstellende Arzt oder das MVZ einen Vertragsarztsitz übernehmen, auf dem dann ein Arzt angestellt wird, entweder durch Bewerbung in einem Nachbesetzungsverfahren auf einen ausgeschriebenen Vertragsarztsitz zum Zwecke der Anstellung eines – bereits bekannten – Arztes, oder ein Vertragsarzt verzichtet auf seine Zulassung, um sich beim MVZ oder Vertragsarzt anstellen zu lassen. Dann geht der Vertragsarztsitz auf das MVZ oder den anstellenden Vertragsarzt über – man spricht von einer sogenannten genehmigten Anstellung. Das MVZ oder der Vertragsarzt kann diese Arztstelle jederzeit mit einem anderen Arzt besetzen, etwa dann, wenn der angestellte Arzt sein Arbeitsverhältnis kündigt oder der Arbeitgeber selbst eine Kündigung ausgesprochen hat.

Der Gesetzgeber hat nun im Zuge der Liberalisierung des Vertragsarztrechts die Möglichkeit geschaffen, diese Anstellungsgenehmigung wieder in eine (freie) Zulassung umzuwandeln. Ursprünglich wurde diese Regelung geschaffen, damit ein Arzt zunächst probeweise seine Zulassung in ein MVZ mit der Möglichkeit einbringen kann, diese wieder herauszulösen. Dies ist vor allem dann sinnvoll, wenn man feststellt, dass die gemeinsame Tätigkeit nicht funktioniert. Dazu muss das anstellende MVZ oder der Vertragsarzt nur einen Antrag beim Zulassungsausschuss stellen. Dieser wandelt dann die genehmigte Anstellung wieder in eine (freiberufliche) Zulassung um. Bei diesem Umwandlungsverfahren haben das anstellende MVZ bzw. der anstellende Vertragsarzt eine Wahlmöglichkeit. Wird nur die Umwandlung beantragt, so wird der aktuell angestellte Arzt Inhaber der Zulassung; ist dies nicht gewünscht, so kann die Ausschreibung wie bei einer normalen (freien) Zulassung beantragt werden.

Diese Gestaltungsmöglichkeiten können auch zur Vermeidung eines Nachbesetzungsverfahrens genutzt werden. Der ausscheidende Vertragsarzt muss dazu auf seine Zulassung zum Zwecke der Anstellung bei einem Vertragsarzt oder MVZ verzichten. Dann endet die Anstellung und das MVZ oder der Vertragsarzt stellen einen anderen Arzt anstelle des ehemaligen Vertragsarztes an. Anschließend erfolgt ein Antrag auf Umwandlung in eine Zulassung. Auf diesem Wege wird ohne Nachbesetzungsverfahren ein anderer Arzt Inhaber der Zulassung. Hier wird häufig die Frage gestellt, ob der Vertragsarzt nach Verzicht auf seine Zulassung auch tatsächlich beim anstellenden Vertragsarzt oder MVZ arbeiten muss. Einige Zulassungsausschüsse verneinten dieses Erfordernis und ließen es zu, dass die Anstellungsgenehmigung nur für eine sogenannte juristische Sekunde bestand, und dann sofort – in derselben Zulassungsausschusssitzung – die Anstellung beendet wurde, und so ein anderer Arzt anstelle des verzichtenden Vertragsarztes angestellt wurde.

Diese Praxis ist inzwischen in allen Zulassungsbezirken überholt. Die gesetzlichen Möglichkeiten zur Einbringung von Zulassungen bei MVZ und Vertragsärzten wurden nicht zur Umgehung des Nachbesetzungsverfahrens geschaffen. Darüber hinaus gilt in allen Rechtsgebieten, dass ein Gestaltungsmissbrauch unzulässig ist. Deshalb lehnen inzwischen praktisch alle Zulassungsgremien diese Praxis in offensichtlichen Fällen ab. Es wird eine tatsächliche Aufnahme der Tätigkeit und Mitarbeit beim anstellenden Vertragsarzt und MVZ gefordert.

Nach dem Wortlaut des Gesetzes gibt es allerdings keine vorgeschriebene Zeit, in der nach einem Verzicht diese Tätigkeit in der Anstellung erfolgen muss; gerade deshalb wurde die direkte Neuanstellung eines anderen Arztes und die Rückumwandlung der genehmigten Anstellung in eine Zulassung auch längere Zeit geduldet. Die meisten Zulassungsgremien verlangen wegen des drohenden Gestaltungsmissbrauchs inzwischen einen gewissen Zeitraum der Anstellung, bevor einem Antrag auf Neubesetzung der Stelle und dann einen Antrag auf Umwandlung der genehmigten Anstellung in eine Zulassung entsprochen wird. Üblicherweise sind hier Tätigkeitszeiträume von ein bis zwei Quartalen notwendig. Nach Ablauf dieses Zeitraums gehen die jeweiligen Zulassungsausschüsse dann nicht mehr von einem Gestaltungsmissbrauch aus. Ungeachtet der Zulässigkeit dieser Anforderungen sollten sich die Praxisabgeber und Praxisübernehmer frühzeitig bei den Zulassungsgremien erkundigen, welche Fristen dort vorausgesetzt werden.

Die Vorteile dieser Verfahrensweise liegen auf der Hand. Im Gegensatz zum normalen Nachbesetzungsverfahren besteht keine Gefahr, dass die Nachbesetzung aus Versorgungsgründen abgelehnt wird, denn bei diesem Verfahren findet keine solche Prüfung statt. Darüber hinaus besteht keine Gefahr, dass die Zulassungsgremien einen unerwünschten Bewerber auswählen, denn der Praxisübernehmer steht langfristig fest. Allerdings müssen sowohl Praxisabgeber als auch Praxisübernehmer zwingend für einen mehr oder weniger kurzen Zeitraum in einem Anstellungsverhältnis tätig werden. In geeigneten Fällen kann dieses Verfahren aber – unter Berücksichtigung der steuerrechtlichen Besonderheiten – von Vorteil sein.

Infolge des Versorgungsstärkungsgesetzes wird diese Gestaltungsform sicherlich noch viel mehr genutzt werden. Bislang war sie eher selten der Fall. Da jetzt aber in vielen Zulassungsbezirken bei einer Nachbesetzung das Risiko des Aufkaufs der Praxis gestiegen und wohl in einigen Regionen dies sogar überwiegend wahrscheinlich geworden ist, werden viele Praxisabgeber auf diese Vorgehensweise ausweichen, um dem drohenden Aufkauf zu entgehen.

Dabei ist ein wesentlicher Vorteil auch die im Vergleich zum Nachbesetzungsverfahren kurze Verfahrensdauer. Der Verzicht auf eine Zulassung zum Zwecke der Anstellung bei einem MVZ oder Vertragsarzt kann häufig binnen weniger Wochen beschieden werden, in der Regel noch zum nächsten Quartalsbeginn. Wird dann der bisherige angestellte Arzt ausgetauscht, ist dies mitunter schon nach zwei Quartalen oder schneller möglich, die Rückumwandlung erfolgt dann binnen ein bis zwei weiteren Quartalen. Damit ist nach einer Gesamtdauer von 12 Monaten praktisch immer der gewünschte Praxisnachfolger Inhaber der Zulassung. In einige Regionen kann allerdings das Nachbesetzungsverfahren mit allen Prüfungsschritten, Ausschreibungsverfahren und Auswahlentscheidung auch länger als 12 Monate dauern; dann ist die Praxisabgabe durch die Anstellung am MVZ oder bei einem anderen Vertragsarzt schneller.

Allerdings erfolgt die Anstellung des Praxisabgebers grundsätzlich am Standort des MVZ oder des Vertragsarztes. Damit geht auch die Verlagerung der Praxistätigkeit an diesen Standort einher. Der Erhalt der bisherigen Praxisräume und des Praxispersonals ist eigentlich nicht vorgesehen. Soll dennoch der bisherige Praxisstandort erhalten werden, müssen besondere Regelungen genutzt werden. So kann bei der Kassenärztlichen Vereinigung die Genehmigung einer Zweigpraxis des MVZ oder des Vertragsarztes beantragt werden. Eine Zweigpraxis ist ein weiterer Standort eines MVZ oder eines Vertragsarztes, an dem dieser reguläre Sprechstunden selbst oder durch angestellte Ärzte abhalten darf. Die Genehmigung erteilt die Kassenärztliche Vereinigung, wenn die Zweigpraxis die Versorgung am Standort verbessert und hierdurch die Versorgung am Praxissitz nicht verschlechtert wird. Dies ist bei der Genehmigung einer Zweigpraxis die größte Hürde. Denn hierbei kommt es auf die konkrete Versorgungssituation am Praxisstandort an. Eine schlichte Ausweitung des Versorgungsangebotes genügt nicht; es muss tatsächlich eine Verbesserung eintreten, was in schlechter versorgten oder sogar unterversorgten Regionen praktisch immer der Fall ist. Dabei legen einige Kassenärztliche Vereinigungen die Vorschriften zur Genehmigung einer Zweigpraxis weniger restriktiv aus, vor allem dann, wenn die Ärzte animiert werden sollen, an weiteren Standorten Leistungen zu erbringen. Mit einer solchen Genehmigung kann dann in den bisherigen Praxisräumen weitergearbeitet werden und der reguläre Praxisbetrieb weitergehen, nur gegenüber den Patienten muss die veränderte Organisationsform klar dargestellt werden. Wenn eine solche Vorgehensweise in Betracht kommt, sollte ebenfalls frühzeitig bei der Kassenärztlichen Vereinigung erfragt werden, wie dort bei Anträgen auf Zweigpraxisgenehmigung verfahren wird. Hier werden häufig Antragsformulare und Merkblätter bereitgehalten. Eine Zusicherung, dass am bisherigen Standort eine Zweigpraxis genehmigt wird, kann in der Regel nicht erteilt werden. Denn die Versorgungssituation kann sich recht schnell ändern, gerade wenn andere Zweigpraxen genehmigt wurden.

Neben der Möglichkeit, die bisherige Praxis als Zweigpraxis eines MVZ oder eines anderen Vertragsarztes fortzuführen, kommt noch die Nutzung als ausgelagerter Praxisraum in Betracht. In ausgelagerten Praxisräumen erbringt der Vertragsarzt oder das MVZ nur bestimmte Untersuchungs- oder Behandlungsleistungen in räumlicher Nähe zum Vertragsarztsitz bzw. Sitz des MVZ. Solche ausgelagerten Praxisräume müssen der Kassenärztlichen Vereinigung lediglich angezeigt werden. Die Vorstellung des Gesetzgebers war es, dass der Vertragsarzt bestimmte diagnostische Leistungen – wie etwa ein MRT oder ein CT – an einem anderen Standort erbringt, weil dies am Vertragsarztsitz räumlich oder technisch nicht möglich ist. Deshalb dürfen in ausgelagerten Praxisräumen auch keine Sprechstunden abgehalten werden; der Patientenerstkontakt soll nur am Vertragsarztsitz erfolgen. Psychotherapeutische Praxen nutzen solche ausgelagerten Praxisräume etwa für Gruppentherapien, wenn die Räume am Praxissitz dies nicht ermöglichen. Für die Praxisabgabe durch Anstellung ist dies eine probate Gestaltungsmöglichkeit, wenn etwa apparativ technische Leistungen oder besondere Behandlungsleistungen in den Räumen des anstellenden MVZ oder des anstellenden Vertragsarztes nicht erbracht werden können. Durch diese Nutzung kann dann zumindest die bisherige Praxis beschränkt weiter genutzt werden. Auch hier sollten Sie sich frühzeitig an die Kassenärztliche Vereinigung wenden und ebenfalls in Erfahrung bringen, wie ausgelagerte Praxisräume vor Ort angezeigt werden können und ob bestimmte Verfahrensabläufe eingehalten werden sollen. Einige Kassenärztliche Vereinigungen übersenden etwa dem anzeigenden Vertragsarzt oder MVZ, um für Rechtssicherheit zu sorgen, eine Mitteilung, dass es sich um ausgelagerte Praxisräume handelt, gerade zur Abgrenzung zur genehmigungspflichtigen Zweigpraxis. Wesentlicher Nachteil ist allerdings bei ausgelagerten Praxisräumen, dass in Anlehnung an ältere Urteile des Bundessozialgerichts einige Kassenärztliche Vereinigungen davon ausgehen, dass keine identischen Leistungen am ausgelagerten Praxisraum und am Praxissitz erbracht werden dürfen. Denn das Gesetz geht davon aus, dass im ausgelagerten Praxisraum nur besondere Leistungen erbracht werden, die nicht am Praxissitz erbracht werden können. Diese Vorgehensweise entspricht exakt den gesetzlichen Vorgaben und ist demnach grundsätzlich nicht fehlerhaft. Einzelne Landessozialgerichte haben jetzt jedoch entschieden, dass dies im Ausnahmefall zulässig ist. Das Bundessozialgericht hat in einem Urteil angedeutet, dass durch Änderungen des Berufsrechts die bisherige Rechtsprechung so nicht mehr zu halten ist und zumindest teilweise identische Leistungserbringung möglich und zulässig ist. Auch hierzu sollten Sie Rücksprache mit der Kassenärztlichen Vereinigung halten.

4.1.9 Langfristige Gestaltung des Übergangs

Sie haben jetzt den Ablauf des Nachbesetzungsverfahrens bei den Zulassungsgremien kennengelernt. Der Gesetzgeber hat durch die Bestimmungen zum

Verfahrensablauf und zur Auswahlentscheidung den Praxisabgebern zugleich eine Vielzahl von Gestaltungsmöglichkeiten gegeben. Bei einer langfristig geplanten Praxisabgabe hat der Praxisabgeber in der Regel schon frühzeitig einen Praxisübernehmer gefunden. Ziel ist es dann, den Übergang auf diesen Praxisübernehmer zu ermöglichen. Dabei geht es in erster Linie um eine Einflussnahme auf die Auswahlentscheidung der Zulassungsgremien.

Praxen werden häufig am Ende des Berufslebens abgegeben. Viele Praxisabgeber wollen dann aber nicht sofort ganz aus dem Berufsleben ausscheiden, sondern zunächst nur ihre Arbeitszeit reduzieren und dann, manchmal nach einigen weiteren Jahren, ihre Praxistätigkeit ganz aufgeben. Der Betrieb einer Vertragsarztpraxis erfordert über die medizinischen Fähigkeiten hinaus vor allem unternehmerisches Geschick und eine umfassende Kenntnis der Anforderungen an einen niedergelassenen Vertragsarzt. Einige Praxisübernehmer fühlen sich dem nicht sofort gewachsen, daher ist es auch deshalb sinnvoll, wenn der Praxisabgeber noch einige Zeit in der Praxis mitarbeitet.

All dies sind Aspekte, die bei der Übergabeplanung berücksichtigt werden sollten und können, jeweils im gesetzlichen Rahmen.

Vorgelagertes Jobsharing

Wie wir bereits gesehen haben, werden angestellte Ärzte und Praxispartner des Praxisabgebers bei der Auswahlentscheidung bevorzugt berücksichtigt. Dazu muss der potenzielle Nachfolger aber in der Praxis angestellt oder dessen Praxispartner sein. Neben der genehmigten Anstellung eines Arztes auf einem ordentlichen Vertragsarztsitz hat der Gesetzgeber durch das sogenannte Jobsharing die Möglichkeit der Anstellung in einem gesperrten Planungsbereich geschaffen. Ziel dieser Regelung war es, Vertragsärztinnen und Vertragsärzten die Möglichkeit zu bieten, ihre Pflicht zur persönlichen Leistungserbringung auf mehrere Schultern zu verteilen. Bis zur Einführung des Jobsharings konnten Vertragsärzte nur bei Erkrankung, Urlaub oder Weiterbildung durch einen anderen Vertragsarzt oder Arzt, der die Voraussetzungen zur Eintragung ins Arztregister erfüllt, vertreten werden. Gerade bei der Betreuung minderjähriger Kinder (Elternzeit),

der Pflege naher Angehöriger, im Falle längerfristiger Erkrankung und beim Übergang in den Ruhestand bietet das Jobsharing die Möglichkeit, die Praxis mit einem anderen Arzt als Angestelltem oder ebenfalls (beschränkt) zugelassenen Arzt in Form einer örtlichen Berufsausübungsgemeinschaft aufrechtzuerhalten und fortzuführen.

Bei einer langfristigen Übernahmeplanung steht der potenzielle Praxisnachfolger im besten Falle schon früh fest. Dann bietet sich auch die Möglichkeit, langfristig den Praxisübernehmer in die Abgabeplanung einzubinden und diesen schon früh im Jobsharing in der Praxis anzustellen. Hierdurch kann dann sowohl die Praxistätigkeit ausgeweitet als auch zugleich ein privilegierter Nachfolger für das Nachbesetzungsverfahren gefunden werden.

Der Gesetzgeber hat zwei Formen des Jobsharing vorgesehen: Entweder wird ein anderer Arzt in der Praxis des Vertragsarztes angestellt oder er erhält eine eigene Zulassung, deren Bestand an die Zulassung des Vertragsarztes gebunden ist, und gründet dann – zwingend – mit dem Vertragsarzt eine Berufsausübungsgemeinschaft. Die Anstellung eines Arztes im Jobsharing wird auf Antrag des Vertragsarztes genehmigt, wenn der anzustellende Arzt dieselbe Facharztbezeichnung führt und sich der Vertragsarzt gegenüber den Zulassungsgremien verpflichtet, seine Praxis nicht auszuweiten. Dabei muss die Facharztbezeichnung bis hin zur Schwerpunktbezeichnung übereinstimmen; führt der anzustellende Arzt eine weitere Schwerpunktbezeichnung neben der Schwerpunktbezeichnung des Vertragsarztes, kann er für die Genehmigung der Anstellung auf diese zulassungsrechtlich verzichten. Bei bestimmten Facharztanerkennungen bestehen oft Zweifel an der Möglichkeit der Anstellung, etwa bei den älteren Fachärzten für Nervenheilkunde. Deshalb hat der Gemeinsam Bundesausschuss als Normgeber der Bedarfsplanungsrichtlinie hier für praktisch jede Facharztbezeichnung detaillierte Regelungen getroffen. Ein Jobsharing ist somit zwischen Fachärzten für Nervenheilkunde einerseits und Fachärzte für Neurologie und Psychiatrie andererseits möglich. Hier können die Geschäftsstellen der Zulassungsgremien bei Zweifeln schnell Hilfestellung leisten.

Bei den Zulassungsvarianten stellen Vertragsarzt und beschränkt zuzulassender Arzt einen gemeinsamen Antrag; sie müssen auch gemeinsam die Verpflichtung zur Nicht-Ausweitung der Praxis erklären. Damit teilen sich Vertragsarzt und im Jobsharing angestellter bzw. zugelassener Arzt den Versorgungsauftrag des Vertragsarztes und das ihm zugewiesene Abrechnungsvolumen. Aus diesem Grund werden im Jobsharing tätige Ärzte bei der Bedarfsplanung nicht berücksichtigt.

Damit die Praxis ihren Leistungsumfang nicht ausweitet, legen die Zulassungsgremien für jedes Quartal Leistungsobergrenzen fest. Diese Leistungsobergrenzen werden anhand der vier vorhergehenden und bereits abgerechneten Quartale (Bezugsquartale) festgelegt. Dazu wird das angeforderte Gesamtpunktzahlvolumen des Vertragsarztes ermittelt und ferner 3 Prozent des Fachgruppendurchschnitts hinzugerechnet. Für das erste Quartal 2016 (Leistungsquartal) wird z. B. als Bezugsquartal das erste Quartal 2015 herangezogen, für das zweite Quartal 2016 das zweite Quartal 2015 usw. So bleibt die Zuordnung von Winterquartalen zu Winterquartalen und Sommerquartalen zu Sommerquartalen erhalten. Da die Zulassungsgremien nicht über die entsprechenden Abrechnungsdaten verfügen, werden diese durch die zuständige Kassenärztliche Vereinigung auf Anfrage bereitgestellt. Werden nun im Leistungsquartal die für die Praxis genehmigten Leistungsobergrenzen überschritten, so werden alle Punkte oberhalb der Begrenzung nicht vergütet. Wegen der damit weitreichenden Folgen der Festlegung der Leistungsobergrenzen für die Praxis muss der Vertragsarzt diesen vor Genehmigung des Jobsharing zustimmen. Dazu übersenden die Zulassungsgremien der Praxis regelmäßig eine Übersicht über die festzulegenden Leistungsobergrenzen für die ersten vier Quartale, die dann durch den Vertragsarzt schriftlich bestätigt werden muss. Mit dieser Erklärung erkennt der Vertragsarzt die festgelegten Leistungsobergrenzen verbindlich an. Erfolgt keine Zustimmung, wird das Jobsharing auch nicht genehmigt. Der Gesetzgeber geht davon aus, dass ein Vertragsarzt von vornherein keine Leistungen erbringen wird, die nicht vergütet werden. Der Vertragsarzt und im Jobsharing tätige Arzt können zwar mehr Leistungen erbringen; es ist aber wirtschaftlich nicht sinnvoll.

Im zweiten Leistungsjahr nach Beginn des Jobsharings werden die von den Zulassungsgremien festgelegten Leistungsobergrenzen durch die Kassenärztliche Vereinigung angepasst; diese Anpassung erfolgt entsprechend der Entwicklung der durchschnittlich abgerechneten Punktzahlen der Fachgruppe. Im Verhältnis der Veränderung des Fachgruppendurchschnitts werden die Leistungsobergrenzen dann ebenfalls angepasst. Steigt der Fachgruppendurchschnitt um 5 Prozent, werden auch die festgelegten Leistungsobergrenzen um 5 Prozent erhöht und umgekehrt. Diese Anpassungsfaktoren gegenüber dem ersten Leistungsjahr bleiben dann für die weiteren Jahre erhalten. Nur bei einer spürbaren Änderung der Bemessungsgrundlage – etwa bei einer größeren Änderung des EBM – werden auf Antrag des Vertragsarztes oder der Kassenärztlichen Vereinigung die Leistungsobergrenzen durch die Zulassungsgremien anpasst. Die Kassenärztlichen Vereinigungen sind hierzu alleine nicht berechtigt.

Besteht das Jobsharing für 10 Jahre, so erhält der im Jobsharing zugelassene Arzt auf Antrag eine eigene, unbeschränkte Zulassung bzw. werden die Leistungsobergrenzen der Jobsharing-Anstellung aufgehoben. Somit entsteht nach 10 Jahren gemeinsamer Berufsausübung eine vollwertige und dann auch in der Bedarfsplanung zu berücksichtigende Zulassung bzw. Anstellungsgenehmigung.

Bei der langfristigen Übergabeplanung kann das Jobsharing also dazu genutzt werden, dem potenziellen Praxisübernehmer eine privilegierte Position bei der Auswahlentscheidung zu verschaffen bzw. die obligatorische Bedarfsprüfung bei der Einleitung des Nachbesetzungsverfahrens zu vermeiden. Dabei muss allerdings berücksichtigt werden, dass eine Jobsharing-Zulassung als gemeinsame Berufsausübung erst nach fünf Jahren berücksichtigt werden darf. Steht dieser Zeitraum aber nicht mehr zur Verfügung, kommt nur noch eine Jobsharing-Anstellung in Betracht. Durch das Versorgungsstärkungsgesetz wurde zur Annahme der Privilegierung im Nachbesetzungsverfahren festgelegt, dass diese erst nach einer Anstellungsdauer von mindestens drei Jahren gelten soll. Bis zu diesem Zeitpunkt dürfen die Zulassungsgremien von keiner Privilegierung bei der Einleitung des Nachbesetzungsverfahrens ausgehen. Auch bei der Auswahlentscheidung werden die meisten Zulassungsgremien hier keinerlei Berücksichtigung der kurzen Anstellungsdauer in Betracht ziehen. Also auch hier gilt: Die Praxisabgabe sollte zur Nutzung aller Gestaltungsmöglichkeiten mindestens 10 Jahre vor dem eigentlichen Abgabezeitpunkt geplant werden. Ist eine solch lange Planungsphase nicht mehr zu realisieren, können nicht mehr alle Varianten genutzt werden.

Die Anstellung oder Zulassung eines weiteren Arztes im Jobsharing kann aber nicht nur zur Gestaltung der Auswahlentscheidung genutzt werden; sie bietet auch weitere Vorteile bei der Planung der Praxisabgabe.

Wir haben oben bereits erklärt, dass nur dann ein voller Versorgungsauftrag nachbesetzt werden kann, wenn die Praxis bislang diesen voll erfüllt hat. Dies ist in der Regel dann der Fall, wenn die abgerechneten Fallzahlen dem Fachgruppendurchschnitt entsprechen. Liegen sie darunter, kann unter Umständen nur ein halber Versorgungsauftrag nachbesetzt werden. In diesen Fällen wird häufig zur Erhöhung der Fallzahlen der Start eines Jobsharing empfohlen, vor allem dann, wenn der Vertragsarzt diese nicht mehr aus eigener Kraft – etwa nach längerer Krankheit oder beim Übergang in den Ruhestand – erhöhen kann. Dann werden durch den angestellten oder (mit) zugelassenen Arzt ebenfalls Leistungen erbracht, die die Fallzahl erhöhen.

Diese Vorgehensweise hatte bislang allerdings einen entscheidenden Nachteil. Bei der Genehmigung des Jobsharings werden die Leistungsbegrenzungen für die Vertragsarztpraxis anhand der in den letzten vier abgerechnet vorliegenden Quartalen erzielten Gesamtpunktzahlvolumina festgelegt. Diese können zwar in den Folgequartalen überschritten werden, doch wurden dann die Mehrleistungen nicht mehr vergütet. Die Mehrleistungen des Jobsharers führten damit zu keinen Mehreinnahmen. Damit konnte auch das Einkommen des Jobsharers nicht aus etwaigen Mehreinnahmen erwirtschaftet werden. Deshalb mussten in diesen Fällen unter Umständen andere Finanzierungsmöglichkeiten gefunden werden. Das Versorgungsstärkungsgesetz hat hier nun eine entscheidende Änderung vorgenommen. Der Gesetzgeber hat nunmehr festgelegt, dass beim Jobsharing die Möglichkeit gegeben sein muss, eine Praxis zumindest bis zum Fachgruppendurchschnitt wachsen zu lassen. Wurde also bislang der Leistungsumfang der Praxis auf dem bisherigen Niveau eingefroren, dürfen Praxen nun zumindest beschränkt wachsen. Die Umsetzung dieser Regelung

fällt allerdings in die Zuständigkeit des Gemeinsamen Bundesausschuss. Dieser hat die Vorschriften zum Jobsharing in die Bedarfsplanungsrichtlinie aufgenommen und muss diese nun überarbeiten. Wie genau die Neuregelung aussehen wird, steht derzeit noch nicht fest. Die Geschäftsstellen der Zulassungsgremien werden jedoch Auskunft hierüber geben können, sobald die Änderungen wirksam geworden sind. Insbesondere für psychotherapeutische Praxen wird dies interessant werden, denn nach den Worten des Gesetzgebers können diese auch über den Fachgruppendurchschnitt wachsen.

Sukzessive Übertragung

Die Praxisabgabe steht häufig am Ende des Berufslebens an. Viele Vertragsärzte wollen jedoch nicht abrupt ihre Tätigkeit ganz beenden. Vielmehr soll für einen längeren Zeitraum zunächst die berufliche Tätigkeit nur reduziert werden. Seit dem Vertragsarztrechtsänderungsgesetz hat der Gesetzgeber die Möglichkeit zur Reduzierung des Versorgungsauftrages auf die Hälfte geschaffen. Dies geschah auch, um Vertragsärzten im Rahmen des Übergangs in den Ruhestand die Möglichkeit zu geben, ihre Arbeitsbelastung sukzessive zu reduzieren. Damit wird eine zweistufige Praxisabgabe möglich. Der Gesetzgeber räumt also die Möglichkeit ein, zunächst nur einen hälftigen Versorgungsauftrag abzugeben und dann mit dem verbleibenden hälftigen Versorgungsauftrag weiter – reduziert – zu arbeiten.

Häufig wird auch nicht im Rahmen des Übergangs in den Ruhestand bewusst ein hälftiger Versorgungsauftrag abgegeben, um den Arbeitsanfall zu reduzieren und gegebenenfalls einen bestimmten Teil der Patienten an einen Nachfolger weiterzugeben. Dies kann etwa der Fall sein, wenn in einer hausärztlichen Praxis ein Schwerpunkt zum Beispiel in der Behandlung von HIV- oder Substitutionspatienten oder der Psychotherapie gegeben ist. Hier kann dann bewusst ein Praxisübernehmer gesucht werden, der einen Teil der Patienten übernehmen kann.

Ein Problem stellte dabei häufig die Forderung der Zulassungsgremien dar, unter Betonung des Grundsatzes der Fortführung der Praxis am Praxissitz dem Praxisübernehmer den Betrieb der Praxis zwingend in den gleichen Praxisräumen zu ermöglichen. Dies war bislang die konsequente Anwendung der Rechtsprechung des Bundessozialgerichts zur Nachbesetzung, die allerdings im Wesentlichen auf Praxen mit vollem Versorgungsauftrag bezogen war. In der Praxis führt das häufig zu erheblichen Problemen. Denn nicht alle Praxen sind geeignet, zwei Ärzten oder Psychotherapeuten die gleichzeitige Behandlung von Patienten zu ermöglichen. Eine solche gemeinsame Tätigkeit in den gleichen Praxisräumen ist dann auch in der Regel gar nicht gewollt, soweit nicht eine vorübergehende Mitarbeit des Praxisabgebers geplant ist (dazu später mehr). Um den Anforderungen der Zulassungsgremien zu entsprechen, wird häufig dennoch versucht, eine gemeinsame Tätigkeit in den Praxisräumen zu realisieren. In der Regel erfolgt dann binnen kurzer Zeit eine Verlegung der hälftigen, bislang am Praxissitz fortgeführten Praxis. Auch hier wird das Versorgungsstärkungsgesetz weitreichende Änderungen zur Folge haben. Die bereits oben beschriebene Möglichkeit, besser für die Behandlung behinderter Menschen geeignete Räume bei der Auswahlentscheidung zu berücksichtigen, wird hier sicherlich zu einem Überdenken der Spruchpraxis und Verfahrensweisen der Zulassungsgremien führen. Denn gerade bei der hälftigen Praxisabgabe einer Praxis, die in nicht barrierefreien Räumen liegt, wird hier jetzt eine Fortführung an einem anderen Ort zu bedenken sein. Gerade wenn bestimmte Patientengruppen vom Praxisnachfolger weiterbehandelt werden sollen, die besondere Praxiseinrichtungen benötigen, ist dies ein Argument für die Fortführung der hälftigen Praxis an einem neuen Standort.

Kommt eine solche Nachbesetzung an einem anderen Ort nicht in Betracht, muss die Möglichkeit des gemeinsamen Praktizierens in den bisherigen Praxisräumen in Betracht gezogen werden. Hier kann unter Umständen ein abgestimmtes Sprechstundenkonzept helfen. Die pro Praxisinhaber bestehende Verpflichtung zur Erbringung von zehn Sprechstunden kann in der Regel ohne große Probleme in denselben Räumen erfüllt werden.

Die gemeinsame Tätigkeit von Praxisabgeber und Praxisübernehmer in einer Praxis kann entweder als Praxisgemeinschaft oder als Berufsausübungsgemeinschaft erfolgen. Bislang wurde diese Gestaltung der Praxisabgabe rege genutzt. Damit konnte und kann auch weiterhin die Praxisabgabe auf mehrere Jahre gestreckt erfolgen. Hier ist aber jetzt Vorsicht geboten. Das Versorgungsstärkungsgesetz hat durch die oben beschriebene Neuregelung zur Privilegierung bei der Nachbesetzungsentscheidung eine Berücksichtigung der gemeinsamen Berufsausübung erst ab einer Dauer von drei Jahren gemeinsamer Tätigkeit angeordnet. Häufig wurden bis jetzt Mitarbeitszeiträume von zwei Jahren eingeplant. Hatte der Praxisübernehmer die erste Hälfte der Praxis übernommen – etwa nach einem längeren Jobsharing –, wurde dann die zweite Hälfte nach zwei Jahren Berufsausübungsgemeinschaft übertragen. Dann war der Praxisübernehmer in der Regel als privilegierter Nachfolger zu berücksichtigen, denn es gab ein gemeinsames Betreiben der Praxis, sodass keine Bedarfsprüfung stattfand und auch bei der Auswahlentscheidung eine eklatante Besserstellung erreicht wurde.

Übergangsweise Mitarbeit beim Übernehmer

Die sukzessive Übertragung der Praxis auf den Nachfolger bei zeitweise gemeinsamer Berufsausübung ist der häufigste Fall der Mitarbeit des Praxisabgebers in der Praxis des Praxisübernehmers. Dies ist oft nicht nur vom Praxisabgeber, sondern auch vor allem vom Praxisübernehmer gewollt. Insbesondere im Hinblick auf die Patientenbindung stellt es für die Übernahme eine gute Möglichkeit dar, Patient für Patient mit Unterstützung des Praxisabgebers zu übernehmen. Auch bei den hohen administrativen Anforderungen an den Vertragsarzt ist die Unterstützung des abgebenden Vertragsarztes von Vorteil. Vor allem ermöglicht die sichere Aufrechterhaltung und idealerweise Ausweitung des Praxisumfangs die schnelle Refinanzierung des Kaufpreises, was immer im Interesse des Praxisabgebers ist. Dabei wird zunächst nur ein hälftiger Versorgungsauftrag an den Nachfolger weitergeben und dann nach einiger Zeit gemeinsamer Tätigkeit der zweite Teil der Praxis. Es müssen also von vornherein zwei Nachbesetzungsverfahren geplant und durchgeführt werden. Diese Form der Mitarbeit beim Praxisnachfolger ist die häufigste Form der sukzessiven Übertragung.

Eine weitere Möglichkeit der Mitarbeit beim Praxisübernehmer durch den Praxisabgeber bietet auch die unmittelbare Beantragung eines Jobsharings, nachdem die gesamte Praxis, also der gesamte

Versorgungsauftrag, an den Praxisnachfolger übertragen wurde. Diese Abgabeform wird vor allem dann gewählt, wenn der Praxisabgeber nur noch vorübergehend in der Praxis mitarbeiten möchte und die Beendigung der Praxistätigkeit jederzeit möglich sein soll. Auch hier hat die gemeinsame Tätigkeit den Vorteil, dass für einen bestimmten Zeitraum der Praxisabgeber und der Praxisnachfolger in der Praxis gemeinsam tätig sein können. Gerade zur Überleitung der Patienten an den Nachfolger und zur Unterstützung des Nachfolgers in der Übernahmephase ist dies sehr sinnvoll.

Damit bietet der Gesetzgeber zwei Möglichkeiten zur Mitarbeit des Praxisabgebers. Beide Verfahren haben jedoch Vor- und Nachteile. Die Praxisabgabe in zwei Schritten belastet die Praxis mit zwei Nachbesetzungsverfahren im Abstand weniger Jahre. Diese Verfahren dauern derzeit etwa neun bis zwölf Monate. Soll dann nur für etwa ein Jahr gemeinsam gearbeitet werden, ist eine erneute Beantragung sofort nach Beginn der Tätigkeit des Nachfolgers notwendig. Durch das Versorgungsstärkungsgesetz kommt hier nun ein neues Problem hinzu. Bislang ließen es die meisten Zulassungsausschüsse zur Annahme einer Privilegierung genügen, wenn Praxisabgeber und Praxisnachfolger mindestens ein Jahr gemeinsam tätig waren. In der Regel wurde in dieser Zeit in einer Berufsausübungsgemeinschaft zusammengearbeitet, sodass auch durch den Zulassungsstatus dokumentiert war, dass eine Zusammenarbeit stattfand. Das Versorgungsstärkungsgesetz ordnet jetzt jedoch – wie Sie oben gesehen haben – an, dass die gemeinsame Berufsausübung mindestens drei Jahre angedauert haben muss. Damit kommt eine sukzessive Übertragung der Praxis in zwei Teilen nur dann in Betracht, wenn die gemeinsame Berufsausübung mindestens drei Jahre andauern soll, was derzeit eher selten der Fall ist. Zwar kann auch dann ein Nachbesetzungsverfahren – soweit die Praxis ausreichend an der Versorgung teilnimmt und ein hinreichendes Praxissubstrat vorliegt – durchgeführt werden, aber die Privilegierung des Praxisnachfolgers greift nicht. Damit können formell auch alle anderen Bewerber gleichermaßen die Praxis übernehmen, vor allem dann, wenn deren persönliche Eignung besser ist als die des bisherigen (potenziellen) Praxisnachfolgers. Zwar wird auch dann immer zu berücksichtigen sein, dass der bisherige Praxispartner gemeinsam

mit dem Praxisabgeber in der Praxis praktiziert hat und deshalb auch die Patienten kennt, doch ist dies keine sichere Besserstellung im Nachbesetzungsverfahren. Ob daher bei Praxisabgaben, die etwa über ein Jahr geplant werden, noch eine sukzessive Übertragung stattfindet, bleibt abzuwarten. Die Rahmenbedingungen der gesetzlichen Neuregelungen stehen dem jedoch entgegen.

Damit wird die Mitarbeit des Praxisabgebers in der Form des Jobsharing zukünftig für die Praxisabgabeplanung wichtiger werden. Dabei beantragt der Praxisnachfolger unmittelbar mit seiner Bewerbung auf den frei werdenden Vertragsarztsitz die Genehmigung eines Jobsharing ab Praxisübernahme oder unmittelbar nach erfolgter Zulassung, heute meist in Form der Jobsharing-Anstellung. Dies stellt in der Praxis allerdings ein häufig übersehenes Problem dar. Besteht eine Vertragsarztpraxis bereits für mehrere Jahre, können ohne Weiteres vier zusammenhängende Bezugsquartale durch die Kassenärztliche Vereinigung für die Bemessung der Leistungsobergrenzen herangezogen werden. Wird ein Vertragsarzt neu zugelassen, liegen diese Bezugsquartale noch nicht vor. Dies ist bei der Nachbesetzung einer Praxis der Fall; der Praxisnachfolger ist ja ein neu zugelassener Vertragsarzt nach der Auswahlentscheidung. Dann müssen die Zulassungsgremien derzeit die Leistungsobergrenzen auf Basis des Fachgruppendurchschnitts festlegen. Gerade bei großen Vertragsarztpraxen stellt dies ein eklatantes Problem dar. Die ursprünglich große Vertragsarztpraxis, die im Hinblick auf das zuerkannte Budget vom Praxisübernehmer ohne Weiteres fortgeführt werden kann, wird dann formell auf das Abrechnungsvolumen einer Durchschnittspraxis begrenzt. Damit gehen regelmäßig große Umsätze verloren. Ein Jobsharing gefährdet dann den wirtschaftlichen Bestand der Praxis. Durch das Versorgungsstärkungsgesetz soll jetzt zumindest ein Anwachsen der Praxis auf den Fachgruppendurchschnitt für solche Praxen möglich sein. Wie der Gemeinsam Bundesausschuss die ausschlaggebenden Regelungen in der Bedarfsplanungsrichtlinie neu fasst, ist jedoch noch nicht abzusehen. Einzig der gesetzgeberische Auftrag zur Anpassung liegt vor. Selbst wenn das Anwachsen auf den Fachgruppendurchschnitt zukünftig unproblematisch möglich sein wird, ist zumindest für ein Jahr eine Honorarbegrenzung zu erwarten. Dies gilt natürlich nur für Praxen, die größer als der Fachgruppendurchschnitt sind.

Um das Problem zu vermeiden, sollte sich der Praxisabgeber bei der Abgabeplanung mit der Kassenärztlichen Vereinigung in Verbindung setzen. Diese kann recht schnell ermitteln, ob die abzugebende Praxis deutlich größer als der Fachgruppendurchschnitt ist. Ist dies nicht der Fall, kann ein Jobsharing ohne Umsatzverluste schon bei der Nachbesetzung gestartet werden. Andernfalls kommt nur eine alternative Vorgehensweise in Betracht. Dazu kann gegebenenfalls der Praxisübernehmer für ein Jahr alleine tätig werden und dann ein Jobsharing mit der aufrechterhaltenen Fallzahl beginnen, was aber eher nicht zielführend ist.

Der Gesetzgeber hat in der Ärzte-Zulassungsverordnung die Möglichkeit zur Genehmigung der Anstellung von sogenannten Praxisassistenten als Entlastungs- oder Sicherstellungsassistenten geschaffen. Dies war vor Einführung der Möglichkeit zur Anstellung von Ärzten bei Vertragsärzten in der Form der Anstellungsgenehmigung des Zulassungsausschusses bei Übernahme eines Vertragsarztsitzes die einzige Möglichkeit zur Anstellung von Ärzten bei Vertragsärzten. Die Genehmigung zur Anstellung eines solchen Assistenten ist allerdings bedarfsabhängig. Nur wenn ein besonderer Versorgungsbedarf anerkannt wird, darf diese Genehmigung erteilt werden. Daher werden solche Assistentengenehmigungen nicht sehr häufig ausgesprochen. Gerade in stark überversorgten Planungsbereichen ist dies eher nicht zu erwarten. Auch hier hilft eine Nachfrage bei der Kassenärztlichen Vereinigung.

In einigen Fällen darf der Vertragsarzt sich aus in seiner Person liegenden Gründen für die Dauer von mehr als drei Monaten auch nur zeitweise vertreten lassen. Dies ist zwar keine Form der Tätigkeit, die für eine dauerhafte Beschäftigung vorgesehen ist; sind aber etwa minderjährige betreuungspflichtige Kinder vorhanden, die auch tatsächlich einer Betreuung bedürfen, die die Praxistätigkeit beeinträchtigt, kann dies eine zulässige Vorgehensweise zur zumindest vorübergehenden Mitarbeit sein. Dazu muss aber gegenüber der Kassenärztlichen Vereinigung nachgewiesen werden, dass betreuungspflichtige Kinder vorhanden sind, und es dürfen die in der Regel nur zulässigen Betreuungszeiten von 36 Monaten je Kind – etwa als angestellter Arzt

– nicht ausgeschöpft sein. Die Genehmigung für eine solche – mitunter nur tageweise – Vertretung ist eine Entscheidung des Vorstandes der Kassenärztlichen Vereinigung, die letztlich einige Zeit in Anspruch nehmen kann; sie sollte daher umgehend bei Praxisaufnahme beantragt werden.

4.1.10 MVZ-Gründung als neue Form der Praxisabgabe

Medizinische Versorgungszentren wurden als neue Form der Leistungserbringung durch das Versorgungsstrukturgesetz eingeführt. Ziel war es, Ärzten die Tätigkeit als Angestellte des MVZ – in Abgrenzung zur bis zu diesem Zeitpunkt ausschließlich freiberuflichen Tätigkeit – zu ermöglichen. Zugleich sollten eine Versorgungsverbesserung durch fachübergreifende Leistungserbringung und damit mittelbar bessere Behandlungsmöglichkeiten für die Patienten geschaffen werden. MVZ durften zunächst durch Vertragsärzte, Krankenhäuser, nichtärztliche Dialyseerbringer sowie durch Unternehmen gegründet werden, die durch einen Leistungsvertrag mit einer Krankenkasse an der Versorgung teilnehmen durften. Diese persönlichen Voraussetzungen werden auch als sog. Gründungsberechtigung bezeichnet. Durch die Möglichkeit der Gründung auf Basis eines Leistungsvertrages konnten insbesondere Kapitalgeber MVZ gründen. Im Zuge des Vertragsarztrechtsänderungsgesetzes wurde der Kreis der berechtigten Gründer eines MVZ auf Vertragsärzte, Krankenhäuser und nichtärztliche Dialyseerbringer beschränkt. Diese können MVZ nur in bestimmten Rechtsformen gründen, das heißt in der Rechtsform einer Personengesellschaft, einer Gesellschaft mit beschränkter Haftung (GmbH) oder einer eingetragenen Genossenschaft. Für Vertragsärzte kommen damit sowohl die Personengesellschaft als auch die GmbH als taugliche Rechtsformen in Betracht.

Bis zum Versorgungsstärkungsgesetz mussten MVZ fachübergreifend und ärztlich geleitet sein. Das Erfordernis der fachübergreifenden Tätigkeit wurde nunmehr gestrichen, womit auch fachgleiche MVZ wie ein Hausarzt-MVZ in Betracht kommen.

In einem MVZ können Ärzte sowohl freiberuflich als auch als Angestellte tätig sein. Im Unterschied zur Anstellung bei einem anderen Vertragsarzt wird die Genehmigung zur Anstellung dem MVZ erteilt; das MVZ ist damit ein eigener Leistungserbringer und steht einem Vertragsarzt gleich. Hierdurch können Vertragsärzte – wie wir schon dargestellt haben – auf ihre Zulassung verzichten, um sich am MVZ anstellen zu lassen. Während bei einem Vertragsarzt nach § 14a Bundesmantelvertrag – Ärzte nur drei Ärzte angestellt werden dürfen (in apparativ-technischen Fächern vier Ärzte), gilt diese Begrenzung für MVZ nicht. Dort wird die persönliche Leitung der Praxis durch die Stellung des ärztlichen Leiters gewährleistet.

MVZ wurden zu Beginn vor allem durch Krankenhäuser gegründet, mittlerweile aber in erheblichem Maße auch durch Vertragsärzte. Durch die Gesetzesänderungen der vergangenen Jahre wurden MVZ und Berufsausübungsgemeinschaft immer weiter angenähert, sodass heute die Gründung eines MVZ der Gründung einer örtlichen Berufsausübungsgemeinschaft gleichkommt.

Die wesentliche Neuerung des Versorgungsstärkungsgesetzes ist aber die Möglichkeit, dass auch die Gründer des MVZ auf ihre Zulassung als Vertragsarzt mit dem Ziel der Anstellung am (eigenen) MVZ verzichten. Dies war bis zur Reform unzulässig. Wurde ein MVZ durch freiberuflich tätige Ärzte betrieben, mussten diese bei der Praxisnachfolge ebenso wie Vertragsärzte in Einzelpraxen auf ihre Zulassung zur Durchführung des Nachbesetzungsverfahrens verzichten. Sollte dieser Weg vermieden werden, mussten sie sich am MVZ anstellen lassen, dann der Nachfolger angestellt und sodann die Rückumwandlung der Anstellung in eine Zulassung beantragt werden. Dies war aber bei MVZ in der Rechtsform der Gesellschaft bürgerlichen Rechts häufig nicht möglich. Gab es nur zwei Gesellschafter, endete die Gesellschaft mit der Anstellungsgenehmigung des zweiten Arztes. Damit war auch das MVZ rechtlich nicht mehr existent. Die Gründung des MVZ in der Rechtsform einer GmbH konnte dies vermeiden, weil dann die Gesellschaft unabhängig von der Gesellschafterstellung des zweiten Partners weiter existieren konnte. Das Versorgungsstärkungsgesetz regelt nun, dass ein Vertragsarzt als Gesellschafter eines MVZ, der sich am MVZ anstellen lässt, auch nach der Anstellung weiter Gesellschafter dieses MVZ sein darf. Daher empfiehlt es sich, den Rechtsträger des medizinischen Versorgungszentrums als Gesellschaft mit beschränkter Haftung (GmbH) zu statuieren, die als Kapitalgesellschaft lediglich Inhaber von Kapitalanteilen kennt, aber keine von dem Bestand eines persönlichen Gesellschafterkreises abhängige Gesellschaftsform, wie dies bei der Gesellschaft bürgerlichen Rechts der Fall ist. Sofern die Regeln über das Führen eines medizinischen Versorgungszentrums gewahrt sind, kommt es nicht darauf an, welche Person am Stammkapital der GmbH beteiligt ist; die Übertragung der Gesellschaftsanteile findet dann im Wege einer – notariell zu beurkundenden – Abtretung der Gesellschaftsanteile statt, naturgemäß gegen Zahlung eines hierfür vereinbarten Kaufpreises.

Durch diese Neuerungen kommt eine neue Form der Praxisabgabe unter Umgehung des Aufkaufrisikos in Betracht. Notwendig sind in der Regel mehrere Vertragsärzte, die gemeinsam ein MVZ in der Rechtsform einer GmbH gründen. Bei Partnern einer Berufsausübungsgemeinschaft ist dies unproblematisch möglich. Sodann verzichtet der Praxisabgeber auf seine Zulassung zum Zwecke der Anstellung am MVZ und bleibt Gesellschafter. Der Praxisnachfolger wird dann nach einiger Zeit – wie oben beschrieben nach Beendigung der Tätigkeit des Praxisabgebers – angestellt und übernimmt die Geschäftsanteile – also praktisch die Praxis – und der Praxisabgeber scheidet endgültig aus der Praxis aus.

Diese neue Abgabeform wird wahrscheinlich in der Zukunft häufiger gewählt werden, vor allem wenn statt der Gründung einer Berufsausübungsgemeinschaft die Gründung eines MVZ gewählt wurde. Die Präferierung der ambulanten vertragsärztlichen Leistungserbringung durch angestellte Ärzte durch den Gesetzgeber hat diese Abgabeform entstehen lassen. Wie die Zulassungsgremien mit den Detailfragen – Anstellungsdauer etc. – umgehen werden, bleibt abzuwarten. Auch hier sollten sie bei der Geschäftsstelle des örtlich zuständigen Zulassungsausschusses nachfragen.

4.1.11 Tod des Abgebers

Der Gesetzgeber hat festgelegt, dass die Zulassung eines Vertragsarztes mit dessen Tod endet. Die in der Praxis behandelten Patienten stehen dann jedoch ohne Versorgung da. Deshalb haben die

Vertragsparteien des Bundesmantelvertrages vereinbart, dass in diesen Fällen die Kassenärztlichen Vereinigungen einen anderen Arzt für zwei Quartale zur vorübergehenden Fortführung der Praxis ermächtigen können. Diese Regelung ist allerdings systemwidrig, denn eine eigentlich zulassungsrechtliche Entscheidung wird hier den Kassenärztlichen Vereinigungen überlassen. Wegen der häufig nicht wöchentlich oder zumindest monatlich tagenden Zulassungsausschüsse soll hier die Entscheidung durch den Vorstand der Kassenärztlichen Vereinigungen eine schnelle Sicherstellung der Versorgung ermöglichen. Dort, wo Zulassungsausschüsse wöchentlich tagen, wird diese Genehmigung häufig durch die Zulassungsausschüsse selbst erteilt.

Dazu muss ein formeller Antrag des zu ermächtigenden Arztes – dies kann ein anderer Vertragsarzt oder jeder andere Arzt sein, der in das Arztregister mit derselben Facharztbezeichnung eingetragen wurde – an die Kassenärztliche Vereinigung oder den Zulassungsausschuss gestellt werden.

Die Begrenzung dieser sogenannten Ermächtigung von Todes wegen auf zwei Quartale wurde ursprünglich geschaffen, um die Zeit bis zur Nachbesetzung der Praxis zu überbrücken. Zum damaligen Zeitpunkt galt jedoch noch ein weniger formelles und damit zügigeres Verfahren zur Nachbesetzung. Bei der Änderung des Nachbesetzungsverfahrens und der damit einhergehenden Übertragung der Nachbesetzungsentscheidung auf die Zulassungsausschüsse wurde jedoch eine Anpassung des Ermächtigungszeitraums – aus Sicht des Autors wären vier bis sechs Quartale sinnvoll – versäumt. Daher sind einige Kassenärztliche Vereinigungen dazu übergegangen, den Ermächtigungszeitraum auszuweiten.

Diese Regelung, deren verfassungsmäßige Wirksamkeit nicht unbestritten ist, erweist sich immer dann als problematisch, wenn die Zulassung von dritter Seite angegriffen wird. In solchen Fällen wird man von dem Vorliegen eines wichtigen Grundes ausgehen können, wonach auf Antrag des – vorläufig – zugelassenen Arztes der Zulassungsausschuss nachträglich einen späteren Zeitpunkt für die Aufnahme der vertragsärztlichen Tätigkeit bestimmen kann. Eine Verlängerung der Frist um mehr als sechs Monate ist allerdings von einem Obergericht als unzulässig angesehen worden, ohne dass eine revisionsrechtliche Entscheidung des Bundessozialgerichts hierzu vorliegt: In der Revisionsinstanz haben sich die Parteien verglichen, sodass eine verlässliche höchstrichterliche Auslegung fehlt. Die im Einzelfall zu treffende Prognose, ob die Aufnahme vertragsärztlicher Tätigkeit nach Zulassung „noch in angemessener Frist" erwartet werden kann, erlaubt, Zeiten der Betreuung und Erziehung von Kindern insgesamt höchstens im Umfang von drei Jahren zu berücksichtigen. Ist der Arzt aus persönlichen Gründen an der Aufnahme seiner vertragsärztlichen Tätigkeit gehindert (zum Beispiel durch einen Unfall), kann er die Aufnahme der vertragsärztlichen Tätigkeit ohne Weiteres durch Bestellung eines Vertreters sicherstellen. Da ein Arzt oder Assistent nicht anstelle des Vertragsarztes, sondern nur neben diesem tätig werden kann, wird deren Beschäftigung nicht als Aufnahme der vertragsärztlichen Tätigkeit gewertet.

Um dem Risiko einer Zulassungsbeendigung zu begegnen, wird empfohlen, rechtzeitig Widerspruch zu erheben, weil in diesem Falle der Ablauf der 3-Monats-Frist erst mit Bestandskraft des Zulassungsbescheides beginnt.

4.1.12 Aufnahme der vertragsärztlichen Tätigkeit durch den Praxisübernehmer

Der im Nachbesetzungsverfahren neu zugelassene Vertragsarzt hat die Pflicht, in einem von Zulassungsbeschränkungen betroffenen Planungsbereich innerhalb von drei Monaten nach Zustellung des Beschlusses über seine Zulassung seine Tätigkeit auch aufzunehmen, da anderenfalls die Zulassung verfällt.

4.2 Suche nach geeignetem Übernehmer

Da es sich bei der Praxisabgabe um eine einschneidende, wenn nicht sogar die einschneidende Entscheidung im Berufsleben des niedergelassenen Arztes handelt und dabei meist das „Lebenswerk" oder jedenfalls ein mehr oder weniger großer Teil davon aus den Händen gegeben werden soll, stellt sich die Frage, wie die das Lebenswerk „übernehmenden

Hände" geschaffen sein sollen oder sogar müssen, um gesetzliche, aber auch menschliche Erwartungen zu erfüllen. Sodann stellt sich die Frage, wo solche Hände beschafft werden können.

4.2.1 Anforderungsprofil

Zunächst muss, jedenfalls im vertragsärztlichen Bereich, der Praxisübernehmer alle Voraussetzungen für eine Zulassung erfüllen und auch nachweisen können, wie zum Beispiel den Eintrag im Arztregister oder die Approbation.

Hierzu gehört auch, dass der Praxisübernehmer grundsätzlich dieselbe(n) oder dem entsprechende Facharztbezeichnung(en) im Sinne des jeweiligen Berufsrechts besitzen muss (vertragsarztrechtlicher Bereich) oder soll wie der abgebende Arzt.

Eine Ausnahme von diesem Grundsatz gilt lediglich innerhalb der Gruppe der Hausärzte (genauer: der im hausärztlichen Versorgungsbereich tätigen Ärzte): Hier können nach den Vorgaben des Krankenversicherungsrechts Fachärzte für Allgemeinmedizin, Kinderärzte, Internisten ohne Schwerpunktbezeichnung, die den hausärztlichen Versorgungsbereich gewählt haben, sowie praktische Ärzte Praxisübernehmer sein.

Ob es sich um eine „entsprechende" Facharztbezeichnung handelt, kann aber gerade bei vor längerer Zeit erworbenen Facharzt- bzw. Schwerpunktbezeichnungen problematisch sein, wenn sich die Bezeichnungen und die zum Führen der Bezeichnung notwendigen Weiterbildungsinhalte mittlerweile verändert haben. So wird zum Beispiel die Vergleichbarkeit eines Facharztes für Orthopädie und Unfallchirurgie und eines Facharztes für Chirurgie zum Teil unterschiedlich beurteilt. Die Frage, inwieweit eine nach altem und neuem Recht erworbene Bezeichnung vergleichbar ist, regelt die jeweilige Landesärztekammer eines jeden Bundeslands in den Übergangsbestimmungen ihrer Weiterbildungsordnungen selbst. Gegebenenfalls müssen dann noch Tätigkeitsnachweise auf dem einen oder anderen Gebiet beigebracht und ein entsprechendes Anerkennungsverfahren durchlaufen werden.

Vorsicht ist auch geboten auf dem Gebiet der Inneren Medizin. Unter dem Begriff der fachärztlichen Internisten sind im Rahmen der Bedarfsplanung, hier genauer gesagt der sog. spezialisierten fachärztlichen Versorgung, alle Fachärzte für Innere Medizin in einer Arztgruppe zusammengefasst, die nicht an der hausärztlichen Versorgung teilnehmen – und zwar ohne Rücksicht darauf, ob sie beispielsweise im Bereich Pneumologie, Gastroenterologie oder Kardiologie tätig sind.

Nicht nur theoretisch kann also durchaus zum Beispiel ein Kardiologe eine nephrologische Praxis übernehmen oder umgekehrt. Praktisch müssen die Zulassungsausschüsse jedoch schon aus Gründen der Fortführung der Versorgung der gesetzlich versicherten Patienten darauf achten, möglichst dieselbe Fachrichtung oder zumindest einen dieser möglichst nahe kommenden Bewerber im Nachbesetzungsverfahren zu begünstigen – sofern ein solcher Bewerber eben vorhanden ist.

Bei Praxen mit weitergehenden Spezialisierungen, gerade im Hinblick auf Schwerpunktbezeichnungen und/oder Zusatzweiterbildungen im Sinne des jeweiligen Berufsrechts, sollte der Praxisübernehmer darüber hinaus auch diese Qualifikationen besitzen, muss es aber nicht. Auf diese Weise kann die Fortführung der Praxis am selben Ort im Hinblick auf die eben bereits erwähnte Versorgungskontinuität für die Patienten – und darauf hat jeder Zulassungsausschuss aufgrund der Rechtsprechung des Bundessozialgerichts tunlichst zu achten – am einfachsten, aber auch am sichersten gewährleistet werden. „Nebenbei" erhöhen sich dadurch auch die Chancen des gewünschten Praxisübernehmers, die Zulassung auch zu erhalten.

Zuletzt sollte der Praxisübernehmer auch alle übrigen Qualifikationen besitzen, die von einem Arzt derselben Fachgruppe im Hinblick auf den zumindest anerkannten, wenn nicht sogar neuesten Stand der medizinischen Wissenschaft erwartet werden können.

Sofern die fachlichen Anforderungen festgestellt sind, sollten auch die persönlichen Erwartungen an den Praxisübernehmer herausgearbeitet werden:

Der abgebende und der übernehmende Arzt sollten sich auch hier idealerweise im Wesentlichen ähnlich und einig sein, beispielsweise was Behandlungsstil und -weise sowie den Umgang mit Kollegen oder Praxispersonal anbelangt. Dies erlangt vor allem auch dann besondere Bedeutung, wenn beide Seiten vor oder nach der geplanten Übergabe zusammenarbeiten wollen oder ein Anteil an einer Berufsausübungsgemeinschaft abgegeben werden soll. Im letzteren Fall sollte sich der Praxisübernehmer dann selbstverständlich in fachlicher wie auch charakterlicher Ausrichtung in das Team der übrigen Gesellschafter der Berufsausübungsgemeinschaft problemlos einfügen.

Zwar soll dem „Bauchgefühl" hier nicht seine Berechtigung abgesprochen werden, doch treffen auch bei einer Praxisübergabe die Worte Schillers aus dem Lied von der Glocke zu:

» Drum prüfe, wer sich ewig bindet, ob sich das Herz zum Herzen findet! Der Wahn ist kurz, die Reu ist lang.

Auch in zwischenmenschlicher Hinsicht sollten also beide Seiten es „gut miteinander können". Der potenzielle Praxisübernehmer sollte gründlich „auf Herz und Nieren" überprüft werden, um mögliche Reibungspunkte schnell identifizieren und ausräumen oder noch rechtzeitig die Reißleine ziehen zu können. Die Reißleine sollte dabei bereits gezogen werden, bevor sich – unter Umständen sogar irreparable – Schäden in Form von bereits vorgenommenen Dispositionen, vor allem in finanzieller Hinsicht, realisiert haben, die gegebenenfalls gar nicht oder nur schwer wieder rückgängig gemacht werden können. Man denke zum Beispiel an Verträge, die eine langjährige (finanzielle) Bindung bewirken, die entweder nur mit Verlust gekündigt oder erst im Hinblick auf eine bereits scheinbar konkret gewordene Übernahme eingegangen worden sind, wie zum Beispiel Leasingverträge für medizinische Großgeräte (MRT/CT) oder Arbeitsverträge mit neuem Personal.

Nicht zuletzt muss der übernehmende Arzt selbstverständlich aber auch in wirtschaftlicher Hinsicht in der Lage sein, den vereinbarten Kaufpreis zu bezahlen.

4.2.2   Plattformen für die Suche

Bei der Übergabe einer Praxis oder eines Anteils an einer Berufsausübungsgemeinschaft haben beide Seiten – nicht nur finanziell – viel zu verlieren. Die Übergabe sollte deshalb sorgfältig vorbereitet und dabei auch nicht zu wenig Zeit für die Suche nach

einem geeigneten Praxisübernehmer eingeplant werden, der den vorgeschilderten Anforderungen genügt.

In vielen Fachgebieten, beispielsweise bei den Fachärzten für Allgemeine Chirurgie und damit längst nicht nur bei den Hausärzten in ländlichen Gebieten, ist die Suche nach einem geeigneten Nachfolger in jüngerer Zeit nicht einfacher geworden, sodass unter Umständen sogar bereits einige Jahre vor der geplanten Übergabe mit der Suche begonnen werden sollte. Theoretisch könnte mit der Suche nach einem geeigneten Praxisübernehmer auch erst zusammen mit der Durchführung des Ausschreibungs- und Nachbesetzungsverfahrens gemäß § 103 SGB V begonnen werden. Gerade aber um Druck aufgrund der vorgeschilderten Probleme, einen Nachfolger zu finden, zu vermeiden, sollte jedoch nicht bis zum Ausschreibungsverfahren zugewartet werden.

Bei der Suche nach einem geeigneten Praxisübernehmer sollte im Zweifel nicht nur auf ein Pferd gesetzt und je nach „Marktlage" auch Geld in die Hand genommen werden. Vielfältige Möglichkeiten stehen dem Praxisabgeber dabei zur Verfügung:

▪ ▪ Praxisbörsen

Praxisbörsen gibt es in vielfältiger Art. So können Inserate (möglichst mit Chiffre) bei ärztlichen Fachzeitschriften deutschlandweit, zum Beispiel im Deutschen Ärzteblatt, oder landesweit, zum Beispiel im Ärzteblatt Baden-Württemberg/Bayern/Berlin, aufgegeben werden.

Viele Möglichkeiten, teils kostenlos, teils kostenpflichtig, bietet auch das Internet, beispielsweise unter www.praxisboerse.de oder www.praxistransfair.de.

▪ ▪ Kassenärztliche Vereinigung

Praxisbörsen dürften auch bei den meisten Kassenärztlichen Vereinigungen angeboten werden. Beispielsweise bietet die Kassenärztliche Vereinigung Baden-Württemberg auf ihrer Website unter anderem eine Börse mit Praxisangeboten an – unabhängig von den Ausschreibungen im Nachbesetzungsverfahren, die dieses aber in keinem Falle ersetzen.

Zudem können bei einer bestehenden Warteliste gezielt die aufgelisteten Bewerber angesprochen werden. Viele übernahmewillige Ärzte haben die Kassenärztliche Vereinigung insoweit ermächtigt, ihren Namen an den übergabewilligen Arzt weiterzugeben.

Darüber hinaus bieten die meisten Kassenärztliche Vereinigungen auch gezielt Praxisabgabe- und Existenzgründerseminare an, im Rahmen derer mögliche Kontakte geknüpft werden können.

Die Niederlassungsberatungen der Kassenärztlichen Vereinigungen helfen hier im Übrigen gern weiter und verfügen oft über sehr hilfreiche und kostenlose Angebote an Serviceleistungen für ihre Mitglieder und solche, die es werden wollen bzw. müssen. Bei der Mitgliedschaft in einer Kassenärztlichen Vereinigung handelt es sich für Vertragsärzte um eine verfassungsgemäße öffentlich-rechtliche Pflichtmitgliedschaft, von der auch keine ausnahmsweise Befreiung möglich ist.

Es sollte also nicht gezögert werden, frühzeitig an seine Kassenärztliche Vereinigung heranzutreten und diese mit ins Boot zu holen.

▪▪ Makler

In vielen Fällen sind die vor- bzw. nachgenannten Möglichkeiten bereits erfolgreich, sodass die unter Umständen mit erheblichen Kosten oder Beschränkungen verbundenen weiteren Möglichkeiten nicht ergriffen werden müssen.

Wer sichergehen will, kann zusätzlich oder sollte bei drohender Erfolglosigkeit unbedingt Makler und Headhunter, bevorzugt solche, die auch überregional oder im Ausland Kontakte pflegen, oder Finanzdienstleister einschalten. Hierbei ist jedoch darauf zu achten, dass unterschiedliche Maklerverträge existieren. Teilweise wird erfolgsorientiert honoriert, teilweise führt die Tätigkeit als solches bereits zur Honorarpflicht.

In jedem Fall sollten jedoch die Vermittler auf Seriosität hin überprüft und die entsprechenden Vermittlungsverträge vollständig und genau durchgelesen und geprüft werden.

Diese enthalten nämlich oft sog. Alleinvermittlungsklauseln, wonach sich der Praxisabgeber für eine bestimmte Zeit, oft zum Beispiel für 6 Monate, verpflichtet, die Praxis oder den Anteil an einer Berufsausübungsgemeinschaft nur über diesen einen Makler anzubieten. Dies schränkt die Möglichkeiten einer Eigeninitiative je nach Ausgestaltung der Klausel dann natürlich stark ein oder verbietet sie sogar gänzlich. Bei Zuwiderhandlung, also zum Beispiel Kündigung vor Ablauf der bestimmten Zeit, privatem Finden eines Käufers oder bei Einschaltung eines oder mehrerer weiterer Makler, sehen diese Verträge dann oft auch empfindliche Sanktionen vor, wie zum Beispiel die Berechtigung, die Provision gleichwohl fordern zu können, und/oder das Verwirken einer mehr oder minder empfindlichen Vertragsstrafe.

Außerdem sollte auch besonderes Augenmerk auf die Honorargestaltung im Maklervertrag gelegt werden: Während sich einige Makler allein ein Erfolgshonorar versprechen lassen und damit ihr Honorar grundsätzlich nur im Falle des Abschlusses eines wirksamen Vertrages zwischen Praxisübernehmer und Praxisabgeber beanspruchen können, verlangen andere bereits ein Grundhonorar für die Erstellung eines Exposés.

Sämtliche Kosten, die im Zusammenhang mit der Suche nach einem geeigneten Praxisübernehmer stehen, stellen übrigens aus steuerlicher Sicht Kosten der Betriebsaufgabe dar und können zwar nicht als laufende Betriebsausgaben abgesetzt werden, verringern aber den Gewinn aus dem Praxisverkauf, der ermäßigt zu besteuern ist.

▪▪ Netzwerke

Vielfältige Möglichkeiten, eine Praxis auszuschreiben oder in Kontakt mit möglichen Interessenten treten zu können, bieten auch Netzwerke, beispielsweise die einschlägigen Facharztverbände und/oder – ganz naheliegend – Berufskollegen, beispielswiese solche, die in Qualitätszirkeln, Peer-Verfahren oder Ähnlichem organisiert sind. Nicht zuletzt bieten zum Teil auch größere Hersteller und/oder Händler von Praxisbedarf oder medizinischen Geräten sowie Dienstleistungsanbieter im Heilberufler-Bereich (zum Beispiel Rebmann Research oder Henry Schein) als Dienstleistung eine Plattform, auf der sich Praxisabgeber und Praxisübernehmer finden können.

▪▪ Fortbildungsinstitute

Auch bei den einschlägigen ärztlichen Fortbildungs-, Weiterbildungsinstituten oder Akademien sind oft Praxisbörsen angesiedelt, die zum Teil sogar kostenlos in Anspruch genommen werden können.

4.3   Kaufpreisfindung

Während die Parteien den Preis frei verhandeln können, ermittelt eine Bewertung schlicht den Wert zu einem bestimmten Stichtag. Nimmt man das Beispiel einer ländlichen Hausarztpraxis, wird der Unterschied schnell deutlich: Ist der Wert der Praxis noch so hoch und werden dort noch so viele teure medizinische Gerätschaften bereit gehalten und findet sich schlicht kein Nachfolger, der bereit wäre, sich mit der Landluft anzufreunden, verflüchtigt sich der Traum eines komfortablen Kaufpreises recht schnell.

Um Fehleinschätzungen beider Seiten vorzubeugen, empfiehlt es sich aber, eine Praxisbewertung oder jedenfalls eine Schätzung des Praxiswerts vornehmen zu lassen, um zumindest eine Basis für die Preisverhandlungen zu haben.

Eine wissenschaftlich fundierte, allgemein gültige Formel zur Berechnung des Praxiswerts existiert allerdings nicht. Entsprechend gibt es eine Vielzahl von Methoden, die den Praxiswert, insbesondere den sog. Goodwill, mit unterschiedlichen Schwerpunktsetzungen zu bewerten versuchen.

Der Goodwill beschreibt dabei im Gegensatz zu den materiellen Gegenständen (Behandlungsstuhl, Computer, Theke etc.) den immateriellen bzw. ideellen Wert einer Praxis. Man könnte ihn genauer beschreiben als „wirtschaftlichen Wert in Gestalt der dem Praxisübernehmer eingeräumten Chance, die Patienten der Praxis zu übernehmen und weiter zu behandeln und die Praxis gegebenenfalls weiter ausbauen zu können".

Die Berechnungsmethoden zur Bestimmung eines Praxiswerts überschneiden sich indes häufig und mischen verschiedene Ansatzpunkte mit den unterschiedlichsten Begründungen munter durcheinander. Nicht selten weichen die Ergebnisse der im Einzelfall angewandten Methoden dabei deutlich voneinander ab. Im Ergebnis hat jede Methode ihre Vor- und Nachteile und muss ohnehin an die Umstände des Einzelfalles angepasst werden.

Einfließen sollten aber in jede Art der Kaufpreisfindung materielle und immaterielle Vermögenswerte.

Jede Methode setzt im Übrigen voraus, dass sich Praxisabgeber und Praxisübernehmer in fachlicher und persönlicher Hinsicht im Wesentlichen gleichen. Je größer der Unterschied der zu vergleichenden Personen, umso weniger aussagekräftig ist das Ergebnis einer jeden Methode („Äpfel mit Birnen vergleichen" bzw. zum Beispiel Nephrologen mit Kardiologen)

Nachfolgend werden die beiden gängigsten Methodenvariationen kurz erläutert.

4.3.1   Methoden der Praxisbewertung

▪▪ Modifizierte Ärztekammermethode

Die Basis bildet hierbei eine Addition aus Substanzwert und Goodwill, wobei der Goodwill aus dem übertragbaren Gewinn der Praxis abgeleitet wird. Diese Methode orientiert sich auch am sog. Ertragswert, dem Barwert, also jetzigen Gegenwert zukünftiger Erträge. In die Berechnung des Ertragswerts fließen Dauer und Höhe der Zukunftserfolge (arithmetisches Mittel einer um atypische Ereignisse bereinigten, zu schätzenden Prognose) sowie der Kapitalisierungszinsfuß mit ein. Beim Zukunftserfolg zu berücksichtigen sind vorhersehbare zukünftige Entwicklungen, wie voraussichtliche Änderungen in der Patientenstruktur, Änderungen gesetzlicher Vorgaben, Veränderungen des Praxispersonals und der -räumlichkeiten, Umsatzentwicklungen oder äußere Bedingungen. Dabei erfolgt die Abzinsung der zukünftigen Jahreserfolge (Renten) auf den Barwert unter Anwendung des sog. Rentenbarwertfaktors. Letzterer bestimmt sich nach dem benötigten Anfangskapital, das vorhanden sein muss, um bei einer zu bestimmenden Verzinsung (Renten-) Zahlungen in einer ebenfalls noch zu bestimmenden Höhe in einem zu wählenden Zeitraum bezahlen zu können. Auch hier gibt es also drei weitere (Unsicherheits-) Faktoren miteinzukalkulieren.

Diese Methode ist weniger für Praxen geeignet, bei denen der Substanzwert eher gering ist, wie beispielsweise psychotherapeutische Praxen, da u. a. Substanzwert und Goodwill isoliert betrachtet werden, der Substanzwert aber lediglich Hilfsmittel zur Erzielung von Erträgen ist.

Bei dieser Methode werden auch Einflüsse, die außerhalb der Praxissphäre liegen, kaum einbezogen. Auch legt sie einen pauschalen Prognosefaktor zu Grunde, der unabhängig von der Größe und Fachrichtung der Praxis ist.

▪▪ Ertragswertmethoden

Diesen verschiedensten betriebswirtschaftlichen Methoden ist gemein, dass sie als maßgeblichen Wert eines jeden Unternehmens (einer jeden Praxis) den namensgebenden Ertragswert (s. o.) zu Grunde legen.

Der Ertragswert hängt maßgeblich von fünf Faktoren ab, nämlich dem erwarteten Zukunftserfolg, dem Substanzwert (s. o.), dem kalkulatorischen Unternehmer- bzw. Arztlohn, dem Kalkulationszinssatz und der Länge des betrachteten Referenzzeitraums.

Der Unternehmerlohn orientiert sich am Gehalt eines Facharztes der Vergütungsgruppe 1b des Bundesangestelltentarifs (BAT) bzw. jetzt der entsprechenden Vergütungsgruppen des Tarifvertrags für den öffentlichen Dienst (TVöD) E13 bis E15, verheiratet, zwei Kinder, zzgl. eines Abschlags in Höhe von 20 Prozent, mithin in einer Höhe von 76.000,00 EUR und wird um Tarifanpassungen und viele weitere Faktoren ergänzt, wie zum Beispiel die Dauer der Berufsausübung, der Mitgliedschaft in Kooperationen, der Anstellung von Ärzten, der Lage der Praxis und den Tätigkeitsumfang.

Der Kalkulationszinssatz setzt sich zusammen aus dem Basiszins und einem zu bestimmenden Risikoaufschlag.

Bereinigt werden müssen die Faktoren jeweils bei atypischen Vorkommnissen in der Vergangenheit, wie zum Beispiel dem Ein- oder Austritt eines Kollegen einer Berufsausübungsgemeinschaft oder längerer Krankheit oder sonstiger Abwesenheit des Praxisabgebers, beispielsweise durch Verlängerung oder Verkürzung des Referenzzeitraums.

Diese Methode ist besser in der Lage, auf die individuellen Chancen und Risiken einzugehen, als die modifizierte Ärztekammermethode, birgt aber dadurch auch größere Unsicherheitsfaktoren, da sie mit Prognosen, die sich naturgemäß nachträglich als zu- oder eben aber auch als unzutreffend herausstellen können, und mit äußerst komplexen Berechnungen arbeitet. Hier empfiehlt es sich also, mehrere Berechnungen unter Berücksichtigung verschiedener denkbarer Variablen vornehmen zu lassen.

4.3.2 Praxiswertgutachten

Es kann hier aus einer großen Anzahl von Beratern ausgewählt werden.

In Betracht kommen dabei insbesondere Steuerberater, Wirtschaftsprüfer oder vereidigte Buchprüfer sowie Betriebswirte und Kaufleute. Es sollte

jedoch darauf geachtet werden, dass der Gutachter der Wahl nicht nur seriös ist, sondern auch über eine besondere Fachkunde im Bereich der Beratung von Heilberufen verfügt, um den Besonderheiten der Bewertung einer Arztpraxis Rechnung tragen zu können. So gibt es beispielsweise (Steuer-) Beratungsgesellschaften, die sich auf die Beratung und damit auch die Praxisbewertung von Heilberuflern, insbesondere (Zahn-) Ärzten, spezialisiert haben und dadurch auch über genügend Erfahrung auf diesem Gebiet verfügen.

Nicht unerwähnt bleiben soll hier auch, dass viele Kassenärztliche Vereinigungen, beispielsweise die Kassenärztliche Vereinigung Baden-Württemberg, Praxiswertermittlungen (in der Regel auf Basis der modifizierten Ärztekammermethode) als kostenlose Serviceleistung für ihre Mitglieder anbieten.

Es kann sich also aus Kostengründen anbieten, sich auf diese Möglichkeit zu beschränken. Ein möglichst objektives Bild erhält man aber, wie bereits erwähnt, aufgrund der Streuweite der Ergebnisse nur durch mehrere Berechnungen, vorzugsweise unter Heranziehung mehrerer Methoden, wobei dann selbstverständlich auch mehr oder weniger Kosten durch die Inanspruchnahme der Dienste der vorgenannten Gutachter einkalkuliert werden müssen.

4.3.3 Marktpreis

Wichtige Orientierungshilfe und zugleich Maßstab für den Zulassungsausschuss im Rahmen der Nachbesetzung ist der potenzielle Marktpreis, auch Verkehrswert genannt.

Beim Marktpreis handelt es sich um einen durchschnittlichen Preis für eine durchschnittliche Praxis. Die abzugebende Praxis wird insoweit mit einer Durchschnittspraxis verglichen. Dabei sollte unbedingt darauf geachtet werden, dass die eigene Praxis und die „Durchschnittspraxis" auf Basis des gleichen Datenmaterials bewertet werden. Da hier mit Durchschnittswerten gearbeitet wird, die naturgemäß kaum Rücksicht nehmen auf regionale wie persönliche Besonderheiten oder veränderte Marktbedingungen, kann der Marktpreis naturgemäß keinen Ersatz darstellen für die vorgeschilderten Methoden der Praxisbewertung.

Im Nachbesetzungsverfahren ist der vereinbarte Kaufpreis nämlich nur sehr begrenzt relevant.

§ 103 Abs. 4 S. 8 SGB V formuliert wie folgt: „Die wirtschaftlichen Interessen des ausscheidenden Vertragsarztes oder seiner Erben sind nur insoweit zu berücksichtigen, als der Kaufpreis die Höhe des Verkehrswerts der Praxis nicht übersteigt."

Das bedeutet, dass der Praxisabgeber im schlimmsten Falle nur den Verkehrswert beanspruchen kann, der damit das allein maßgebliche, zu erfüllende Kriterium für den Zulassungsausschuss darstellt. Sollte nämlich vom Zulassungsausschuss ein bestimmter Bewerber begünstigt werden und die Zulassung erhalten, mit dem sich der Praxisabgeber aber nicht auf einen im Vergleich zum Verkehrswert höheren Kaufpreis geeinigt hat, besteht auch nur ein Anspruch auf den vom erfolgreichen Bewerber gebotenen Kaufpreis, gegebenenfalls also nur den Verkehrswert, sofern der Praxisübernehmer nicht freiwillig bereit sein sollte, einen höheren Kaufpreis zu bezahlen. Im Umkehrschluss wird aber auch ein Bewerber von vornherein ausgeschlossen, sofern er nicht bereit ist, mindestens den Verkehrswert zu bezahlen. Insoweit werden die finanziellen Interessen des Praxisabgebers teilweise also zu Gunsten der Qualität des Gesundheitssystems hinten angestellt.

Um den gewünschten Kaufpreis auch tatsächlich realisieren zu können, sollte zum einen also mit jedem Bewerber im Nachbesetzungsverfahren fürsorglich ein Praxisübergabevertrag, freilich unter dem Vorbehalt der erteilten Zulassung, geschlossen werden, um nicht Gefahr zu laufen, an jeden Bewerber nach erfolgter Zulassung gebunden zu sein. Zum anderen kann es sich im eigenen Interesse anbieten, ein Verkehrswertgutachten erstellen zu lassen und es dem Zulassungsausschuss vorzulegen, um sicher zu gehen, dass der Zulassungsausschuss nicht einen „falschen", niedrigeren, Marktwert zu Grunde legt. Dabei versteht es sich von selbst, dass auf die Bestimmung des Verkehrswerts nicht zu wenig Sorgfalt verwendet werden sollte.

Es gilt dabei, dem Zulassungsausschuss den größtmöglichen Wert der Praxis oder des Anteils an der Berufsausübungsgemeinschaft plausibel zu machen und damit zugleich auch den Eindruck einer für die Versorgung der Patienten unverzichtbaren Praxis zu vermitteln, insbesondere unter Herausarbeitung vorhandener (oder, wenn möglich, noch zu schaffender) Alleinstellungsmerkmale der abzugebenden Praxis. Je höher der Kaufpreis ist, desto eher

wird der Zulassungsausschuss oder die Kassenärztliche Vereinigung annehmen, es mit einer versorgungsrelevanten Praxis zu tun zu haben, und daher umso weniger einen Aufkauf der Praxis ins Auge fassen.

Sollte dennoch ein Aufkaufen der Praxis nicht verhindert werden können, so kann das Verkehrswertgutachten schließlich dazu dienen, der Kassenärztlichen Vereinigung oder dem Zulassungsausschuss jedenfalls einen ersten Anhaltspunkt für die zu bezahlende Entschädigung zu geben, wenn nicht gar der ermittelte Kaufpreis der Einfachheit halber übernommen wird.

Im Einzelnen ist jedoch noch vieles umstritten bei der Frage der bei einem Aufkauf zu bezahlenden Entschädigung. Umstritten ist insbesondere, nach welchen Grundsätzen die Höhe der Entschädigung zu ermitteln sein wird und, im Falle eines Anteils an einer Berufsausübungsgemeinschaft, sogar, an wen die so ermittelte Entschädigung ausbezahlt werden muss. Bei einem Anteil an einer Berufsausübungsgemeinschaft ist nämlich zu bedenken, dass auch Synergieeffekte zu Gunsten des/der anderen Gesellschafter verloren gehen.

Ein Verkehrswertgutachten ist daher gleich in vielerlei Hinsicht sinnvoll. Dies gilt umso mehr nach den Reformen durch das GKV-Versorgungsstärkungsgesetz.

Letzten Endes liegt es allein in der Hand der Parteien, sich auf einen Kaufpreis zu einigen. Maßgeblichen Einfluss auf den Preis haben insoweit nämlich schlicht Angebot und Nachfrage. Preis und Wert einer Praxis dürfen also nicht verwechselt und erst recht nicht gleichgesetzt werden.

4.4 Vorvertrag und Kaufvertrag

4.4.1 Vorvertragliche Regelungen

Es gibt mehrere Möglichkeiten, die geplante Praxisabgabe vor dem Schluss des eigentlichen Praxisübergabevertrags je nach Willen der Parteien vorzubereiten und mehr oder weniger verbindlich zu fixieren:

■ ■ Verschwiegenheitserklärung

Vor der ersten Kontaktaufnahme sollte genau abgewogen werden, wem die Absicht bekannt gegeben wird, seine Praxis oder seinen Anteil an einer

Berufsausübungsgemeinschaft abgeben zu wollen. Unruhe und die Entstehung von Gerüchten bei Patienten und/oder Personal sollten tunlichst vermieden werden, um die Chancen einer erfolgreichen Abgabe nicht zu gefährden.

Umso mehr Vorsicht ist dann geboten bei der Herausgabe weiterer, insbesondere sensibler Informationen oder bei der Aushändigung von Dokumenten mit entsprechend sensiblem Inhalt, beispielsweise der betriebswirtschaftlichen Auswertungen (BWA), Gewinnermittlung oder Honorarbescheide, an mögliche Interessenten. Gerade diese Informationen benötigt aber der Interessent im Rahmen einer sog. Due-Diligence-Prüfung, also der sorgfältigen Analyse der zu erwerbenden Praxis in wirtschaftlicher, rechtlicher und steuerlicher Hinsicht, um die Chancen und Risiken einer geplanten Übernahme möglichst genau erfassen und bewerten und so entscheiden zu können, ob in die eigentlichen Übernahmeverhandlungen eingetreten werden soll oder nicht.

Insoweit können die Leistungs- und Duldungspflichten der abgebenden Seite einerseits und aus Sicht des Praxisabgebers die Verschwiegenheits- bzw. Geheimhaltungspflichten der möglichen Übernehmerseite andererseits verbindlich, also beispielsweise nicht lediglich im Rahmen eines sog. Letters of Intent zu Beweiszwecken schriftlich vereinbart und mit entsprechend empfindlichen Vertragsstrafen bei Zuwiderhandlung geschützt werden.

▪ ▪ Letter of Intent

Quasi am wenigsten verbindlich, also (nahezu) unverbindlich, ist eine schriftliche Absichtserklärung, auch neumodisch „Letter of Intent" genannt. Sie stellt eine „gentlemen`s agreement" (oder ladies` agreement) dar, die mehr moralische als rechtliche Verpflichtungen begründet: Die Absichtserklärung vermittelt keinerlei Rechte und Pflichten, die gerichtlich eingeklagt werden könnten („zahnloser Tiger").

Somit ist der Abschluss einer Absichtserklärung nicht notwendig, kann sich aber anbieten, beispielsweise um bereits erzielte Übereinstimmungen oder eben auch Absichten, wie der Name schon sagt, schriftlich festzuhalten. Zudem entfaltet eine einmal schriftlich fixierte Erklärung eine unter Umständen nicht unerhebliche (Bindungs-) Wirkung in tatsächlicher Hinsicht.

▪ ▪ Vorvertrag

Je nach inhaltlicher Ausgestaltung mehr oder weniger verbindlich ist ein Vorvertrag. Im Gegensatz zur bloßen Absichtserklärung vermittelt der Vorvertrag im Streitfall die Möglichkeit, notfalls auch im Klageweg den Abschluss des eigentlichen Praxisübergabevertrags zu erzwingen. Aus dem entsprechenden Urteil kann dann auch die Zwangsvollstreckung betrieben werden.

Um im schlimmsten Fall aber das Urteil mit dem tatsächlich gewünschten wesentlichen Inhalt vollstrecken zu können, muss der Vorvertrag allerdings bereits mit dem wesentlichen Inhalt umrissen sein, damit das Gericht gegebenenfalls in der Lage ist, festzustellen, worauf sich die Parteien überhaupt geeinigt haben, was also genau vollstreckt werden soll.

Zum wesentlichen Inhalt des Praxisübergabevertrags und damit auch des Vorvertrags gehört daher in erster Linie die Bestimmtheit oder jedenfalls die Bestimmbarkeit des Kaufgegenstands (s. o.) und natürlich des Kaufpreises. Möglich sind darüber hinaus auch weitere Regelungen, beispielsweise über den Umgang mit der Patientenkartei, eine Beschreibung der mitveräußerten Praxisgegenstände und gegebenenfalls auch die Parameter für die Ermittlung des Praxiswerts.

Der Abschluss eines Vorvertrags bietet sich aber nur in wenigen Ausnahmefällen an. Sofern nämlich die vorgenannten wesentlichen Inhalte eines Praxisübergabevertrags erst einmal feststehen, was zugleich Voraussetzung für einen Vorvertrag ist, aus dem letztendlich auch vollstreckt werden könnte, spricht im Grunde auch nichts dagegen, sogleich den eigentlichen Praxisübergabevertrag frühzeitig zu schließen.

Dies hätte zugleich auch den Vorteil der Kostenersparnis, da auch nur die Kosten für die Erstellung eines Vertrags aufgebracht werden müssen. Zudem muss man sich gedanklich nur einmal, dann aber richtig, mit der Sache befassen, sich an einen Tisch setzen und „durchverhandeln". Außerdem kann der unterschriebene Praxisübergabevertrag dann sogleich dem Zulassungsausschuss vorgelegt werden, was dieser in der Regel wohlwollend zu Gunsten des gewünschten Praxisübernehmers würdigt.

Zur Sicherheit sollte im Grunde genommen aber mit jedem in Betracht kommenden Bewerber im Nachbesetzungsverfahren ein Praxisübergabevertrag geschlossen werden, um sicherzustellen, dass auch die eigenen Vorstellungen, insbesondere im Hinblick auf den Kaufpreis, verwirklicht werden können, da nicht mit Sicherheit vorausgesagt werden kann, welchem Bewerber der Zulassungsausschuss den Vorzug geben wird und welchen Kaufpreis dieser dann zu zahlen hat.

4.4.2 Kaufvertrag

Nachfolgend sollen die wesentlichen Inhalte angesprochen werden, die ein Praxisübergabe- und damit in der Regel (auch) ein Kaufvertrag enthalten sollte.

Denkbar sind neben einem reinen Kaufvertrag aber auch die Veräußerung der Praxis oder des Anteils einer Berufsausübungsgemeinschaft durch Tausch oder Schenkung. Bei der Schenkung ist dann zusätzlich auf die Form der notariellen Beurkundung zu achten.

Es handelt sich bei dem Dargestellten um Mindestinhalte, die in keinem Vertrag fehlen sollten. Die Darstellung erhebt insoweit also in keinem Falle Anspruch auf Vollständigkeit!

Auf die Verwendung von Musterklauseln oder gar eines Mustervertrages wird – möglicherweise zur Enttäuschung vieler Leser – bewusst verzichtet. Ein einfach übernommenes Muster fördert oft mehr die Entstehung von Konflikten, als es zu deren Beilegung beitragen kann. Keine Praxis, kein Praxisabgeber und kein Praxisübernehmer gleicht der/dem anderen. Zudem ist auch der Kostenaspekt nicht zu vernachlässigen: Die Überarbeitung eines (schlechten) Vertragsentwurfs nimmt oftmals mehr Zeit in Anspruch und ist damit bei vereinbartem Stundenhonorar teurer als die Erstellung eines neuen Vertrages, der auf einem von einer spezialisierten Kanzlei vorgehaltenen, selbst erarbeiteten Muster basiert.

In jedem Fall können und müssen zusätzliche und auf den Einzelfall angepasste Regelungen in den Vertrag eingearbeitet werden. Es gibt kaum Fälle, in denen zu viel, dafür aber viele Fälle, in denen zu wenig geregelt worden ist. Aus Praktikabilitätsgründen können, beispielsweise durch Abfassen einer Zusatzvereinbarung zum Vertrag, immer noch abweichende Regelungen getroffen werden. Im Zweifels- und damit gerade im hoffentlich nie eintretenden Streitfalle sollten aber möglichst eindeutige

Regelungen vorhanden sein, an denen man sich orientieren kann. Verträge müssen sich gerade daran messen lassen, dass sie im Streitfalle eine einwandfreie Abwicklung der Übergabe ermöglichen. In „Zeiten des ewigen Friedens" (vgl. die pax augusta) bedarf es theoretisch nie eines schriftlich abgefassten Vertrages.

Kaufgegenstand

Ein häufig anzutreffendes Vorurteil vorweg: Gekauft wird nicht die vertragsärztliche Zulassung bzw. der Vertragsarztsitz. Ein hierauf gerichteter Vertrag wäre nichtig. Wer behauptet, einen „Sitz" zu kaufen oder gekauft zu haben, drückt sich daher in rechtlicher Hinsicht im besten Falle ungenau aus.

Lediglich für den Fall, dass ein potenzieller Praxisübernehmer als Bewerber dem Praxisabgeber für den Vorschlag gegenüber dem Zulassungsausschuss als favorisierter Nachfolger eine Zahlung leistet, ohne die Praxis dann auch zu übernehmen, wird steuerlich ein selbständiges, allerdings nicht abschreibbares immaterielles Wirtschaftsgut erworben.

Bei der Zulassung handelt es sich zwar um einen nicht zu vernachlässigenden wertbildenden Faktor, aber eben nicht um einen Gegenstand, der etwa isoliert von einer Praxis verkauft werden könnte, sondern um einen öffentlich-rechtlichen Status. Einzige Ausnahme hiervon ist die Verlegung des Vertragsarztsitzes in ein MVZ, der dann aber ein Zulassungsverzicht zu Gunsten einer Anstellung im MVZ zu folgen hat.

Gegenstand der Praxisübergabe kann nur die Praxis in ihrer Gesamtheit als Unternehmen oder der Anteil an einer Berufsausübungsgemeinschaft sein. Letzterer wird nicht nur verkauft und übergeben, sondern der oder die Gesellschaftsanteile müssen als Rechte (im Unterschied zu Sachen, wie zum Beispiel einem Behandlungsstuhl oder einem Aktenschrank) auch „abgetreten" werden, was rechtlich zwei verschiedene Paar Schuhe sind. Beim Abfassen des Praxisvertrages ist auf diese Unterscheidung im Hinblick auf die gewählten Formulierungen und die Auswirkungen daher peinlich genau zu achten.

Die Arztpraxis wird nach der Rechtsprechung des Bundesgerichtshofs genauer definiert als die „Gesamtheit all dessen, was die gegenständliche und personelle Grundlage der Tätigkeit des in freier

Praxis tätigen Arztes bei der Ausübung der ihm obliegenden Aufgaben bildet".

Zu dieser „Gesamtheit" gehören nun aber nicht nur die materiellen Werte der Praxis wie Praxiseinrichtungsgegenstände, Sprechstundenbedarf und Patientenkartei mit Krankenunterlagen sowie Rechte. Übernommen wird – jedenfalls bei Aufgabe der beruflichen Tätigkeit des Praxisabgebers – auch und gerade der Goodwill.

Um Zweifel oder Unstimmigkeiten zu vermeiden, sollten die Gegenstände, die von der Praxisübergabe mitumfasst sein sollen, in einem Inventarverzeichnis als Anlage zum Übergabevertrag festgehalten werden, auf die dann im Vertrag Bezug genommen werden kann.

Bei der Inventarliste sollte dann darauf geachtet werden, dass nicht einfach die zu steuerlichen Zwecken erstellten Listen oder Verzeichnisse übernommen werden. Diese können nämlich Gegenstände enthalten, die zwar in steuerlicher, nicht aber in rechtlicher Hinsicht der Praxis zuzuordnen sind. So sollen zum Beispiel in der Regel nicht die beruflich genutzten Fahrzeuge des Praxisabgebers, die sich zwar im steuerlichen (Sonder-)Betriebsvermögen der Praxis befinden mögen, in rechtlicher Hinsicht aber im Privateigentum des Praxisabgebers stehen, mitübereignet werden. Zudem gibt es bei Berufsausübungsgemeinschaften Gegenstände, wie zum Beispiel häufig die Praxisräumlichkeiten, die sich rechtlich im Eigentum nur eines Gesellschafters befinden, der sie an die Berufsausübungsgemeinschaft lediglich unentgeltlich zur Nutzung überlässt, die sich aber in steuerlicher Hinsicht im Sonderbetriebsvermögen des Gesellschafters und damit nur indirekt im Vermögen der Gesellschaft befinden.

Sollen die Praxisräumlichkeiten mitübereignet werden, ist darüber hinaus auch die notarielle Beurkundungspflicht für den Übergabevertrag zu beachten. Es bietet sich daher schon allein aus Kostengründen an, für beide Kaufgegenstände, Praxis und Praxisräumlichkeiten, getrennte Vertragsurkunden zu erstellen, damit nur der Kaufvertrag für die Praxisräumlichkeiten beurkundet werden muss. Dann ist jedoch darauf zu achten, dass beide Verträge aufeinander abgestimmt und gegebenenfalls mit einer entsprechenden Bedingung versehen sind.

Umgekehrt können aber auch bestimmte Gegenstände explizit von der Übergabe ausgeschlossen werden, wie zum Beispiel (ideell) wertvolle Gemälde oder persönliche Gegenstände des täglichen Gebrauchs des Praxisabgebers.

Im Ergebnis sollte für jeden Gegenstand und für jedes Recht Klarheit darüber bestehen, ob er/es übergeben/abgetreten werden soll oder nicht, was nicht zuletzt auch vom sog. Bestimmtheitsgrundsatz rechtlich sogar ausdrücklich gefordert wird.

Nicht zu vergessen ist daher auch eine Regelung zu den Vorräten einer Praxis in der Inventarliste, die üblicherweise nicht im Anlagenverzeichnis aufgeführt sind. Dies gilt umso mehr, wenn es sich bei den Vorräten nicht nur um den üblichen Sprechstundenbedarf des täglichen Gebrauchs wie Wattestäbchen oder Pflaster handelt, sondern es dabei unter Umständen um stattliche Summen geht. Ansonsten gilt zudem der Grundsatz: „Auch Kleinvieh macht Mist".

Übernommen werden kann aber nicht nur die ganze Einzelpraxis. Da der Vertragsarzt seine (Voll-) Zulassung mindestens auch halbieren kann, kann der Praxisabgeber zunächst auch nur auf den hälftigen Versorgungsauftrag verzichten und auch nur einen halben Vertragsarztsitz nachbesetzen lassen. Der Praxisabgeber würde dann auch nur einen Teil seiner Praxis übergeben. Gegebenenfalls müsste der Praxisübernehmer dann allerdings seinen Praxissitz verlegen und/oder eine Berufsausübungsgemeinschaft oder Praxisgemeinschaft mit dem Praxisübernehmer gründen.

Theoretisch auch möglich wäre die Übertragung nur der Vertragsarztpraxis oder nur der Privatpraxis, was aber von vielen Zulassungsausschüssen nicht geduldet bzw. nicht gern gesehen wird.

Im Falle der Übernahme eines Kooperationsanteils, zum Beispiel an einer Berufsausübungsgemeinschaft oder einer Organisations-, v. a. einer Praxisgemeinschaft, gilt es einige Besonderheiten zu beachten. Zu Grunde gelegt wird nachfolgend der Regelfall der Organisation als Gesellschaft bürgerlichen Rechts (GbR).

Bei einer Berufsausübungsgemeinschaft findet, wie der Name schon sagt, eine gemeinsame Ausübung des ärztlichen Berufs, ein gemeinsamer Auftritt und ein gemeinsames Handeln im Namen der Gesellschaft „nach außen" und damit gegenüber Dritten, beispielsweise Patienten, statt.

Bei einer Organisationsgemeinschaft übt jeder strikt getrennt seinen Beruf aus und handelt gegenüber Dritten selbständig und tritt daher auch allein „nach außen" auf, teilt sich aber mit anderen Kollegen sächliche und/oder personelle Mittel, um so als Kostengemeinschaft Synergieeffekte nutzen und damit Kosten sparen zu können. Bei einer Praxisgemeinschaft, dem häufigsten Fall der Organisationsgemeinschaft, könnte man daher von einer Art „Ärzte-WG" sprechen.

Bei einer Berufsausübungsgemeinschaft ist Kaufgegenstand allein der abzutretende Gesellschaftsanteil des Praxisabgebers mit allem, was dazu gehört.

Bei einer Organisationsgemeinschaft wird der Gesellschaftsanteil üblicherweise zusätzlich zur Praxis bzw. zum Praxisanteil veräußert und abgetreten. Die Übertragung des Gesellschaftsanteils muss in jedem Fall ausdrücklich vertraglich vereinbart werden, da der Anteil ansonsten im Zweifel beim Praxisabgeber verbleibt.

Der Gesellschaftsanteil kann je nach Ausgestaltung des Gesellschaftsvertrags entweder direkt vom Praxisabgeber erworben werden oder aber er tritt aus der Gesellschaft aus und der Praxisübernehmer tritt in die Gesellschaft ein.

Im ersteren Fall werden die Anteile vom Praxisabgeber an den Praxisübernehmer verkauft und abgetreten.

Im zweiten Fall scheidet der Praxisabgeber gegen Zahlung einer Abfindung aus der Gesellschaft aus und die übrigen Gesellschafter schließen mit dem Praxisübernehmer einen Aufnahmevertrag auf Basis des bestehenden Gesellschaftsvertrags (insoweit werden also genau genommen zwei Verträge geschlossen). Dabei „wächst" den übrigen Gesellschaftern zunächst der Anteil des Praxisabgebers „an" und „wächst" diesen dann zu Gunsten des Praxisübernehmers quasi wieder „ab".

Die zweite Möglichkeit bietet sich jedoch indes nur bei Gesellschaften mit mehr als zwei Gesellschaftern an, da bei nur zwei Gesellschaftern die Gesellschaft beendet werden würde, weil dann – wenn auch nur für eine sog. „juristische" Sekunde – nur ein Gesellschafter in der Gesellschaft verbleiben würde. Eine Person allein kann aber konsequenterweise keine (Personen-)Gesellschaft bilden. Anderes gilt nur für sog. Kapitalgesellschaften, die unabhängig von der Person der Gesellschafter bestehen können. So gibt es zum Beispiel sog. Ein-Mann/Frau-GmbHs, die nur aus einer Person bestehen, die zugleich

Gesellschafter und Geschäftsführer quasi in Personalunion sind.

Im einen wie im anderen Fall sollte der entsprechende Gesellschaftsvertrag, in den eingetreten wird, genau durchgelesen und verstanden werden und dieser am besten zusammen mit den bisher gefassten Gesellschafterbeschlüssen dem Praxisübergabevertrag als Anlage beigefügt werden. Man sollte schließlich die Regelungen in jedem Fall zumindest kennen, denen man sich künftig unterwirft.

Ausdrücklich klargestellt werden sollte in diesem Zusammenhang auch, dass keine Gewähr oder sogar Garantie dafür übernommen werden sollte, dass alle oder ein bestimmter Prozentsatz Patienten von dem Praxisübernehmer übernommen werden oder bestimmte Gewinn- oder Umsatzzahlen nach dem Übergabezeitpunkt erreicht werden können, zumal dies bereits der Definition des Goodwills widersprechen würde. Eine Garantie muss dabei im Vergleich zu den gesetzlichen Gewährleistungsrechten ausdrücklich vereinbart werden und steht selbständig neben diesen gesetzlichen Rechten. Die Haftung ist hier verschuldensunabhängig, d. h. es kommt nicht darauf an, ob oder wer schuld (Vorsatz oder Fahrlässigkeit) an einem Schaden ist.

Lediglich der Vollständigkeit halber hingewiesen sei an dieser Stelle auf die sog. Haftung für Altverbindlichkeiten des ausgeschiedenen Gesellschafters einer Berufsausübungsgemeinschaft. Danach haftet der Praxisübernehmer eines Anteils an einer Berufsausübungsgemeinschaft kraft Gesetzes persönlich und unbeschränkt für sämtliche Ansprüche Dritter und Verluste der Gesellschaft, die vor seinem Eintritt begründet worden sind.

Damit einher geht aber – und das ist umso wichtiger – die sog. Nachhaftung des Praxisabgebers für bis zu seinem Ausscheiden begründete Verbindlichkeiten.

Diese Einstandspflicht des Praxisabgebers endet erst mit dem Ablauf von fünf Jahren nach dem Zeitpunkt seines Ausscheidens, wobei die Frist für jeden einzelnen Gläubiger einer Verbindlichkeit auch erst dann zu laufen beginnt, wenn dieser vom Ausscheiden des Praxisabgebers aus der Gesellschaft Kenntnis erlangt, also unter Umständen noch länger als für die Dauer von fünf Jahren. Es sollten also im eigenen Interesse umgehend alle Gläubiger vom Zeitpunkt des Ausscheidens in Kenntnis gesetzt werden. Die

Nachhaftung stellt also ein nicht zu unterschätzendes Haftungsrisiko dar.

Im Verhältnis zu Dritten ist eine Beschränkung dieser Ansprüche in einer Vereinbarung mit dem Praxisübernehmer nicht möglich.

Im Verhältnis des Praxisabgebers und Praxisübernehmers kann aber und sollte unbedingt und in jedem Fall eine Freistellung („im Innenverhältnis") zu Gunsten des Praxisabgebers von diesen Ansprüchen vereinbart werden. Dies bedeutet, sobald ein Gläubiger mit einer Forderung an den ausgeschiedenen Praxisabgeber herantritt, hat der Praxisübernehmer diesen von der Verbindlichkeit freizustellen und die Forderung entweder direkt für ihn zu begleichen oder die Kosten an ihn zu erstatten, sofern dieser die Forderung bereits selbst beglichen hat.

Hier ist allerdings der Praxisabgeber im Verhältnis zu den Gläubigern weiter verpflichtet und trägt das (In-) Solvenzrisiko des Praxisübernehmers. Wenn sich der Praxisübernehmer nämlich in Insolvenz befindet, geht der Praxisabgeber im schlimmsten Falle leer aus und muss seinerseits aber an den Gläubiger zahlen. Die Freistellungserklärung sollte also zum Beispiel mit einer Bankbürgschaft abgesichert werden.

Im Außenverhältnis, also im direkten Verhältnis Praxisabgeber zu Gläubiger, kann die Nachhaftung nur dergestalt wirksam ausgeschlossen werden, dass der Praxisabgeber mit jedem Gläubiger einzeln – individualvertraglich (also nicht zum Beispiel mit Hilfe von AGB) – eine Haftungsbeschränkung vereinbart. Dies ist allerdings in der Tat mühsam und meist zumindest nicht kostenlos für den Praxisabgeber zu bewerkstelligen, stellt aber die sicherste Methode dar.

Von der folgenden, weiteren Möglichkeit muss jedoch abgeraten werden:

Die in der Gesellschaft verbleibenden Gesellschafter lösen die bisherige Gesellschaft durch Gesellschafterbeschluss auf und gründen dann, gegebenenfalls nach einer Übergangsphase in Form einer Praxisgemeinschaft, eine neue Gesellschaft mit dem Praxisübernehmer unter Einbringung der vorhandenen Einzelpraxen der verbleibenden Gesellschafter. Durch die Beendigung der „alten" Gesellschaft endet dann auch die Nachhaftung. Diese Konstellation birgt abgesehen von vielen Kosten die große Gefahr, dass zum einen steuerlich ungünstig gegebenenfalls die

stillen Reserven der Gesellschaft aufgedeckt werden müssen, und zum anderen, dass die Konstruktion vor allem dann als verbotene Umgehung der Nachhaftung eingestuft wird, wenn dies eine enge zeitliche Abfolge der einzelnen Schritte nahe legt.

Übergabe der Praxis

In dem Vertrag über die Abgabe der Praxis bzw. den Kaufvertrag ist zwingend zu regeln, zu welchem Zeitpunkt und in welchem Umfang die Praxis auf den Erwerber übergehen soll. Im Kaufvertrag sollte insbesondere geregelt sein, welche Gegenstände des Betriebsvermögens auf den Erwerber übergehen sollen und welche nicht, sondern vielmehr im Sonderbetriebsvermögen des Praxisgründers – zunächst – verbleiben sollen. Will der seine Praxis abgebende Arzt seinen Betrieb vollständig an den Nachfolger übergeben, um im Alter von mehr als 55 Jahren die beschriebenen Steuervorteile in Anspruch nehmen zu können, müssen unbedingt auch Gegenstände seines Sonderbetriebsvermögens ebenfalls mit auf den Nachfolger – und zwar aus steuerlichen Gründen –übergehen. Aus zivilrechtlichen Gründen macht es Sinn, alle im Zuge der Veräußerung zu übergebenden Gegenstände in einem gesonderten Inventarverzeichnis als Anlage zum Praxisübergabevertrag bzw. zum Kaufvertrag im Einzelnen festzuhalten und – gegebenenfalls gegenständlich fotografisch – zu dokumentieren (s. o.). Ein solches Vorgehen erspart unnötige Auseinandersetzungen im Rahmen der Praxisübergabe. Sinnvollerweise erfolgt die Übertragung jeweils unter Ausschluss der Gewährleistung für die übertragenen Praxisgegenstände; um etwaigen Anfechtungsversuchen entgegenzuwirken, sollte im Kaufvertrag auch dokumentiert sein, dass und welche betriebswirtschaftlichen Kennzahlen dem Praxisübernehmer vor Abschluss der Kaufvertragsverhandlungen zur Verfügung gestellt worden sind.

Aufschiebende Bedingung und Rücktrittsrecht

Vor allem in Planbereichen im Sinne der Bedarfsplanung (diese sind in der Richtlinie des Gemeinsamen Bundesausschusses über die Bedarfsplanung sowie die Maßstäbe zur Feststellung von Überversorgung und Unterversorgung in der vertragsärztlichen Versorgung – Bedarfsplanungsrichtlinie – niedergelegt) mit Zulassungsbeschränkungen hat der Praxisübernehmer in der Regel nur dann ein Interesse an der Übernahme, wenn er auch eine bestandskräftige vertragsärztliche Zulassung bzw., im Falle einer neu zu gründenden Berufsausübungsgemeinschaft, auch eine bestandskräftige Genehmigung der Berufsausübungsgemeinschaft vom Zulassungsausschuss erhält.

Der Übergabevertrag sollte daher in jedem Fall nur unter einer Bedingung abgeschlossen werden: Der Übergabevertrag sollte entweder unter der aufschiebenden Bedingung geschlossen werden, dass der Praxisübernehmer eine bestandskräftige Zulassung und gegebenenfalls Genehmigung der Berufsausübungsgemeinschaft erhält, oder unter der auflösenden Bedingung für den Fall, dass er keine bestandskräftige Zulassung und gegebenenfalls Genehmigung der Berufsausübungsgemeinschaft erhalten hat. Die Bedingung bewirkt im ersten Fall, dass der Übergabevertrag erst mit Eintritt der Bedingung wirksam wird, und im zweiten Fall, dass der Vertrag mit Eintritt der Bedingung wieder außer Kraft tritt.

In diesem Zusammenhang ist anzumerken, dass auch ein gegebenenfalls abzuschließender Praxismietvertrag zwischen Praxisabgeber und Praxisübernehmer oder zwischen Praxisübernehmer und einem Dritten unter diese(n) Vorbehalt(e) gestellt werden sollte, um zu verhindern, dass sich der Praxisübernehmer an einem für ihn nutzlosen Vertrag festhalten lassen muss bzw. im umgekehrten Fall, dass der Praxisabgeber bzw. der Dritte nicht frei über die Praxisräumlichkeiten verfügen kann.

Anbieten würde es sich im Rahmen des Nachbesetzungsverfahrens auch, mit jedem Bewerber zu vereinbaren, dass dieser auf sein Recht, gegen den Zulassungsbescheid des begünstigten Bewerbers Widerspruch einzulegen, verzichtet. Auf diese Weise könnte dann wesentlich früher Bestandskraft des Zulassungsbescheids eintreten mit der Folge, dass der Praxisübernehmer auch früher von seiner Zulassung Gebrauch machen kann. Dies setzt voraus, dass nicht die Kassenärztliche Vereinigung als weitere Widerspruchsberechtigte von ihrem Widerspruchsrecht Gebrauch macht. Denn erst mit der Bestandskraft – und damit nicht schon mit Bekanntgabe und Zusendung des Bescheids – kann der Zulassungsbescheid grundsätzlich nicht mehr angegriffen werden und bietet damit eine sichere Basis für die Aufnahme der ärztlichen Tätigkeit.

Die Vereinbarung eines Rücktrittsrechts kann sich in vielen Konstellationen anbieten, beispielsweise in den unten geschilderten Fällen oder wenn einzelne Pflichten von der ein oder anderen Seite verletzt werden, auf deren Einhaltung es der ein oder anderen Seite derart ankommt, dass für sie bei einem Verstoß der gesamte Vertrag keinen Sinn mehr macht. Der Rücktritt muss dann, möglichst beweissicher in Schriftform, mittels eingeschriebenen Briefs, innerhalb einer gegebenenfalls zu bestimmenden Frist erklärt werden. Sodann muss der gesamte Übergabevertrag rückabgewickelt werden, d. h. alle bereits ausgetauschten Leistungen oder Gegenstände müssen an den ursprünglichen Inhaber zurückgewährt und gegebenenfalls Nutzungsersatz geleistet werden.

Sollte einer der Vertragsparteien im Übrigen das Festhalten am Vertrag in der vereinbarten Form nicht zugemutet werden können, weil die Parteien von falschen wesentlichen Voraussetzungen ausgegangen sind oder sich Umstände, die Grundlage des Vertrags geworden sind, nachträglich schwerwiegend verändert haben, kann ausnahmsweise (!) eine Anpassung des Vertrags verlangt werden oder, falls eine Anpassung nicht möglich oder nicht zumutbar sein sollte, die betreffende Partei zurücktreten (sog. Störung der Geschäftsgrundlage).

Zahlung des Kaufpreises (Fälligkeit)

Auch die Fälligkeit der Kaufpreiszahlung ist im Praxisübergabevertrag bzw. Kaufvertrag so zu regeln, dass die entsprechende Regelung nicht auslegungsfähig, sondern vielmehr eindeutig ist. Die Fälligkeit des Kaufpreises kann an das Datum der – positiven – Zulassungsentscheidung, kann aber auch an die Bestandskraft des Zulassungsbescheides geknüpft werden. In letzterem Fall ist allerdings zu bedenken, dass sich die Zulassungsausschüsse erfahrungsgemäß mehrere Monate Zeit lassen, bis der Zulassungsbescheid zugestellt wird, und erst nach Ablauf der einmonatigen Widerspruchsfrist, ohne dass ein benachteiligter Bewerber hiergegen Klage erhebt, endlich Bestandskraft des Zulassungsbescheides eingetreten ist. Aus Sicht des Praxisabgebers sollte deshalb möglichst ein früherer Fälligkeitszeitpunkt für die Kaufpreiszahlung beispielsweise zum Zeitpunkt der Übergabe, im Vertrag geregelt werden.

Kaufpreissicherung

Zunächst sollte darauf geachtet werden, dass für den Fall des Ausbleibens der Kaufpreiszahlung nach Ablauf des vereinbarten Fälligkeitstermins die Zahlung von Verzugszinsen in Höhe eines bestimmten Prozentsatzes (üblicherweise zwischen 5 und 9 Prozentpunkten) über dem jeweils gültigen Basiszinssatz (dieser wird jeweils zum 01.01 und 01.07. eines jeden Jahres von der Europäischen Zentralbank angepasst) geschuldet ist. Zinsen als Verzögerungsschaden sind zwar grundsätzlich ohnehin geschuldet. Allerdings kann so die Höhe des Zinssatzes modifiziert (erhöht) werden.

Weiter sollte sich der Praxisabgeber vom Praxisübernehmer den Finanzierungsnachweis einer Bank vorlegen lassen. Zusätzlich kann auch die Vorlage einer Bankbürgschaft vereinbart werden. Der Pferdefuß bei der Bankbürgschaft ist jedoch, dass der Praxisübernehmer die mehr oder weniger hohen (Aval-) Kosten für die Bürgschaft übernehmen muss, die sich an der Höhe des abzusichernden Betrages orientieren.

Hier kann der Praxisabgeber dem Praxisübernehmer aber gegebenenfalls insoweit entgegenkommen, als er notwendige betriebswirtschaftliche Informationen offenlegt, Zustimmungen zu Kreditsicherungsmaßnahmen abgibt oder dem Praxisübernehmer die hierfür anfallenden Kosten ganz oder teilweise erstattet.

Denkbar ist weiter die Vereinbarung eines Eigentumsvorbehalts, wonach der Praxisabgeber bis zur vollständigen Bezahlung des Kaufpreises Eigentümer der materiellen Güter der Praxis bleibt.

Für den Fall, dass der Kaufpreis überhaupt nicht bezahlt wird, kann auch ein Rücktrittsrecht zu Gunsten des Praxisabgebers vereinbart werden, sodass er die Praxis anderweitig veräußern kann.

Zugleich sollte es dem Praxisübernehmer bis zur Bezahlung des vollständigen Kaufpreises gegebenenfalls unter Hinzufügung einer Vertragsstrafe vertraglich untersagt werden, die Praxis seinerseits weiter zu

veräußern, oder dieser jedenfalls im Falle der Weiterveräußerung verpflichtet werden, den dritten Erwerber von den vorgenannten Regelungen in Kenntnis zu setzen, um auf diese Weise zu verhindern, dass der Dritte die Praxis „gutgläubig" und damit rechtswirksam erwerben kann.

In diesem Zusammenhang sollte auch klargestellt werden, dass der Praxisübernehmer für den Fall, dass er in der Lage sein sollte, den Kaufpreis zunächst nur teilweise zu begleichen (und er nicht von seinem Rücktrittsrecht Gebrauch machen will), die entsprechenden Zahlungen zunächst auf den Goodwill geleistet werden. In Bezug auf die materiellen Wirtschaftsgüter wäre der Praxisabgeber insoweit durch den Eigentumsvorbehalt geschützt. Zur Sicherheit sollte der Praxisübernehmer für diesen Fall dann auch ergänzend zum o. g. Verbot, die Praxis als Ganzes weiter zu veräußern, verpflichtet werden, nicht über einzelne Praxisgegenstände zu verfügen. So kann verhindert werden, dass der Praxisübernehmer versucht, einzelne Praxisgegenstände zu versilbern.

Freilich hilft dem Praxisabgeber das (vorbehaltene) Eigentum im Zweifelsfalle in rein wirtschaftlicher Hinsicht zunächst recht wenig, wenn er mit Bestandskraft des Zulassungsbescheids zum Übergabestichtag seine Zulassung verliert. Aber dennoch sollte der Eigentumsvorbehalt in jedem Fall vereinbart werden, um jedenfalls das Eigentum an den materiellen Gütern wieder erlangen zu können, auch wenn der Praxisübernehmer vielleicht nicht solvent sein sollte.

Besonderheiten sind des Weiteren zu beachten, wenn sich einzelne Gegenstände nicht im Eigentum des Praxisabgebers befinden, weil sie beispielsweise sicherungsübereignet (quasi verpfändet) sind an eine Bank oder einen anderen Gläubiger.

Zuletzt soll auch eine weitere Möglichkeit der Zahlung des Kaufpreises nicht unerwähnt bleiben, nämlich die der Zahlung in Form einer Rente – „ratenweise".

Dies mag vor allem für diejenigen Praxisabgeber in Betracht kommen, die ihre Praxis an ihre(n) Arzt- Sprössling(e) nicht völlig unentgeltlich im Wege einer Schenkung abgeben möchten, den Sprössling aber auch nicht zugleich zur Aufnahme von unter Umständen erheblichen Darlehensverbindlichkeiten zwingen wollen, gleichwohl aber eine Alterssicherung möchten. Ungeachtet dessen, dass bei der Durchführung eines solchen Vorhabens uneingeschränkt die Konsultation einer Steuerberatungskanzlei empfohlen werden muss, muss aufgrund des (In-) Solvenzrisikos von der Kaufpreiszahlung in Rentenform abgeraten werden:

Auch der vom Glück verwöhnte Sprössling ist nicht davor gefeit, aufgrund einer unglücklichen Verkettung von Umständen in Vermögensverfall zu geraten. Im Falle der Insolvenz reiht sich der Praxisabgeber dann in eine unter Umständen illustre, aber umso zahlreichere Gruppe von Gläubigern ein und erhält eine mehr oder weniger große Quotenzahlung aus der Insolvenzmasse – wenn überhaupt. Eine taugliche Altersvorsorge stellt die Rente dann aber sicherlich nicht (mehr) dar.

Kaufpreisanpassungsklauseln

Mit Kaufpreisanpassungsklauseln sollen – in der Regel negativen – Veränderungen Rechnung getragen werden, die sich im Zeitraum zwischen Unterzeichnung des Übergabevertrags und der Übergabe der Praxis ergeben. Da in dieser Zeit der Praxisabgeber die Praxis in der Regel und wünschenswerterweise weiterführt, wäre denkbar, dass dieser versucht, den ihm bis zum Übergang zustehenden Gewinn der Praxis durch Maßnahmen zum Nachteil des Praxisübernehmers zu erhöhen und/oder Rechnungen nicht bezahlt oder Ähnliches.

Durch die Aufnahme eindeutiger Regelungen bezüglich einer stichtagsbezogenen Rechnungsabgrenzung und der umfassenden Vereinbarung der Rechte und Pflichten der Vertragsparteien, insbesondere bezüglich der Haftung und der Gewährleistungs- und Garantieansprüche, beispielsweise durch die Regelung von Schadensersatzverpflichtungen oder der Vereinbarung empfindlicher Vertragsstrafen für den Fall der wesentlichen Verschlechterung des Kaufgegenstands sollten solche Klauseln aber eigentlich obsolet sein.

Diese bergen nämlich ein erhebliches Konfliktpotenzial in vielerlei Hinsicht, zumal der häufig maßgebliche wertbildende Faktor der Praxis der Goodwill darstellt, der aber gerade (nur) die Möglichkeit beinhaltet, denselben Gewinn erwirtschaften zu können wie der Praxisabgeber.

Von der Aufnahme solcher Regelungen in den Übergabevertrag sollte daher möglichst Abstand genommen werden.

▪▪ Abgrenzungen zum Übergabestichtag

Um die „alte" und „neue" Praxis klar abgrenzen zu können, in erster Linie selbstverständlich beispielsweise bezüglich eingehender Honorarforderungen, aber nicht zuletzt auch eingehender Regressforderungen, empfiehlt es sich, nicht zu wenig Zeit auf klare und genaue Formulierungen zu verwenden.

Zunächst sollte daher ein bestimmter Stichtag zur Übergabe der Praxis oder des Anteils an einer Berufsausübungsgemeinschaft benannt oder so genau wie möglich umschrieben werden, der gewissermaßen „die Wende" markieren soll.

Zum einen sollten ab diesem Tag die Abgaben, Lasten und Haftung vom Praxisübernehmer zu tragen sein, zum anderen sollen diesem aber umgekehrt ab dem Stichtag auch der Nutzen und der Besitz, gegebenenfalls auch zugleich das Eigentum (Eigentum und Besitz sind rechtlich unterschiedliche Begriffe) an den Gegenständen zustehen.

Ab dem Übergabestichtag sollen dem Praxisübernehmer dann folglich auch die Einnahmen zustehen, was am besten, auch rein praktisch, dadurch gewährleistet werden kann, dass sich der Praxisübernehmer ein neues, eigenes Konto einrichtet, worauf auch nur dessen Zahlungen einzugehen haben.

Um ein Durcheinander zu vermeiden, sollte zudem eine Rechnungsabgrenzung vorgenommen und hierzu dann weiter die Regelung aufgenommen werden, dass der Praxisabgeber – auch im eigenen Interesse – möglichst alle bis zum Übergabestichtag erbrachten Leistungen abrechnet und dem Praxisabgeber die Einnahmen für alle bis zu diesem Zeitpunkt erbrachten Leistungen, dem Praxisübernehmer dagegen alle Einnahmen der ab diesem Zeitpunkt zu erbringenden Leistungen zustehen sollen.

Dasselbe soll dann auch, gegebenenfalls zeitanteilig, gelten für Verbindlichkeiten, die im Zeitraum vor oder nach dem Übergabestichtag fällig werden. Sinngemäß soll dies dann weiter gelten für Haftungsfälle, gleich welcher Art, sei es infolge verursachter Behandlungs- oder Aufklärungsfehler oder schlicht bezüglich versehentlich nicht überwiesener Forderungen.

Maßgeblich sollte dabei sein, durch wen der Fehler und inwieweit verschuldet und/oder verursacht worden ist. Im Übrigen gilt das zuvor zu den sog. Altverbindlichkeiten Gesagte.

■ ■ Garantien und Gewährleistung

Der Praxisabgeber ist gut beraten, wenn er die ausdrückliche oder sinngemäße Verwendung des Begriffes „Garantie" im Praxisübergabevertrag unterlässt.

Bei einer Garantie wird eine besondere Verpflichtung eingegangen, etwas zu tun oder zu unterlassen, zum Beispiel einen Teil des Kaufpreises zurückzuerstatten oder die Sache zurückzunehmen, falls der verkaufte Gegenstand – zum Beispiel die Praxis – nicht die vereinbarte Beschaffenheit (zum Beispiel einen bestimmten Umsatz oder eine bestimmte Scheinzahl) aufweist.

Würde also der Praxisabgeber eine Garantie für den Umsatz oder Gewinn der Praxis in einer bestimmten Höhe oder für die Übernahme einer bestimmten Anzahl an Patienten übernehmen, was von Praxisübernehmern häufig gefordert wird, könnte der Praxisübernehmer aus diesen Ansprüchen insbesondere Schadensersatz gegen den Praxisabgeber geltend machen, wenn die Garantie nicht eingehalten werden kann. Hierauf hat der Praxisabgeber in den meisten Fällen aber gar keinen Einfluss (mehr).

Es sollten also vor oder während des Vertragsschlusses in keinem Falle Worte in den Mund genommen oder gar vertraglich festgehalten werden, die auf eine Garantie im Sinne des BGB hindeuten, auch nicht unbedingt dann, wenn man sich noch so sicher ist, diese einhalten zu können. Schließlich verfügen die wenigsten Praxisabgeber über prognostische, geschweige denn hellseherische Fähigkeiten. Sollten doch „Versprechungen" gemacht werden (müssen, weil der Praxisübernehmer darauf besteht), darf man sich jedenfalls nicht wundern, wenn irgendwann eine Schadensersatzforderung ins Haus steht.

Garantien können beispielsweise allenfalls dergestalt abgegeben werden, dass die Angaben in der Vertragsurkunde der Richtigkeit entsprechen und/oder zurzeit keine Mängel an den medizinischen Gerätschaften bestehen oder bekannt sind, keine Regresse bei der Kassenärztlichen Vereinigung oder bei Krankenkassen oder aus Wirtschaftlichkeitsprüfungen bekannt und auch sonst keine Rechtsstreitigkeiten

anhängig sind. Dies aber auf jeden Fall erst dann, nachdem man in sich gegangen ist und wohl überlegt hat, ob man die Zusicherungen auch ruhigen Gewissens (das Gewissen eines durchschnittlichen Praxisabgebers und nicht gegebenenfalls des eigenen!) abgeben kann.

Völlig unabhängig von einer etwaigen Garantie, die eigens übernommen bzw. versprochen werden muss, stehen die gesetzlich festgelegten Gewährleistungsrechte, die dem Käufer einer Sache zustehen und die selbständig neben einer Garantie bestehen, sofern diese nicht – wirksam – vertraglich ausgeschlossen wurden. Es ist daher jedem Praxisabgeber dringend anzuraten, die Haftung für Mängel (an Tischen, Stühlen, MRT etc.) und insbesondere auch für die künftige Ertragsfähigkeit und Umsatzentwicklung ausdrücklich auszuschließen.

Da es sich bei den einzelnen Gegenständen der Praxis in der Regel um gebrauchte Gegenstände handeln dürfte und beide Parteien (auch der unter Umständen noch nicht selbständig tätig gewordene Praxisübernehmer!) nach dem BGB als Unternehmer (im Unterschied zum Steuerrecht beispielsweise) behandelt werden, ist dies auch grundsätzlich zulässig.

Schutz von Patientendaten

Die Patientenkartei samt Krankenunterlagen, ob in Papier- oder elektronischer Form, ist – von den betreffenden Patienten einmal abgesehen – für beide Parteien selbstverständlich von besonderer Bedeutung.

Der Inhalt der Patientenunterlagen unterliegt dem grundrechtlich geschützten Recht des jeweiligen Patienten auf informationelle Selbstbestimmung. Der Patient hat dadurch ein Recht darauf, selbst zu bestimmen, wem die ihn betreffenden Informationen wie zugänglich gemacht werden oder wem gerade nicht. Gegen dieses Recht würde der Praxisübernehmer verstoßen, wenn er unbefugt Einsicht in die Unterlagen nimmt, und der Praxisabgeber, wenn er den Praxisübernehmer unbefugt Einsicht nehmen ließe.

Das Recht des Patienten wird auch geschützt durch die berufliche Schweigepflicht des Praxisabgebers. Verstößt dieser hiergegen, verhält er sich nicht nur standeswidrig im Sinne der jeweils gültigen

Berufsordnung, sondern macht sich darüber hinaus auch strafbar nach dem Strafgesetzbuch.

Der Praxisübernehmer darf in die Patientenunterlagen eines Patienten daher erst und auch nur dann Einsicht nehmen, wenn der betreffende Patient ausdrücklich oder durch schlüssiges Verhalten (zum Beispiel durch Erscheinen in der Praxis nach Übergabe an den Praxisübernehmer zur Behandlung) zu erkennen gegeben hat, dass er mit der Einsichtnahme in seine Akte gerade durch den Praxisübernehmer auch einverstanden ist. Dies gilt nur dann nicht, wenn der Praxisübernehmer bereits zuvor in der Praxis des Praxisabgebers, beispielsweise als angestellter Arzt oder Weiterbildungsassistent, gearbeitet hat, weil dann zuvor schon die Einwilligung des Patienten eingeholt worden sein muss und zwar auf die vorgeschilderte Art und Weise.

Der Praxisabgeber hat damit Sorge zu tragen, dass sich der Praxisübernehmer erst dann vom Inhalt der Patientenunterlagen Kenntnis verschaffen kann, wenn die (vorherige) Einwilligung des jeweiligen Patienten in die Einsichtnahme und/oder eine entsprechende Entbindung von der Schweigepflicht vorliegt. Aus Datenschutzgründen und im eigenen Interesse zu Beweiszwecken empfiehlt es sich, sich eine entsprechende Schweigepflichtentbindungserklärung und/oder Einwilligung des Patienten schriftlich geben zu lassen.

Ein Übergabevertrag muss daher zwingend eine Regelung zum Umgang mit den Patientendaten enthalten, um nicht wegen Verstoßes gegen straf- und zivilrechtliche Vorschriften nichtig zu sein. Hierauf haben insbesondere auch die Zulassungsausschüsse ein besonderes Augenmerk.

In der Praxis hat sich insoweit die Verwendung des sog. Zwei-Schrank-Modells entsprechend den sog. Münchener Empfehlungen zur Wahrung der ärztlichen Schweigepflicht vom 08.04.1992 bewährt.

Danach sind die Unterlagen der Patienten, die der Übergabe an den Praxisübernehmer (noch) nicht zugestimmt haben, für diesen verschlossen und getrennt von den Patientenunterlagen des Praxisübernehmers bzw. den Patientenunterlagen der Patienten, die in die Einsichtnahme ihrer Daten schon zugestimmt haben, aufzubewahren. Bei einer elektronischen Kartei gilt dies entsprechend, wobei hier besondere technischen Vorkehrungen, beispielsweise die Sperrung mittels Passwörtern etc.,

geschaffen werden müssen, um ein ähnliches Schutzniveau der Daten gewährleisten zu können.

Erst also nachdem ein Patient zugestimmt hat, dürfen dessen Unterlagen von dem einen (gegebenenfalls gedachten) Schrank des Praxisabgebers in den Schrank des Praxisübernehmers überführt werden.

Bis zur Einwilligung des Patienten in die Einsichtnahme durch den Praxisübernehmer verbleiben die Unterlagen im Eigentum des Praxisabgebers, der dann entweder selbst für die Aufbewahrung im Rahmen der standesrechtlichen und/oder spezialgesetzlichen Vorschriften (zum Beispiel bei Röntgen- oder CT/MRT-Aufnahmen gemäß den einschlägigen Verordnungen) zu sorgen hat oder diese Verpflichtung an einen Dritten, wie zum Beispiel den Praxisübernehmer, im Rahmen eines in der Regel unentgeltlichen Verwahrungsvertrags übertragen muss.

Diese Pflichten des Praxisabgebers gehen sogar so weit, dass in den Übergabevertrag die Bestätigung des Praxisübernehmers aufgenommen sollte, auf sein entsprechendes Weisungsrecht gegenüber seinem Personal zu verzichten (damit dieser nicht sein Personal anweist, die verbotene Patientenkartei zu durchsuchen) und am besten ein(e) bestimmte(r) Mitarbeiter/in bzw. ein(e) Vertreter(in) mit der Überwachung und Koordination der Patientenunterlagen beauftragt wird.

Vertragsübergang

Oft ist der Praxisübernehmer darauf angewiesen, in die laufenden Vertragsbeziehungen, insbesondere in das Praxismietverhältnis des Praxisabgebers, eintreten zu können. Jedenfalls empfiehlt sich dies aber in der Regel, um eine reibungslose Übernahme der Praxis durchführen zu können. Oft verlangen auch die den Kaufpreis finanzierenden Banken einen Nachweis über die Standortsicherung. Nicht zu vergessen ist auch der Fortführungswille an Ort und Stelle des „alten" Praxissitzes als Kriterium des Zulassungsausschusses bei der Nachbesetzung (s. o.).

Umgekehrt kann es aber auch sein, dass der Praxisübernehmer jedenfalls in einzelne Vertragsverhältnisse gerade nicht eintreten möchte.

Soweit der Praxisübernehmer in die entsprechenden Verträge nicht eintritt, laufen diese auf den Praxisabgeber so lange weiter, bis dieser gegebenenfalls rechtswirksam kündigt.

Sofern der Praxisübernehmer eintreten soll, sollte ihm vor Vertragsschluss jedenfalls Gelegenheit gegeben werden, alle entsprechenden Verträge (bei der Vorlage der Arbeitsverträge sollte auch an solche Arbeitsverhältnisse gedacht werden, die aktuell nicht gelebt werden, zum Beispiel bei Mitarbeiter/innen, die sich zurzeit in Eltern- oder Pflegezeit befinden) einzusehen, damit dieser prüfen kann, ob er diese übernehmen möchte. Dies sollte auch möglichst zeitnah erfolgen, um insbesondere bei langen Kündigungsfristen anderenfalls gegebenenfalls umgehend kündigen zu können.

Nicht zuletzt zu Dokumentationszwecken empfiehlt es sich, die maßgeblichen Verträge als Anlagen dem Übergabevertrag anzuschließen oder den Praxisübernehmer im Vertrag jedenfalls bestätigen zu lassen, dass er die Verträge eingesehen hat oder wenigstens hierzu Gelegenheit erhalten hatte.

Sollte sich der Praxisübernehmer dann dazu entschließen, die Verträge übernehmen zu wollen, ist zu berücksichtigen, dass dem jeweiligen Vertragspartner, also beispielsweise dem Vermieter, dem Leasinggeber oder Telefonanbieter, nicht einfach und einseitig ein neuer Vertragspartner „aufgedrückt" werden kann. Eine Übernahme erfolgt also nicht etwa automatisch, wenn sich Praxisabgeber und Praxisübernehmer hierüber einig sind. Der jeweilige Vertragspartner muss der Vertragsübernahme vielmehr ausdrücklich zustimmen. Eine wichtige Ausnahme von diesem Grundsatz gilt dabei jedoch für Arbeitsverträge, die weiter unten ausführlich dargestellt wird.

Sollte der jeweilige Vertragspartner der Vertragsübernahme nicht zustimmen, sollten entsprechende Regelungen im Vertrag vorgesehen werden. Dazu muss aber zunächst überlegt werden, ob der gesamte Praxisübergabevertrag mit der Übernahme eines bestimmten Vertrages stehen und fallen oder unabhängig davon bestehen soll.

Beim Praxismietvertrag oder Belegarztvertrag (hier muss der Praxisübernehmer über die Anerkennung als Belegarzt der zuständigen Kassenärztlichen Vereinigung verfügen) wird es beispielsweise regelmäßig so sein, dass der Praxisübernehmer mit der Praxis an sich ohne Räumlichkeiten bzw. ohne Belegungsmöglichkeit nichts anfangen kann oder will. In diesem Fall sollte der Übergabevertrag unter den Vorbehalt der Zustimmung des Vermieters bzw. Krankenhausträgers zu der Übernahme des Mietvertrags bzw. des Belegarztvertrags gestellt werden oder

mit einem entsprechenden Rücktrittsrecht ausgestattet sein, von dem dann Gebrauch gemacht werden kann oder nicht.

Umgekehrt sollte bei einer Vertragsarztpraxis auch der Praxismietvertrag unter den Vorbehalt der bestandskräftigen Zulassung gestellt werden. Außerdem sollte sich der Praxisabgeber verpflichten, den Praxisübernehmer nach Kräften bei der Einholung der Zustimmungen des jeweiligen Vertragspartners zu unterstützen.

Gibt es im entsprechenden zu übernehmenden Vertrag keine Nachfolgeklausel, wie sie etwa in Mietverträgen oft anzutreffen ist, die dann eine Zustimmung des anderen Teils entbehrlich macht oder eine Zustimmungsverweigerung jedenfalls erschwert, und ist auch im Falle des Mietvertrags eine Untervermietung an den Praxisübernehmer nicht möglich, müsste von dem zu vereinbarenden Rücktrittrecht gegebenenfalls Gebrauch gemacht werden, wenn nicht eine entsprechend vereinbarte Bedingung eintritt. Ansonsten würde der Übergabevertrag scheitern und gegebenenfalls nur noch über die Störung der Geschäftsgrundlage (Ausnahme s. o.) oder eine Kündigung beendet werden können.

Bei sonstigen Dauerschuldverhältnissen, beispielsweise bei Leasingverträgen, Telefondienstleistungs- oder Internetnutzungsverträgen, kann vereinbart werden, dass für den Fall, dass der jeweilige Vertragspartner nicht zustimmt oder die Zustimmung nicht rechtzeitig eingeholt werden kann, der Praxisabgeber weiterhin den Vertrag fortführt. Der Praxisübernehmer wird dann im Innenverhältnis zu diesem so gestellt, als ob er Vertragspartner geworden wäre. An den Praxisübernehmer werden insoweit alle Rechte und Pflichten abgetreten, die dieser dann übernimmt, insbesondere hinsichtlich der Zahlungen. Dieser stellt den Praxisabgeber dann wiederum insoweit von allen Verpflichtungen frei.

Treuepflichten, Mitwirkungspflichten, Vertragsstrafe

Grundsätzlich können Treue-, Fürsorge-, Schutzoder Rücksichtnahmepflichten auch ohne gesonderte vertragliche Vereinbarung bestehen. Sie erwachsen allein aus der Tatsache, dass ein Schuldverhältnis, also ein Vertrag, geschlossen wird. § 241 Abs. 2 BGB formuliert dies wie folgt:

„Das Schuldverhältnis kann nach seinem Inhalt jeden Teil zur Rücksichtnahme auf die Rechte, Rechtsgüter und Interessen des anderen Teils verpflichten."

Die eine Partei darf also, einfach ausgedrückt, nichts tun, dulden oder unterlassen, was der anderen Partei schaden könnte. Der Vertrag erschöpft sich also nicht nur im bloßen Austausch der vereinbarten Leistungen, hier im Wesentlichen der Übergabe der Praxis gegen Zahlung des Kaufpreises.

Im Einzelfall kann beispielsweise verlangt werden, dass der Leistungserfolg, also die Zahlung des Kaufpreises bzw. die Übergabe der Praxis, vorbereitet oder herbeigeführt wird, dass der Leistungserfolg gesichert wird, bestimmte Vorgänge oder Umstände dokumentiert werden, über bestimmte Dinge aufgeklärt, auf etwas hingewiesen, etwas angezeigt, offenbart oder vor etwas gewarnt wird.

Die Parteien müssen sich darüber hinaus auch unterstützen und unter Umständen sogar bei bestimmten Angelegenheiten aktiv mitwirken. Es kann zum Beispiel geschuldet sein, bestimmte Unterlagen zu beschaffen, zum Beispiel um die Kreditaufnahme für den anderen Teil zu ermöglichen, bestimmte Auskünfte, Zustimmungen oder (zum Beispiel behördliche) Genehmigungen einzuholen, für Versicherungsschutz bzgl. eines bestimmten Risikos zu sorgen oder ein bestimmtes Rechtsmittel einzulegen. Nicht zuletzt kann auch ausdrücklich vereinbart werden, dass sich Praxisabgeber und Praxisübernehmer gegenseitig verpflichten, alles zu unternehmen, damit die Praxis und damit die Zulassung möglichst reibungslos vom Praxisabgeber an den Praxisübernehmer übertragen werden kann.

Da man hier jedoch trefflich darüber streiten kann, was bei dem konkreten Übergabevertrag gerade noch oder schon nicht mehr geschuldet ist, empfiehlt es sich, einzelne Pflichten, auf die die Parteien besonderen Wert legen, gesondert im Vertrag festzuhalten und gegebenenfalls eine Vertragsstrafe im Falle der Verletzung dieser Pflichten zu vereinbaren.

Vertragsstrafen bieten sich – wie bereits verschiedentlich erwähnt – an, um die jeweilige Partei zur Einhaltung bestimmter vertraglicher Verpflichtungen nachdrücklich anzuhalten. Insbesondere zur „Verstärkung" bloßer Unterlassungsverpflichtungen, bei Pflichten, die schwer zu überwachen oder möglichen Schäden, die schwer nachzuweisen sind, sollte eine angemessene Vertragsstrafe vereinbart werden.

Sofern – was nur zu empfehlen ist – bereits im Praxiskaufvertrag ein bestimmtes „Wording" vereinbart wird, also geregelt wird, wie genau, gegebenenfalls unter Beifügung des exakten Wortlauts einer Verlautbarung, sich beide Parteien gegenüber Dritten, wie Patienten (dient dem reibungslosen Übergang und der Patientenbindung und -zufriedenheit), Personal, Vertragspartnern oder ganz allgemein der Öffentlichkeit, darstellen, sollte ein Verstoß hiergegen ebenfalls strafbewehrt sein.

Eine Vertragsstrafe ist angemessen, wenn sie den widerstreitenden Interessen zu einem fairen Ausgleich verhilft. Sie muss einerseits empfindlich genug sein, den möglichen „Übeltäter" von der Pflichtverletzung abhalten zu können, darf ihn andererseits aber auch nicht in den Ruin treiben. Sollte eine Vertragsstrafe einmal zu hoch bemessen sein, wird sie allerdings nicht insgesamt unwirksam, sondern kann sozusagen von Amts wegen auf das zulässige, vom Gericht zu bestimmende Maß herabgekürzt werden.

Unter bestimmten Umständen bestehen diese Treue-, Fürsorge-, Schutz- oder Rücksichtnahmepflichten auch schon vor dem eigentlichen Vertragsschluss, nämlich dann, wenn Vertragsverhandlungen aufgenommen werden, sich ein Vertrag „anbahnt" oder aber auch bei „ähnlichen geschäftlichen Kontakten", die ebenfalls bei Verletzung zu einem Schadensersatzanspruch führen können (sog. culpa in contrahendo (cic)).

Wettbewerbsverbot für den Abgeber

Üblicherweise geht der Praxisübernehmer beim Kauf der Praxis davon aus, die Patienten und die übrigen vom Praxisabgeber aufgebauten Netzwerke, gerade im Hinblick auf Zuweiser, übernehmen zu können. Dementsprechend geht der Praxisübernehmer weiter davon aus, dass der Praxisabgeber ihm in Zukunft diese Beziehungen nicht abspenstig machen wird. Immerhin würde so die vom Praxisübernehmer unter Umständen teuer erkaufte Chance, diese Beziehungen zu nutzen und daraus seinen Lebensunterhalt zu bestreiten, beeinträchtigt.

Das ist jedoch nur dann unproblematisch, wenn der Praxisabgeber sich nach der Übergabe der Praxis zur Ruhe setzen möchte und sich dann auch tatsächlich in den Ruhestand verabschiedet.

Sofern der Praxisabgeber allerdings dann doch nicht „loslassen" kann oder ohnehin beabsichtigt hat, seinem Beruf anderweitig nachzugehen, stellt sich die Frage, wie der Praxisübernehmer in seiner Erwartungshaltung geschützt werden kann. Andererseits sollen aber auch die Interessen des Praxisabgebers, seinen Beruf weiterhin ausüben zu können, und damit dessen durch Art. 12 GG geschützte Berufsfreiheit nicht unzumutbar eingeschränkt werden.

Im Übergabevertrag (also in Schriftform zu Beweiszwecken!) sollte daher für den Praxisabgeber ein sog. nachvertragliches Wettbewerbsverbot, auch Rückkehrverbot oder Konkurrenzschutzklausel genannt, vereinbart werden. Angemerkt sei an dieser Stelle, dass für die Dauer eines Arbeits- oder Gesellschaftsvertrags beispielsweise ein solches Wettbewerbsverbot aufgrund der vertraglichen Nebenpflicht des Arbeitnehmers bzw. der Treuepflicht der Gesellschafter untereinander ohnehin – also auch ohne ausdrückliche vertragliche Regelung – besteht.

Um einen sachgerechten Ausgleich der gegenläufigen Interessen beider Parteien erzielen zu können, muss das Wettbewerbsverbot einige von der Rechtsprechung entwickelte Voraussetzungen erfüllen, um nicht Gefahr zu laufen, jedenfalls teilweise, nichtig und damit unverbindlich zu sein.

Geht die Klausel über den vorgenannten Schutzzweck hinaus, übervorteilt die eine und/oder benachteiligt die andere Partei in unzumutbarer Weise, ist die Klausel in jedem Fall nichtig.

Die Klausel muss danach in zeitlicher, örtlicher und gegenständlicher Hinsicht angemessen sein. Eine allgemeingültige Formel gibt es für die Angemessenheit des Wettbewerbsverbots aber nicht. Maßgeblich sind hier immer die Umstände des jeweiligen Einzelfalls. Der umfangreichen hierzu ergangenen Rechtsprechung können insoweit also nur Tendenzen entnommen werden.

In zeitlicher Hinsicht zulässig ist das Verbot nach der Rechtsprechung des Bundesgerichtshofs für die Dauer von grundsätzlich zwei Jahren. Nach dieser Zeit geht man davon aus, dass sich das „Patientengut" quasi „verflüchtigt" hat, die Patienten sich also einen anderen Arzt gesuch haben und es schlicht nichts mehr zu schützen gibt. Wird ein zeitlich länger andauerndes Wettbewerbsverbot vereinbart als

zulässig, ist es sittenwidrig und damit nichtig, wird aber durch das Gericht auf das zulässige Maß heruntergekürzt (sog. geltungserhaltende Reduktion).

Am fehleranfälligsten ist die Umschreibung des räumlich zulässigen Geltungsbereichs des Wettbewerbsverbots. Er muss sich am Einzugsbereich der Praxis orientieren, der von vielen Faktoren abhängig sein kann, wie zum Beispiel der Verkehrsanbindung, der geographischen Lage, ob es sich um ein Stadtgebiet oder eher ländlich geprägtes Gebiet handelt, der Fachgruppe des Praxisabgebers, der Patientenstruktur, dem Planbereich der Bedarfsplanung oder dem Zulassungsbezirk.

So kann beispielsweise bereits ein Radius von 5 km um die Praxis unwirksam sein, wenn die betreffende Praxis in Berlin-Mitte oder im Ruhrgebiet liegt. Andererseits kann ein Radius von 25 km in einem großflächigen und kaum besiedelten Gebiet, beispielsweise in der Eifel, unproblematisch zulässig sein. Möglich ist auch, dass es unzweckmäßig ist, einen vollkommenen Kreis mit mehr oder weniger großem Radius um die Praxis zu ziehen, zum Beispiel dort, wo ein Planbereich oder ein Zulassungsbezirk den Kreis durchschneiden würde oder eine geographische „Hürde" besteht.

In gegenständlicher Hinsicht muss der Wettbewerbsklausel entnommen werden können, welche Tätigkeiten der Praxisabgeber noch ausüben darf und welche nicht. Geregelt werden kann zum Beispiel, dass der Praxisabgeber in einem bestimmten Fachgebiet tätig werden darf, im anderen dagegen nicht, dass er noch privatärztlich tätig werden darf oder nicht, dass er (nur) keine eigene (Vertragsarzt-)Praxis mehr eröffnen darf oder dass er sich nicht von einem (bestimmten) Krankenhaus, einem (bestimmten) niedergelassenen Kollegen oder einem (bestimmten) MVZ oder nicht einmal mehr als Vertreter anstellen lassen darf. Denkbar wäre auch, dass er nur bestimmte Leistungen, wie zum Beispiel ambulante Operationen, nicht mehr ausführen darf. Eine Überschreitung der zulässigen Grenzen hat die Nichtigkeit des gesamten Wettbewerbsverbots zur Folge.

Das Wettbewerbsverbot sollte sodann durch eine angemessene Vertragsstrafe abgesichert werden, um nicht nur einen Anspruch auf Unterlassung gegen den Praxisabgeber geltend machen zu können oder einen oft nur schwer nachzuweisenden Schadensersatz beweisen zu müssen. Sollte die vereinbarte

Vertragsstrafe zu hoch sein, kann sie vom Gericht auf ein angemessenes Maß reduziert werden. Es bietet sich entweder an, eine konkrete Summe zu vereinbaren oder aber den auf den Goodwill entfallenden Teil des Kaufpreises anzusetzen, da das Wettbewerbsverbot ja in erster Linie auf die wirtschaftliche Verwertbarkeit des immateriellen Praxiswerts durch den Praxisübernehmer zielt.

Eine besondere Spielart des Wettbewerbsverbots ist die Patientenschutzklausel: Dabei ist es dem Praxisabgeber lediglich untersagt, bestimmte Patienten oder Patientengruppen zu behandeln. Die vorgenannten Kriterien zur Wirksamkeit einer „normalen" Wettbewerbsklausel sind allerdings nur eingeschränkt auf diese Form der Klausel übertragbar.

In Bezug auf die Behandlung gesetzlich versicherter Patienten macht eine entsprechend eingeschränkte Klausel ohnehin nur dann Sinn, wenn der Praxisabgeber nach der Übergabe überhaupt noch über die Berechtigung (Zulassung) verfügt, gesetzliche versicherte Patienten zu behandeln. Denkbar wäre dies beispielsweise bei der Abgabe lediglich eines Praxisteils. Falls der Praxisabgeber beabsichtigen sollte, in einer zugelassenen Klinik tätig zu werden, sollte er aber darauf achten, diesem die Beschränkung durch diese Klausel offen zu legen, da er ansonsten Gefahr läuft, sich entweder gegenüber dem Praxisübernehmer oder der Klinik, bei der er tätig werden möchte, schadensersatzpflichtig zu machen. Da er sich gegebenenfalls weigern müsste, „verbotene" Patienten in der Klinik zu behandeln, ist ansonsten regelmäßig lediglich die Erfüllung eines von beiden Verträgen möglich.

Überleitende Mitarbeit des Abgebers

Zur vorläufigen weiteren Bindung des Patientenstammes kann es durchaus sinnvoll sein, wenn der abgebende Arzt dem Nachfolger zumindest für einen gewissen Zeitraum, auch wenn vielleicht nur an bestimmten Tagen, zur Seite steht und sich gegebenenfalls auch als angestellter Arzt beispielsweise weiter vornehmlich um die Privatpatienten der übergebenen Praxis kümmert. Auf diese Weise kann am ehesten erreicht werden, dem Praxisübernehmer den besonders wertvollen Teil des Patientenstammes zu erhalten. Es ist in solchen Fällen dringend zu empfehlen, zusammen mit dem Praxisübergabe- bzw. -kaufvertrag auch einen Arbeitsvertrag zwischen dem Praxisübernehmer und dem Praxisübergeber

abzuschließen und – je nach Interessenlage – entsprechend längere oder kürzere Kündigungsfristen zu vereinbaren. Dabei kann es auch Sinn machen, einen Arbeitsvertrag – ohne Kündigungsmöglichkeit – zu befristen, wobei – wie bei jedem Vertragsabschluss – auf die jeweilige Interessenlage abzuheben ist, soweit nicht ohnehin unterschiedliche Verhandlungspositionen auf der ein oder anderen Seite je nach Praxisangebot – und Praxisnachfrage – erlauben, eher einseitigen Interessen im Vertragswerk gerecht zu werden.

Absicherung Morbiditätsrisiken

Da immer eintreten kann, woran niemand denken möchte, sollte der Übergabevertrag auch Regelungen für den Fall der Berufsunfähigkeit oder gar des Todes der einen oder anderen Partei vor dem geplanten Übergabezeitpunkt enthalten.

Sollte der Praxisübernehmer versterben oder zumindest teilweise berufsunfähig werden, möchte sich dieser bzw. dessen Erbe(n), wie auch der Praxisabgeber bzw. dessen Erbe(n), so schnell wie möglich von den vertraglichen Verpflichtungen lösen können. Sollte der Praxisabgeber versterben oder berufsunfähig werden, haben dieser bzw. dessen Erbe(n) wie auch der Praxisübernehmer in der Regel ein Interesse daran, dass der Vertrag so schnell wie möglich abgewickelt wird.

Häufig wird sich in Bezug auf den Tod oder die Berufsunfähigkeit des Praxisabgebers eine Regelung anbieten, wonach der Praxisübernehmer bereits unverzüglich nach Tod oder Feststellung der Berufsunfähigkeit die Praxis übernimmt. Dabei ist aber zu berücksichtigen, dass der Praxisübernehmer jedenfalls seine vertragsärztliche Tätigkeit erst dann aufnehmen darf, wenn er über eine bestandskräftige Zulassung verfügt. Unter Umständen kann der Eintritt der Bestandskraft etwas beschleunigt werden (s. o.). Üblicherweise kann es jedoch mehrere Monate bis zu einem halben Jahr dauern, bis der Bescheid, gegen den die Mitbewerber bzw. die Kassenärztliche Vereinigung dann erst Widerspruch einlegen können, zugestellt, und noch länger, bis er bestandskräftig ist. Hier bieten manche Kassenärztliche Vereinigungen den Service an, dass zumindest eine Art „Kurzfassung" des Bescheids herausgegeben wird, damit der Praxisübernehmer seine Tätigkeit schon einmal aufnehmen kann.

Dies ändert jedoch nichts an dem beschränkten Wirkkreis einer solchen Regelung im Hinblick auf die Bestandskraft der Zulassung. In der Zwischenzeit kann der Praxisübernehmer aber in der Regel schon einmal als Vertreter oder Sicherstellungsassistent tätig sein. Auch eine solche Regelung kann fürsorglich in den Übergabevertrag aufgenommen werden.

Anbieten kann sich für beide Seiten auch die Vereinbarung eines Rücktrittsrechts, von dem die jeweils nicht betroffene Partei gegebenenfalls Gebrauch machen kann. Wird von dem Rücktrittsrecht Gebrauch gemacht, muss das Vertragsverhältnis rückabgewickelt werden. Ist in jedem Fall eine Rückabwicklung – unabhängig von dem Willen einer Partei – gewollt, empfiehlt sich die Aufnahme einer Bedingung in den Vertrag.

Zuletzt sei noch angemerkt, dass die Regelungen, wie bei einer möglichen Berufsunfähigkeit bis hin zu deren Feststellung zu verfahren ist, nicht detailliert genug sein können. Eine unklare oder ungenaue Regelung birgt großes Konfliktpotenzial.

So kann sich trefflich über die Auswahl des zu bestellenden Gutachters, die Kostenübernahme für denselben bis hin zu den Fristen, ab wann von einer Berufsunfähigkeit gesprochen werden kann oder muss, oder wer den Antrag auf Untersuchung über die Berufsunfähigkeit einbringen kann oder muss und in welcher Form, gestritten werden. Es empfiehlt sich dabei, sich daran zu orientieren, ab wann der entsprechende Berufsunfähigkeitsversicherer der betroffenen Partei (sofern vorhanden) von einer Berufsunfähigkeit ausgeht.

Schieds- oder Schlichtungsklauseln

Oft findet sich in Praxisübergabeverträgen die Formulierung, dass der ordentliche Rechtsweg, also der Rechtsweg vor den Straf- und vor allem Zivilgerichten (Amtsgericht, Landgericht etc.) entweder ganz zu Gunsten eines Verfahrens vor einem Schiedsgericht ausgeschlossen wird oder ein solches Schiedsverfahren zwingend einem Verfahren vor einem ordentlichen Gericht vorzugehen hat. In manchen Verträgen wird dann noch ganz genau beschrieben, wie ein solches Verfahren durchzuführen ist und welche Schiedsrichter wie bestimmt werden, wie viele Schiedsrichter es sein sollen und welche Wirkung das Ergebnis des Verfahrens auf die Parteien haben soll ((Un-) Verbindlichkeit des Schiedsspruchs).

Es soll hier keinesfalls bestritten werden, dass ein Schiedsverfahren oft gut geeignet ist, Probleme auch ohne die Zuhilfenahme der Gerichte zu lösen. In einem solchen Verfahren können nämlich auch Themen zum Gegenstand gemacht und einer Lösung zugeführt werden, die mangels Rechtserheblichkeit in einem Gerichtsverfahren nicht zur Sprache kommen würden, zum Beispiel wenn sich beide Parteien gegenseitig Vorwürfe über den Umgangston untereinander oder gegenüber dem Personal oder fehlenden Arbeitseifer machen, oder Themen, die nicht zur Sprache kommen sollten, da die Akten ansonsten direkt an die Staatsanwaltschaft weitergereicht werden könnten (beispielsweise Abrechnungsbetrug, Zuweisung gegen Entgelt, Beleidigung o. Ä.).

Auch kann dem Schiedsgericht – zumal wenn es sich bei dem vorsitzenden Schiedsrichter nicht nur um einen Juristen, sondern auch um einen Fachanwalt für Medizinrecht handelt – die notwendige Erfahrung im Umgang mit den zu behandelnden Themen unterstellt werden, über die ein „normaler" Richter bei einem ordentlichen Gericht leider nicht immer verfügt.

Ein solches Verfahren birgt aber auch Nachteile, sodass man sich gut überlegen sollte, ob eine solche Klausel auch wirklich gewollt ist. Zum einen ist ein Schiedsverfahren nicht kostenlos. Die Kosten sind vielmehr erfahrungsgemäß mit denen eines „normalen" Gerichtsverfahrens in etwa vergleichbar, wenn nicht gar identisch. Bedient man sich der Hilfe eines Rechtsanwalts, möchte dieser schließlich auch nicht umsonst arbeiten. Rechtsschutzversicherungen, sofern diese überhaupt eintrittspflichtig sein sollten, werden darüber hinaus auch kaum die Kosten eines Schieds- und dann gegebenenfalls noch eines Gerichtsverfahrens übernehmen wollen.

Zum anderen besteht, sofern im Vertrag keine genauen Regelungen über das Verfahren vorhanden sind, was selten ist, oft Streit darüber, wie viele Schiedsrichter es geben soll und vor allem welche Personen dies sein sollen. Oft wird die Bestimmung der Schiedsrichter oder des Schlichters einer Institution, zum Beispiel der örtlich zuständigen Ärztekammer, übertragen. Dennoch kann man sich dann weiter über die Persönlichkeit des so Bestimmten streiten. Die Akzeptanz eines auf diese Weise zu Stande gekommenen Schiedsspruchs wird sich dann in Grenzen halten, zumal dann bereits ein längerer Zeitraum verstrichen sein kann, bis überhaupt erst die Besetzung des Schiedsgerichts feststeht. Das Verfahren an sich kann sich schlimmstenfalls mindestens ebenso lang hinziehen wie ein gerichtliches Verfahren.

Aus diesem Grund sollte der ordentliche Rechtsweg jedenfalls nicht vollkommen durch eine Schiedsklausel ausgeschlossen werden. Entweder sollte nur die Möglichkeit der Durchführung eines Schlichtungsverfahrens eingeräumt und es dann den Parteien überlassen bleiben, ob sie ein solches Verfahren durchführen möchten, oder einem zwangsweise durchzuführenden Schlichtungsverfahren sollte wenigstens ein Verfahren vor einem ordentlichen Gericht folgen können.

Checklisten

Wichtige Klauseln des Praxisübergabevertrages		
Unterlagen	**Zu erledigen bis**	**Erledigt**
1. Umschreibung Kaufgegenstand		☐
2. Bedingungen, Vorbehalt und/oder Rücktrittsrecht		☐
3. Kaufpreissicherung		☐
4. (Kaufpreisanpassungsklausel)		☐
5. Abgrenzungen zum Übergabestichtag		☐
6. Garantien und Gewährleistung		☐
7. Schutz von Patientendaten		☐
8. Eintritt in Verträge mit Dritten		☐
9. Mitwirkungspflichten und Vertragsstrafen		☐
10. Wettbewerbsverbot		☐
11. Absicherung Morbiditätsrisiken		☐
12. Schiedsklausel		☐
13. Übernahme der Praxismitarbeiter		☐

Phase kurzfristiger Zeitplan Praxisabgabe		
Unterlagen	**Zu erledigen bis**	**Erledigt**
1. Anforderungsprofil an den Bewerber feststellen		☐
2. Bewerbersuche		☐
3. Kontaktaufnahme mit potenziellen Praxisübernehmern		☐
4. Verschwiegenheitserklärung		☐
5. Vorverträge, Letter of Intent		☐
6. Kaufpreisfindung, Praxiswertermittlung		☐
7. Praxisübergabevertrag		☐
8. Sicherung des Übergangs auf den gewünschten Nachfolger		☐
9. Ausschreibung zur Nachbesetzung		☐
10. Entscheidung des Zulassungsausschusses		☐
11. Übergabe der Praxis und Aufnahme der Tätigkeit durch den Praxisübernehmer		☐
12. Überleitende Mitarbeit des Praxisabgebers		☐

4.5 Arbeitsrechtliche Besonderheiten

Ob vertraglich vereinbart oder nicht, tritt der Praxisübernehmer unabhängig von dessen Willen (und unter Umständen Wissen) quasi automatisch in die Arbeitsverhältnisse des Praxisabgebers mit seinem Praxispersonal ein, sofern der entsprechende Arbeitnehmer dem nicht widerspricht, sog. Betriebsübergang gemäß § 613a BGB. Einer ausdrücklichen Regelung der Vertragsübernahme wie bei allen anderen Vertragsverhältnissen bedarf es daher nicht. Demgegenüber sollten explizite Regelungen über das „wie" des Betriebsübergangs in den Übergabevertrag aufgenommen werden, um für einen möglichst angenehmen und reibungslosen Arbeitgeberwechsel für alle Beteiligten Vorsorge treffen zu können.

4.5.1 Rechtslage

Bei jeder Form der Praxisveräußerung stellt sich sowohl für denjenigen, der die Praxis abgibt, als auch für denjenigen, der eine Einzelpraxis oder einen Gesellschaftsanteil an einer Gemeinschaftspraxis/Berufsausübungsgemeinschaft übernimmt, die Frage, welche Konsequenzen sich daraus für die Mitarbeiter und ihre Arbeitsverhältnisse ergeben. Die Rechtsfolgen sind vielfältig und erfordern größte Umsicht und Sorgfalt.

Wird etwa die Einzelpraxis oder die Gemeinschaftspraxis/Berufsausübungsgemeinschaft von dem Praxisübernehmer fortgeführt, haben wir es mit einem sogenannten Betriebsübergang zu tun. Er bewirkt, dass alle bisherigen Mitarbeiter des Praxisabgebers mit ihren Arbeitsverhältnissen bzw. Arbeitsverträgen beim Praxisübernehmer der Praxis ihre Arbeitsverhältnisse fortsetzen, ohne dass die jeweiligen Arbeitsverträge – etwa aus Anlass des Übergangs und zumindest für die Dauer eines Jahres – verändert werden dürften.

4.5.2 Unterrichtungspflichten

Zuvor haben entweder der Praxisabgeber oder der Praxisübernehmer die betroffenen Arbeitnehmer „in Textform" zu unterrichten über

1. den Zeitpunkt oder den geplanten Zeitpunkt des (Betriebs-)Übergangs
2. den Grund für den Übergang
3. die rechtlichen, wirtschaftlichen und sozialen Folgen des Übergangs für die Arbeitnehmer und
4. die hinsichtlich der Arbeitnehmer in Aussicht genommenen Maßnahmen

In der Praxis empfiehlt sich eine gemeinsame, d. h. von beiden, dem Praxisabgeber und dem Praxisübernehmer, unterzeichnete Unterrichtung. Da auch die rechtlichen Folgen des Betriebsübergangs darzustellen sind, müssen die Mitarbeiter darüber informiert werden, dass sie dem Übergang der Arbeitsverhältnisse auf den Praxisübernehmer auch innerhalb eines Monats ab der Unterrichtung über den Übergang ihres Arbeitsverhältnisses auf den neuen Praxisinhaber widersprechen können.

Für alle Beteiligten ist es wichtig zu wissen, dass nur eine vollständige und umfassende Unterrichtung die Frist von einem Monat in Gang setzt, innerhalb der sich die Mitarbeiter des Praxisübernehmers darüber klar werden müssen, ob sie dem Betriebsübergang auf den Praxisübernehmer widersprechen wollen oder nicht. Erst nach Ablauf dieses Monats kann sich der Praxisübernehmer – zumindest für die gewisse Zeit von Kündigungsfristen – sicher sein, dass er ein mit dem Patientenstamm der erworbenen Praxis vertrautes Team übernehmen kann oder eben nicht. Allerdings kommt es in der Praxis so gut wie nicht vor, dass einzelne Mitarbeiter dem Betriebsübergang widersprechen oder gar ein kollektiver Widerspruch durch alle oder die Mehrzahl der Mitarbeiter erfolgt. Der Grund dafür ist, dass der Praxisabgeber naturgemäß einem widersprechenden Arbeitnehmer keinen Arbeitsplatz (mehr) anbieten kann, ebenso wenig wie eine Praxisgemeinschaft/BAG, die in ihrer ursprünglichen Zusammensetzung aufhört zu existieren, denn nur der neue Praxisinhaber oder die neu gegründete Gesellschaft verfügt ab Betriebsübergang über reale Beschäftigungsmöglichkeiten. Sollten allerdings einzelne oder gar das gesamte Praxisteam dem Betriebsübergang auf den Praxisübernehmer widersprechen, ergibt sich folgende Rechtsfolge:

Die Arbeitsverhältnisse zwischen dem Praxisabgeber und seinen bisherigen Mitarbeitern bestehen so lange fort, wie die Arbeitsverhältnisse nicht wirksam gekündigt sind oder zwischen dem abgebenden Arzt und seinen Mitarbeitern eine Aufhebungsvereinbarung geschlossen worden ist; der Praxisübernehmer sieht sich umgehend vor das Problem gestellt, nur mit den Mitarbeitern weiter arbeiten zu können, welche dem Betriebsübergang auf ihn, den neuen Arbeitgeber, nicht widersprochen haben.

Wie kommen Praxisabgeber und Praxisübernehmer aus diesem Dilemma?

In einem solchen Fall empfiehlt es sich, dass sich beide untereinander verständigen und wie folgt vorgehen:

Der seine Einzelpraxis abgebende Arzt oder die Gesellschaft in der bisherigen Zusammensetzung kündigt die mit den widersprechenden Arbeitnehmern bestehenden Arbeitsverhältnisse zum nächst möglichen Termin, was immerhin bei langjährigen Beschäftigten unter Geltung der gesetzlichen Kündigungsfristen eine bis zu 7-monatige Kündigungsfrist bedeuten kann. Für die Dauer der Kündigungsfrist sind die widersprechenden Mitarbeiter vom Praxisabgeber zu vergüten, obwohl er sie nicht mehr beschäftigen kann, weil nur der Praxisübernehmer eine Beschäftigungsmöglichkeit anbieten kann. Und genau dieses Angebot, dem widersprechenden Arbeitnehmer bei dem neuen Arbeitgeber eine Beschäftigungsmöglichkeit – zumindest für die Dauer der jeweiligen Kündigungsfrist – anzubieten, sollten Praxisabgeber und Praxisübernehmer schriftlich vereinbaren. Nehmen die widersprechenden Arbeitnehmer dieses Beschäftigungsangebot nicht an, so verlieren sie ihren Anspruch auf Vergütung, weil sie sich das anrechnen lassen müssen, was sie während des Annahmeverzugs des Praxisabgebers zu erwerben „böswillig" unterlassen. Im Ergebnis werden sie entweder wohl oder übel das – auch nur für die Dauer der Kündigungsfrist – geltende Beschäftigungsangebot des Praxisübernehmers annehmen oder sich eine andere Beschäftigungsmöglichkeit suchen. In jedem Falle aber ist der Praxisabgeber auf diese Weise vor den finanziellen Nachteilen geschützt, die ihm sonst

aus den bei ihm zunächst verbleibenden Arbeitsverhältnissen anderenfalls ohne die beschriebene Vereinbarung mit dem Praxisübernehmer erwachsen könnten. In dem Praxisübergabevertrag bzw. dem Abtretungsvertrag (im Falle einer Berufsausübungsgemeinschaft/Gemeinschaftspraxis) zwischen dem Praxisabgeber und dem Praxisübernehmer sollte der immerhin nicht nur theoretische Fall eines widersprechenden Arbeitnehmers klar geregelt sein, wie etwa die Abwicklungskosten eines solchen Arbeitsverhältnisses unter den betroffenen Ärzten, dem Abgebenden, dem Praxisabgeber und dem Praxisübernehmer, bis hin zu den Kosten eines in diesem Zusammenhang möglichen Rechtsstreits vor den Arbeitsgerichten verteilt werden sollen.

4.5.3 Absicherung

Sowohl der Praxisabgeber in seiner Eigenschaft als der bisherige Arbeitgeber als auch der Praxisübernehmer als der neue Arbeitgeber haften für Verpflichtungen aus den übergegangenen Arbeitsverhältnissen gesamtschuldnerisch für alle rückständigen Verbindlichkeiten, soweit sie in dem Jahr vor dem Betriebsübergang entstanden sind. Was rückständige finanzielle Forderungen von Mitarbeitern angeht, so ist in vielen Arbeitsverträgen des Praxispersonals allein über die bloße Bezugnahme auf geltende Tarifverträge geregelt, dass die Mitarbeiter 12 Monate Zeit haben, rückständige Ansprüche geltend zu machen. Es dürfte ein Gebot der Fairness sein, den Praxisübernehmer über derartige Verbindlichkeiten, namentlich noch offene Urlaubsansprüche, soweit sie nicht vor dem Betriebsübergang vom Praxisabgeber erfüllt sind, zu informieren; sorgfältig gestaltete Praxisübergabeverträge enthalten ohnehin entsprechende Regelungen, auch über den tatsächlichen Personalstand, der sich gerade aufgrund von in Anspruch genommener Elternzeit oder bei aus anderen Gründen ruhenden Arbeitsverhältnissen nicht zuverlässig aus den Lohnabrechnungen ablesen lässt. Darin sollte über die nicht ohne Weiteres sichtbaren, aber rechtlich nach wie vor bestehenden Arbeitsverhältnisse Auskunft gegeben werden.

4.5.4 Kündigung/Beendigung von Arbeitsverhältnissen vor Betriebsübergang

Es kann sich im Laufe der Vertragsverhandlungen ergeben, dass der übernehmende Arzt/die übernehmende Gesellschaft mit weniger Personal auszukommen beabsichtigt, als der Praxisabgeber gegenwärtig beschäftigt. In diesem Falle kann sich der abgebende Arzt mit der Forderung konfrontiert sehen, er möge – oft auf seine Kosten – die Arbeitsverhältnisse für einzelne oder eine bestimmte Zahl seiner Mitarbeiter vor Betriebsübergang beenden. Dabei stellt sich zunächst die Frage, wer diese Kosten zu tragen hat bzw. in welcher Form sie letztendlich auch im Kaufpreis der Praxis ihren Niederschlag finden. Grundsätzlich ist es der Praxisübernehmer, der den Vorteil geringerer Personalkosten anstrebt und letztendlich daraus den Nutzen zieht. Für den seine Praxis abgebenden Arzt sieht die Problematik anders aus:

Er trägt das Risiko eines Arbeitsgerichtsprozesses und damit auch die Folgen, wenn das Arbeitsgericht die Kündigung nicht für wirksam erachtet oder aber er sich verpflichtet, in der Regel aus prozessökonomischen Gründen mit dem betreffenden Mitarbeiter einen Abfindungsvergleich zu schließen, aus dem nur er und nicht der Praxisübernehmer finanziell verpflichtet ist. Unabhängig von der Zahl der Mitarbeiter, dessen Kündigung der Praxisübernehmer fordert, hat der Praxisabgeber unter bestimmten Umständen mit dem Kündigungsschutz einzelner Mitarbeiter zu kämpfen, zumindest wenn die Arbeitsverhältnisse noch vor dem 31. Dezember 2003 begründet worden sind und die Praxis seinerzeit nicht weniger als fünf vollzeitbeschäftigte Mitarbeiter angestellt hatte. Anderenfalls hängt die kritische Zahl für die Frage, ob die Mitarbeiter Kündigungsschutz genießen oder nicht, davon ab, ob der abgebende Arzt mehr als zehn vollzeitbeschäftigte Mitarbeiter beschäftigt oder nicht. In jedem Falle muss der Praxisabgeber die vertraglichen oder gesetzlichen Kündigungsfristen und die damit einhergehenden Vergütungsansprüche der Mitarbeiter im Auge behalten. Über die damit einhergehenden Kosten der Personalanpassung (Arbeitsgerichtsprozesse, Abfindungen) ist sinnvollerweise im Übergabevertrag eine Regelung zu treffen, die wenigstens beide Parteien gleich belastet oder eben den Praxisübernehmer, der letztendlich den Vorteil aus dem verringerten Personalbestand zieht.

4.6 Zivilrechtliche Aspekte der Sicherung des Übergangs auf den gewünschten Nachfolger

4.6.1 Grundsätzliches

Soweit für den jeweiligen Planungsbereich keine Zulassungsbeschränkungen angeordnet sind, kann sich dort jeder approbierte Arzt, der die übrigen Zulassungsvoraussetzungen erfüllt, frei niederlassen. Das gilt allerdings nur dann, wenn im Zusammenhang mit der Änderung der Bedarfsplanungsrichtlinie und der Aufnahme bisher unbeplanter Arztgruppen in die Bedarfsplanung den Zulassungsbehörden keine Entscheidungssperre auferlegt ist. Zulassungsanträge, die während eines solchen Zeitraums eingereicht werden, sind vom Zulassungsausschuss abzulehnen, falls nach erfolgter Antragstellung eine Zulassungsbeschränkung angeordnet wird.

In gesperrten Planungsbereichen kann eine Zulassung nur nach den Ausnahmetatbeständen des SGB V erfolgen. Danach kann ein Vertragsarzt in einem zulassungsgesperrten Planungsbereich zur vertragsärztlichen Versorgung zugelassen werden, sofern er die vertragsärztliche Tätigkeit gemeinsam mit einem dort bereits tätigen Vertragsarzt desselben Fachgebiets oder derselben Facharztbezeichnung ausüben will und sich die Partner/Gesellschafter der zu gründenden Berufsausübungsgemeinschaft gegenüber dem Zulassungsausschuss zu einer Leistungsbegrenzung verpflichten, die den bisherigen Praxisumfang des schon zugelassenen Vertragsarztes nicht wesentlich überschreitet (sog. Deckelung, ermittelt aus dem Durchschnitt der vier zuletzt abgerechneten Quartale + 3 Prozent = „nicht wesentliche" Überschreitung).

Diese Gestaltung kann insbesondere für einen gleitenden Übergang der Praxis von einem älteren auf einen jüngeren Arzt genutzt werden. Der

Zulassungsausschuss prüft in diesem Zusammenhang, ob der übernehmende Vertragsarzt den Willen hat, die zu übernehmende Praxis auch fortzuführen. Die Erforderlichkeit eines Fortführungswillen wird aus dem Gesetz abgeleitet, wobei es der herrschenden Meinung entspricht, dass die Fortführung auch unabhängig vom bisherigen Praxisbetrieb und Praxisstandort erfolgen kann.

4.6.2 Jobsharing

Wenn die Struktur der Arztpraxis nicht unter der Leistungsbeschränkung leidet, die mit der Anstellung oder der Aufnahme eines ärztlichen Kollegen als (Mit-) Gesellschafter in einer Berufsausübungsgemeinschaft zu unerwünschten wirtschaftlichen Einschränkungen führt, bietet sich das Jobsharing an, einen glatten Übergang vom Praxisinhaber auf seinen Nachfolger zu gestalten. Dabei sind zwei Arten des Jobsharings zu unterscheiden:

Zum einen gibt es den angestellten Jobsharer, für den die Vorschriften des Steuer- und Sozialversicherungsrechts für Arbeitnehmer gelten und der auch nicht Vertragsarzt wird. Seine Leistungen werden vom Praxisinhaber gegenüber der Kassenärztlichen Vereinigung abgerechnet. Auch müssen die Schwerpunktbezeichnungen sowohl des Praxisinhabers als auch des Jobsharer übereinstimmen.

Demgegenüber steht bei der sogenannten Mitgesellschaftervariante zwischen dem Praxisinhaber und dem Jobsharers eine Berufsausübungsgemeinschaft (BAG). Der Jobsharer wird in dieser Ausbringung als freiberuflich tätiger Vertragsarzt mit den entsprechenden vertragsärztlichen Rechten und Pflichten Gesellschafter einer BAG und tritt auch als solcher nach außen in Erscheinung. Abgerechnet werden die von ihm erbrachten Leistungen, wie auch die des Praxisinhabers, über die BAG. Auch hier muss die Schwerpunktbezeichnung beider Gesellschafter identisch sein; unschädlich ist, wenn nur einer von beiden eine Schwerpunktbezeichnung führt.

Für die Zulassung des Jobsharers als (Mit-) Gesellschafter gilt Folgendes:

Der freiberufliche Jobsharer erlangt den Vertragsarztstatus durch eine sog. „vinkulierte"

Zulassung (eigene Zulassung, die aber an die Zulassung des Praxisinhabers und das Bestehen der BAG gebunden ist). Die Zulassung ist nicht mit einem eigenen Versorgungsauftrag an den Vertragsarztsitz des Praxisinhabers gebunden und ist ferner auf die Dauer der gemeinsamen vertragsärztlichen Tätigkeit mit dem Praxisinhaber beschränkt. Sie endet also mit dem Ende von dessen Zulassung oder mit Beendigung der BAG. Die Vinkulierung und die Leistungsbegrenzung enden nach 10-jähriger gemeinsamer Jobsharing-Tätigkeit, gegebenenfalls auch vorher bei Entsperrung des Planungsbereichs. Die Zulassung wird nach Ablauf von 10 Jahren nach heutiger Rechtslage zur uneingeschränkten Vollzulassung mit eigenem Versorgungsauftrag. Der ehemalige Praxisinhaber und der Jobsharer können eine überörtliche BAG mit einem Dritten eingehen, der an einem anderen Vertragsarztsitz tätig ist. Eine überörtliche BAG zwischen Praxisinhaber und Jobsharer ist aber wegen der Bindung des Jobsharings an die Zulassung des Praxisinhabers nicht möglich. Wichtig aber ist, dass der Jobsharer nicht durch Regelungen im Gesellschaftsvertrag der BAG auf einen Angestellten reduziert wird, sonst liegt eine Scheingemeinschaftspraxis vor. Indizien dafür wären die Weisungsgebundenheit des Jobsharers hinsichtlich Arbeitszeit und seines Arbeitsgebietes oder wenn ihm pauschal eine Abfindung bei Ausscheiden vorenthalten wird, er also nicht am Goodwill teilnimmt, den er im Zweifel miterarbeitet; auch muss er zwingend am Gewinn und Verlust der Gesellschaft beteiligt sein und ein eigenes Stimmrecht wahrnehmen können.

4.6.3 Vorhandene BAG

Handelt es sich bei dem abgebenden Arzt um einen (Mit-) Gesellschafter einer BAG, die aus dem Zusammenschluss mit einem Jobsharing-Partner als weiterer (Mit-) Gesellschafter der BAG entstanden ist, bietet sich dieser naturgemäß als Nachfolger an. Denn jede BAG muss daran interessiert sein, ihrem Jobsharing-Partner den Gesellschaftsanteil eines zugelassenen Vertragsarztes zu übertragen, um sich – endlich – von der Leistungsbeschränkung des vertragsärztlichen Vergütungsanspruchs zu befreien, die naturgemäß mit dem Jobsharing einhergeht. Außerdem besteht unter den Gesellschaftern der BAG in der Regel bereits Konsens über die Person des nachfolgenden Arztes; in den meisten Gesellschaftsverträgen ist die Zustimmung der übrigen Gesellschafter Voraussetzung für die Übertragung eines Gesellschaftsanteils auf einen neuen Gesellschafter.

Die Wachstumsbeschränkung einer BAG, zu deren Gesellschafter ein Jobsharer gehört, entfällt aber auch dann, sobald es dem Jobsharer gelingt, mindestens einen hälftigen Vertragsarztsitz zu erhalten. In der Regel geschieht die allerdings unumkehrbare Übertragung des hälftigen Vertragsarztsitzes durch den später noch die zweite Hälfte abgebenden Arzt. Hierbei ist allerdings aus steuerlichen Gründen große Vorsicht geboten.

Es erscheint deshalb unerlässlich, ein solches Vorgehen nicht nur anwaltlich, sondern auch durch einen Steuerberater begleiten zu lassen.

Hinweis zur Leistungsobergrenze bei Jobsharing-Praxen: Nach neuere Recht soll durch den gemeinsamen Bundeausschuss die Möglichkeit geschaffen werden, dass unter dem Gruppendurchschnitt abrechnende Arztpraxen bis zum Fachgruppendurchschnitt wachsen dürfen.

Sofern eine BAG mit einem Jobsharing-Partner als Gesellschafter oder als Angestellten nicht bereits vor dem 05.03.2015 gegründet worden ist bzw. bestanden hat, muss diese Kooperation mindestens drei Jahre bestanden haben, bevor der Jobsharing-Partner im Nachbesetzungsverfahren privilegiert ist. Diese Reglung tritt an die Stelle der bislang weitaus großzügiger von den Zulassungsausschüssen gehandhabte Übung, wonach ein Zeitraum zwischen 3 bis 6 Monaten genügt hat, um die gewünschte Privilegierung des Nachfolgers zu sichern.

Sie wirft sicherlich eine Anzahl von Problemen auf: Die dreijährige Kooperation zwischen dem abgabewilligen Arzt und seinem potenziellen Nachfolger erfordert gegenüber der bisherigen Übung ein möglichst weitgehendes persönliches Verständnis wie auch eine möglichst weitgehende Übereinstimmung der Arbeitsauffassung und Praxisführung. Dies gilt umso mehr bei einer aus mehreren Gesellschaftern bestehenden BAG, innerhalb der sich die Gesellschafter ausbedungen

haben, über die Person eines neuen Gesellschafters mitzubestimmen.

Es mehren sich daher die Stimmen, die auf Grund der nunmehr vorgeschriebenen dreijährigen Kooperationsdauer die Gründung einer Übergangs-BAG mit dem Nachfolger vor dem Aus sehen.

Auf der anderen Seite bietet das Gesetz denjenigen eine Chance, denen die Zusammenarbeit in persönlicher und fachlicher Hinsicht nicht schwer fällt und die einen sukzessiven Übergang des Praxisanteils in die Hände eines jüngeren Kollegen für den besten Ausstieg in den Ruhestand halten.

Besteht die BAG ohnehin aus mehreren Gesellschaftern, macht es Sinn, die übrigen (Mit-) Gesellschafter in die Suche eines Nachfolgekandidaten mit einzubeziehen. Falls gleichwohl Vorbehalte gegenüber dem potenziellen Nachfolgekandidaten bestehen, würde es sich immer empfehlen, eine Probezeit von bis zu zwei Jahren zu vereinbaren. In dieser Zeit erlaubt die Rechtsprechung eine Ausnahme von der Regel, dass ein kündigender Gesellschafter die Gesellschaft verlassen muss: In diesem Falle kann innerhalb der 2-Jahres-Frist diese Regel außer Kraft gesetzt werden, sodass der gekündigte Gesellschafter gezwungen werden kann, die Praxis zu verlassen.

Umgekehrt muss gewährleistet sein, dass nach Ablauf der Probezeit der als Nachfolger vorgesehene (Mit-)Gesellschafter auch zu den übrigen Gesellschaftern weitestgehend gleich behandelt wird. Ohnehin ist er von vornherein nicht nur am Gewinn, sondern auch am Verlust beteiligt. Er muss ein Stimmrecht ausüben dürfen und es muss ihm von Anfang an ein Anteil am Goodwill zuwachsen. Anderenfalls droht das Rechtsverhältnis als ein Scheinarbeitsverhältnis qualifiziert zu werden mit weitreichenden gesellschaftlichen, arbeits- und sozialversicherungsrechtlichen und auch – im Hinblick auf eine fehlende Mitunternehmerstellung – steuerlichen Konsequenzen.

Zurecht werden aber Rechtsfolgen als weitaus gravierender empfunden, die bei einer fehlerhaften Gesellschaft im Verhältnis zur Kassenärztlichen Vereinigung entstehen: Sämtliche Abrechnungen seit Beginn einer solchen „Kooperation" lassen alle Honorarbescheide nichtig werden und geben der Kassenärztlichen Vereinigung das Recht, die gezahlten Honorare zurückzufordern.

4.6.4   Gründung Übergangs-BAG

Soweit das Facharztgebiet nicht gesperrt ist, kann es durchaus Sinn machen, mit einem niedergelassenen Arzt, der an der Übernahme des Patientenstamms des abgebenden Arztes interessiert ist, – übergangsweise – eine BAG zu begründen. Nichts anderes gilt aus denselben Gründen im gesperrten Gebiet, auch wenn diese Konstellation im Wesentlichen nur dann sinnvoll ist, wenn der kooperationsbereite niedergelassene Vertragsarzt damit auch die Absicht verbindet, die Praxis des abgabewilligen Arztes und die damit verbundene Zulassung im Wege des Nachbesetzungsverfahrens zu einem späteren Zeitpunkt zu übernehmen, um diesen Sitz etwa mit einem angestellten Arzt zu besetzen.

4.6.5   Übertragung auf einen anderen zugelassenen Arzt oder MVZ

Anstatt eine gemeinsame BAG mit dem übernahme-willigen Nachfolger zu gründen, kann es sich auch anbieten, die Praxis an einen Nachfolger, einen niedergelassenen Arzt oder eine BAG zu übertragen. Nichts anderes gilt für die Übernahme eines zur Nachbesetzung ausgeschriebenen Vertragsarztsitzes im Wege des Nachbesetzungsverfahrens, um die vertragsärztliche Tätigkeit durch einen angestellten Arzt in einem medizinischen Versorgungszentrum weiterzuführen. Oft entsteht auf diese Weise überhaupt erst ein medizinisches Versorgungszentrum, wenn etwa die Zulassung des medizinischen Versorgungszentrums mit der Nachfolgezulassung in einem Akt zusammenfällt. Das medizinische Versorgungszentrum muss allerdings, um am Zulassungsverfahren teilnehmen zu können, zunächst schon gegründet sein.

4.6.6   Kaufvertrags- und Mietvertragsabschluss

Ob der Zulassungsausschuss vor seiner Entscheidung vom Praxisübernehmer die Vorlage eines Kauf- oder Mietvertrages über die Praxisräume verlangen kann, hat die Rechtsprechung bisher offengelassen. Nach herrschender Literaturmeinung kann die Vorlage allenfalls dann verlangt werden, wenn sich dem Zulassungsausschuss begründete Zweifel aufdrängen, dass der Antragsteller nach Ablauf der gesetzlichen 3-Monats-Frist nach Zustellung des Beschlusses über seine Zulassung seinen Versorgungsauftrag dann auch tatsächlich in geeigneten Praxisräumen aufnehmen kann.

Gleichwohl ist dem Antragsteller wie auch dem Praxisabgeber unbedingt zu empfehlen, den Abschluss eines Kaufvertrages, gegebenenfalls auch den Abschluss eines Mietvertrages – soweit der Praxisübergeber Eigentümer der Praxisräume ist – oder die Zustimmung des Vermieters der Praxisräume, das Mietverhältnis fortzuführen, immer mit dem Vorbehalt zu versehen, dass auch tatsächlich der Zulassungsausschuss dem vorgesehenen Praxisübernehmer die Zulassung zur vertragsärztlichen Versorgung erteilt. Andererseits spielt der Vertragsabschluss eine große Rolle gegenüber allen anderen Mitbewerbern und wird erfahrungsgemäß von den Zulassungsausschüssen entsprechend zu Gunsten des potenziellen Praxisübernehmers auch berücksichtigt. Der Praxisübergeber muss seinerseits auf den Abschluss eines Kaufvertrages bestehen, weil ihm nur ein schriftlicher Kaufvertrag, unter aufschiebender Bedingung der erfolgten Zulassung oder nicht, den Anspruch auf seinen Kaufpreis sichert.

4.6.7   Weiterbildungsassistent, Sicherstellungsassistent (bzw. Entlassungsassistenz), angestellter Arzt

Im Vorgriff auf die Veräußerung der Einzelpraxis sowie eines Gesellschaftsanteils kann es auch sinnvoll sein, den künftigen Praxisübernehmer zunächst als Weiterbildungsassistenten, Sicherstellungsassistenten oder als Angestellten zu beschäftigen. Bei einem Weiterbildungsassistenten, der den Ehrgeiz besitzt, die Praxis in ähnlichem Umfang wie der abgabewillige Arzt nach Beendigung seiner Ausbildung weiterzuführen, kann eine solche Anstellung auch im Hinblick auf die Patientenbindung sehr wertvoll sein. Wenn sich der Weiterbildungsassistent auf diese Weise bewährt, könnte in einem weiteren Schritt daran gedacht werden, ihn etwa als Jobsharing-Partner anzustellen oder ihm nach entsprechendem Verzicht auf einen eigenen halben Versorgungsauftrag die andere Hälfte zu übertragen. Dies gilt im Grundsatz auch für einen Sicherstellungsassistenten, der über die Facharztanerkennung verfügt und im

Rahmen eines Anstellungsverhältnisses bei dem Praxisabgeber tätig wird. Er kann immer dann beschäftigt werden, wenn der Vertragsarzt vorübergehend gehindert ist, seinen vertragsärztlichen Pflichten in vollem Umfang nachzukommen. Der Sicherstellungsassistent kommt regelmäßig zur Vertragsanbahnung bei beabsichtigter Kooperation und zum Kennenlernen des Praxisbetriebes in Betracht (ein sogenannter „Schnupperassistent").

Dabei ist allerdings Folgendes zu beachten: Die Beschäftigung eines Sicherstellungsassistenten ist nur im Rahmen eines Anstellungsverhältnisses möglich, nicht aber im Rahmen einer Honorartätigkeit bzw. im Wege der freien Mitarbeit auf Honorarbasis.

Die Anstellung eines Sicherstellungsassistenten ist nur mit vorheriger (!) Genehmigung der Kassenärztlichen Vereinigung möglich.

Der Sicherstellungsassistent muss grundsätzlich über die gleiche Facharztanerkennung verfügen wie der anstellende Arzt und die Eintragungsfähigkeit in das Arztregister muss gegeben sein. Die Genehmigung wird üblicherweise zeitlich befristet. Die Dauer der Befristung ist abhängig von den Gründen für die Beschäftigung, wobei regelmäßig ein Zeitraum von sechs Monaten bis zu zwei Jahren zulässig und eine Verlängerung in Einzelfällen möglich ist.

Gründe für die Beschäftigung eines Sicherstellungsassistenten sind:

- Belegärztliche Tätigkeit des Vertragsarztes
- Einarbeitung in den Praxisablauf wegen geplanter Gründung einer Berufsausübungsgemeinschaft, geplanter Praxisübergabe oder Anstellung in einem MVZ oder bei einem Vertragsarzt (max. 6 Monate)
- Erkrankung oder gesundheitliche Beeinträchtigung des Vertragsarztes (inklusive Schwangerschaft und Zeit nach der Entbindung)
- Erkrankung des angestellten Arztes
- Erkrankung eines Kindes bzw. nahen Familienangehörigen
- Erziehung eines Kindes (bis zu einem Zeitraum von 36 Monaten pro Kind bis zur Vollendung des 18. Lebensjahres; der Zeitraum muss nicht zusammenhängend sein; Verlängerung des Zeitraums um bis zu 12 Monate (in besonderen Einzelfällen auch mehr als 12 Monate) ist auf nachvollziehbare Begründung hin möglich
- Pflege eines nahen Angehörigen in häuslicher Umgebung (bis 6 Monate; Verlängerung möglich)

- Sicherstellung der Methadonsubstitution
- Teilnahme an Pflegeheimversorgung (Praxisverbund mit heimbezogenem Versorgungsauftrag oder zum Beispiel Teilnahme am AOK Pflegenetz)
- Tätigkeit als Lehrbeauftragter und/oder wissenschaftliche Tätigkeit an staatlich anerkannter Hochschule (medizinischer Bereich)
- Wahrnehmung berufspolitischer Aufgaben
- Teilnahme an der Spezialisierten Ambulanten Palliativversorgung (SAPV)
- Tätigkeit als Ärztlicher Leiter Rettungsdienst
- Betreuung von Dialysepatienten

Der Sicherstellungsassistent darf nur solche Leistungen erbringen, zu deren Durchführung der anstellende Arzt selbst berechtigt ist. Bei selbständiger Durchführung genehmigungspflichtiger Leistungen durch den Sicherstellungsassistenten muss auch dieser über die entsprechende Qualifikation verfügen. Allerdings haftet der Vertragsarzt für die Erfüllung der vertragsärztlichen Pflichten durch den angestellten Assistenten wie für eine eigene Tätigkeit. Außerdem darf die Beschäftigung des Assistenten nicht zur Vergrößerung der vertragsärztlichen Praxis oder der Aufrechterhaltung eines übergroßen Praxisumfanges dienen. Wird seitens der Kassenärztlichen Vereinigung eine Veränderung oder Vergrößerung des Leistungsspektrums festgestellt, kann die Genehmigung, einen Sicherstellungsassistenten zu beschäftigen, widerrufen werden.

Dieselben Prinzipien gelten im Grundsatz auch für den angestellten Arzt, bei dem es sich im überversorgten Gebiet im Zweifel um einen Jobsharing-Partner handelt – mit der damit einhergehenden Deckelung des Budgets.

Zulassungsrechtlich hat das sog. Versorgungsstärkungsgesetz der Übertragung der Praxis auf einen angestellten Arzt, was bislang als ein probates Mittel für die Sicherung der Nachbesetzung galt, mit der 3-Jahres-Frist für eine entsprechende Beschäftigungsdauer einen Riegel vorgeschoben, der die bislang gängigen Gestaltungsmöglichkeiten beschnitten hat. Erst nach Ablauf von drei Jahren macht es heute Sinn, die Praxis zur Nachbesetzung auszuschreiben.

Aus einkommensteuerrechtlicher Sicht ist vor allem sicherzustellen, dass mit der Übertragung des Vertragsarztsitzes nicht sofort die stillen Reserven und das materielle und immaterielle Vermögen auf den angestellten Arzt übergehen. Es ist vielmehr darauf zu achten, diesen zunächst nur am Gewinn und Verlust der Praxis zu beteiligen und einen nicht zu hohen Kaufpreis (üblich: 5 Prozent vom späteren Kaufpreis) zu vereinbaren. Der verbleibende (Rest-) Kaufpreis sollte dann erst nach Ablauf von wenigstens drei Jahren fällig werden, wenn der zunächst beim Praxisübergeber verbliebene hälftige Vertragsarztsitz auf den Nachfolger übertragen wird. Diese Überlegung hängt damit zusammen, dass der abgebende Arzt den ersten Teil des Kaufpreises als laufenden Gewinn der Praxis, also mit seinem vollen Steuersatz, zu versteuern hat und er nach den einkommensteuerrechtlichen Vorschriften das 55. Lebensjahr im Interesse des altersbedingt ermäßigten Steuersatzes überschritten haben muss, wenn ihm dann der restliche Kaufpreis zufließt. Dieser Nachteil wird aber unter Umständen dadurch mehr als ausgeglichen, dass bei einem engagiert arbeitenden Nachfolger der Wert der Praxis selbst dann nicht sinkt, wenn der Praxisübergeber seine ganze Arbeitskraft in einem geringeren Umfang einsetzt und per Saldo für den Praxisübergeber – trotz geringerem Arbeitseinsatz – ein ausreichend hoher Veräußerungsgewinn entsteht. Bei einer geschickten Gestaltung sollte es möglich sein, den entstehenden Steuernachteil in Grenzen zu halten.

Schließlich ist auch denkbar und vertraglich zu regeln, wenn sich der abgebende Praxisübergeber von dem Praxisübernehmer selbst anstellen lässt. Bei dieser Variante kann der Praxisübergeber, sobald er das 55. Lebensjahr erreicht hat, zum ermäßigten Steuersatz den Veräußerungsgewinn versteuern, der sich aus dem Veräußerungspreis abzüglich der restlichen steuerlichen Restbuchwerte und der Veräußerungskosten errechnet. Für den Veräußerungsgewinn kann darüber hinaus noch ein Freibetrag in Höhe von max. 45.000,00 EUR abgezogen werden und der verbleibende Betrag wird mit 56 Prozent des durchschnittlichen Steuersatzes versteuert, der sich ohne den Veräußerungsgewinn ergibt. Diese Vergünstigung wird vom Gesetz allerdings nur einmal im Leben gewährt. Der Freibetrag verringert sich allerdings um den Betrag, um den der Veräußerungsgewinn 136.000,00 EUR übersteigt. Wichtig ist, dass von dem Praxisübergeber allenfalls eine Praxistätigkeit bis zu 10 Prozent der früheren Tätigkeit zulässig sind. Vertragsgestaltungen, die dem Praxisübergeber

das Recht einräumen, weiterhin seine Privatpatienten behandeln zu dürfen, sind in diesem Zusammenhang nicht nur gefährlich, sie sind auch in höchstem Maße steuerschädlich.

4.6.8 Vertreter in der Praxis

Als Übernahmekandidat kommt auch ein Praxisvertreter in Betracht. Das gilt jedenfalls dann, wenn er in der Vergangenheit, sei es über längere Urlaubszeiträume oder Krankheitszeiten des Praxisübergebers, über längere Zeiträume als dessen Vertreter aufgetreten und den Patienten damit um einiges vertrauter ist, als dies insbesondere bei häufig wechselnden Vertretern der Fall sein mag. Umgekehrt bietet es sich auch für den Praxisübergeber an, in „seiner" früheren Praxis als Vertreter des Praxisübernehmers tätig zu sein; eine solche Regelung sollte dem Praxisübernehmer dabei helfen, den Verbleib der Patienten des Praxisabgebenden in der übergebenen Praxis zu Gunsten des Praxisübernehmers zu sichern.

4.6.9 Verwandte des Praxisübergebers

Gerade in überversorgten Gebieten sind seit dem ab dem 01.08.2015 geltenden Gesetz zur Stärkung der Versorgung in der gesetzlichen Krankenversicherung (GKV-Versorgungsstärkungsgesetz; GKV-VSG), dessen Ziel es unter anderem ist, gerade in überversorgten Gebieten, in denen der Versorgungsgrad über 110 Prozent liegt und außerdem das Vorliegen einer Überversorgung festgestellt worden ist, Ehepartner, Lebenspartner sowie Kinder, die sich um die Nachbesetzung bewerben, nach wie vor privilegiert.

4.6.10 Besondere Versorgungsbedürfnisse, definiert durch die KV

Die Kritik in der Ärzteschaft an dem Entwurf des GKV-VSG hat dazu geführt, dass die Zulassungsausschüsse auch in an sich überversorgten Gebieten eine Nachbesetzung zuzulassen haben, wenn ein besonderer lokaler oder qualifikationsbezogener Versorgungsbedarf besteht oder der

Vertragsarztsitz einer speziellen Fachrichtung weiterhin benötigt wird. Dies gilt insbesondere auch bei Mitversorgungsaspekten, Versorgungsbedürfnissen von Menschen mit Behinderung oder den Erhalt des besonderen Versorgungsangebots eines medizinischen Versorgungszentrums oder einer Berufsausübungsgemeinschaft.

Im Weiteren sollen sich die Zulassungsausschüsse auch dann gegen einen Aufkauf eines Arztsitzes entscheiden können, wenn interessierte Ärzte „sich verpflichten, den zur Nachbesetzung anstehenden Vertragsarztsitz in ein schlechter versorgtes Gebiet desselben Planungsbereichs zu verlegen". Dabei ist an sehr große Planungsbereiche gedacht, in denen der Versorgungsgrad zwar insgesamt über 110 Prozent liegt, aber beispielsweise erhebliche Unterschiede hinsichtlich der Arztdichte zwischen einzelnen Regionen innerhalb eines Planungsbereichs bestehen.

Dem Praxisübergeber und seinen Beratern ist dringend zu raten, sich deshalb zuvor bei der Kassenärztlichen Vereinigung Auskünfte über die Arztdichte und die Versorgungsbesonderheiten einzuholen. Diese Auskünfte werden erfahrungsgemäß ohne Weiteres erteilt; aufgrund der neuen Gesetzeslage, die gerade darauf abzielt, eine zu dichte Versorgung zu entzerren, wird jede Kassenärztliche Vereinigung als verpflichtet anzusehen sein, die entsprechenden Auskünfte im Hinblick auf den Gesetzeszweck schnell und vor allem umfassend zu erteilen. Da sich der Zulassungsausschuss dieselben Informationen besorgen muss, erfordert es

ohnehin die Waffengleichheit, allen am Zulassungsverfahren Beteiligten, insbesondere den Ärzten, dieselben Informationen zur Verfügung zu stellen. Ohnehin haben sich der Praxisübergeber wie auch seine Berater im Rahmen des Zulassungsverfahrens mit den Kriterien auseinanderzusetzen, nach denen der Zulassungsausschuss seine Entscheidungen trifft. Oberstes Ziel der gegebenenfalls von den Sozialgerichten überprüften Entscheidungen des Zulassungsausschusses muss und wird es immer sein, die ärztliche Versorgung, auch in überversorgten Gebieten, sicherzustellen und als Berater entsprechend informiert auch vorzutragen.

4.6.11 Fazit und Hinweis

Es wird gerade in den Fällen der Überversorgung ganz besonders darauf ankommen, durch eigene Beobachtungen und Ermittlungen dem Zulassungsausschuss entweder einen besonderen Versorgungsbedarf im Sinne der Ausnahmetatbestände darzulegen und hierfür Beweise anzubieten, oder Praxisübernehmer zu gewinnen, die bereit sind, den zur Nachbesetzung anstehenden Vertragsarztsitz in ein entsprechendes, unterversorgtes Gebiet oder ein Gebiet mit „einer zu geringen Arztdichte" zu verlegen.

4.6.12 Checkliste

Sicherung der Übergabe auf den gewünschten Nachfolger	Erledigt
1. Jobsharing	☐
2. Vorhandene BAG	☐
3. Übergangs-BAG	☐
4. Übertragung auf einen anderen zugelassenen Arzt oder MVZ	☐
5. Kaufvertrags- und Mietvertragsabschluss	☐
6. Weiterbildungsassistent, Sicherstellungsassistent und angestellter Arzt	☐
7. Vertreter in der Praxis	☐
8. Verwandte des Praxisübergebers	☐
9. Besondere Versorgungsbedürfnisse, definiert durch die KV	☐

4.7   Aufnahme vertragsärztlicher Tätigkeit durch den Praxisübernehmer

Der im Nachbesetzungsverfahren neu zugelassene Vertragsarzt hat die Pflicht, in einem von Zulassungsbeschränkungen betroffenen Planungsbereich innerhalb von drei Monaten nach Zustellung des Beschlusses über seine Zulassung seine Tätigkeit auch aufzunehmen, da anderenfalls die Zulassung verfällt.

Diese Regelung, deren verfassungsmäßige Wirksamkeit nicht unbestritten ist, erweist sich immer dann als problematisch, wenn die Zulassung von dritter Seite angegriffen wird. In solchen Fällen wird man von dem Vorliegen eines wichtigen Grundes ausgehen können, wonach auf Antrag des – vorläufig zugelassenen – Arztes der Zulassungsausschuss nachträglich einen späteren Zeitpunkt für die Aufnahme der vertragsärztlichen Tätigkeit bestimmen kann. Eine Verlängerung der Frist um mehr als sechs Monate ist allerdings von einem Obergericht als unzulässig angesehen worden, ohne dass eine revisionsrechtliche Entscheidung des Bundessozialgerichts hierzu vorliegt: In der Revisionsinstanz haben sich die Parteien verglichen, sodass eine verlässliche höchstrichterliche Auslegung fehlt. Die im Einzelfall zu treffende Prognose, ob die Aufnahme vertragsärztlicher Tätigkeit nach Zulassung „noch in angemessener Frist" erwartet werden kann, erlaubt Zeiten der Betreuung und Erziehung von Kindern insgesamt höchstens im Umfang von drei Jahren zu berücksichtigen. Ist der Arzt aus persönlichen Gründen an der Aufnahme seiner vertragsärztlichen Tätigkeit gehindert (zum Beispiel durch einen Unfall), kann er die Aufnahme der vertragsärztlichen Tätigkeit ohne Weiteres durch Bestellung eines Vertreters sicherstellen. Da ein Arzt oder Assistent nicht anstelle des Vertragsarztes, sondern nur neben diesem tätig werden kann, wird deren Beschäftigung nicht als Aufnahme der vertragsärztlichen Tätigkeit gewertet.

Um dem Risiko einer Zulassungsbeendigung zu begegnen, wird empfohlen, rechtzeitig Widerspruch zu erheben, weil in diesem Falle der Ablauf der 3-Monats-Frist erst mit Bestandskraft des Zulassungsbescheides beginnt.

Steuerliche Folgen und Gestaltungsmöglichkeiten

Götz Bierling, Harald Engel, Anja Mezger, Daniel Pfofe, Wolfgang Pütz, Dietmar Sedlaczek

© Springer-Verlag Berlin Heidelberg 2016
G. Bierling, H. Engel, A. Mezger, D. Pfofe, W. Pütz, D. Sedlaczek, *Arztpraxis – erfolgreiche Abgabe*,
Erfolgskonzepte Praxis- & Krankenhaus-Management, DOI 10.1007/978-3-662-49763-0_5

5.1 Steuerliche Aspekte in der Vorbereitungsphase

5.1.1 Vorweggenommene Betriebsausgaben

Sobald die Praxisabgabe in Sichtweite gerät, sollte man darauf achten, dass sämtliche hierdurch entstehenden Kosten separat erfasst werden. Die entsprechenden Belege hierüber sollten aufgehoben werden, damit sie später Berücksichtigung finden können. Darüber hinaus ist stets darauf zu achten, ob auch andere Tätigkeiten für die Praxisabgabe Kosten produzieren.

Beispiele für derartige Kosten wären:

- Kosten für die Schaltung einer Anzeige in einer Praxisbörse
- Kosten für die Beauftragung eines betriebswirtschaftlichen Beraters, der den Wert der Praxis ermittelt und gegebenenfalls einen geeigneten Nachfolger sucht
- Beratungskosten für Rechtsanwälte und Steuerberater
- Inserate zur Suche eines geeigneten Nachfolgers usw.

Auch Fahrten zu den Besuchen von Seminaren, deren Gegenstand die Praxisabgabe ist, stellen Ausgaben dar. Wenn sie nicht sowieso mit einem zum Praxisvermögen gehörenden Pkw gefahren werden, sollten gesonderte Aufzeichnungen geführt werden. Diese Fahrten können mit mindestens 0,30 EUR je gefahrenen Kilometer abgesetzt werden.

■■ Unterscheidung Betriebsausgaben – Kosten der Betriebsaufgabe

Sämtliche mit dem laufenden Betrieb der Praxis im Zusammenhang stehende Ausgaben, wie zum Beispiel Personal-, Sach-, Leasing- und Mietkosten, stellen sogenannte Betriebsausgaben dar. Sie mindern den zu versteuernden Gewinn der Arztpraxis, da sie von den Praxiseinnahmen abgezogen werden.

Davon abzugrenzen sind die Kosten der Betriebsaufgabe. Diese stehen nicht mit dem laufenden Betrieb der Praxis, sondern gerade mit der Aufgabe dieser im Zusammenhang. Steuerlich wird zwischen diesen beiden Positionen unterschieden, da der Gewinn aus dem Betrieb der Arztpraxis normal zu besteuern ist, während der Gewinn aus der Betriebsaufgabe einer Arztpraxis in der Regel steuerbegünstigt ist. Hierzu aber später mehr.

Grundsätzlich sollten daher im Zweifel sämtliche Kosten, die mit der Betriebsaufgabe in Zusammenhang stehen könnten, gesondert erfasst werden, um deren Geltendmachung und ordnungsgemäße Verbuchung im Einzelfall durch den Steuerberater zu prüfen.

■■ Gewinnentzerrung

Ohne den Vorgang unnötig verkomplizieren zu wollen, soll auch nicht unerwähnt bleiben, dass sich der Übertragungsvorgang steuerlich in mehrere Abschnitte unterteilt. Hierbei unterscheidet man zwischen dem laufenden Gewinn, dem Übergangsgewinn und dem Veräußerungsgewinn. Diese Unterscheidung ist deshalb so wichtig, da einzig der Veräußerungsgewinn privilegiert besteuert wird. Es sind daher immer Überlegungen anzustellen, die eine möglichst optimale steuerliche Gestaltung zum Ziel haben. Das Zusammenfallen von laufendem Gewinn, Übergangsgewinn (= Versteuerung der restlichen Einnahmen, insbesondere zwei KV-Schlusszahlungen) und Veräußerungs- und Entnahmegewinn führt zu hohen Steuersätzen, wenn alles in einem Kalenderjahr anfällt.

Ein Entzerren kann hier große Steuerersparnisse bewirken. Wie eine solche Entzerrung im Einzelfall aussehen kann, hängt von der individuellen wirtschaftlichen Lage des Praxisabgebers ab. Beispielsweise kann es sinnvoll sein, im Jahr vor der Veräußerung der Praxis zur Bilanzierung überzugehen. Dies muss jedoch mit dem Steuerberater im Einzelfall erörtert werden.

Wie ein Gewinn zustande kommt und wie er sich zusammensetzt, hängt vom Einzelfall ab. Regelmäßig ist es der persönlichen Einflussnahme entzogen, ob sich ein bestimmter Lebenssachverhalt gewinnerhöhend auswirkt. Dennoch sollte regelmäßig überprüft werden, welche Gestaltungsmöglichkeiten sinnvoll sind. Auch hier ist dringend anzuraten, rechtzeitig einen Steuerberater aufzusuchen.

5.1.2 Investitionsabzugsbetrag

Eine Möglichkeit, den laufenden Gewinn der Praxis zu senken, besteht darin, für anstehende Investitionen einen Investitionsabzugsbetrag zu bilden. Diese Möglichkeit ist vielen Selbständigen bekannt und auch durchaus beliebt. Doch auch hier ist Vorsicht geboten. Noch bestehende Investitionsabzugsbeträge werden im Rahmen der Praxisaufgabe bzw. des Praxisverkaufes rückwirkend zum Zeitpunkt ihrer Geltendmachung aufgelöst.
Ein Beispiel soll dies verdeutlichen:

Im Jahr 2017 soll ein neues Gerät angeschafft werden. Dieses Gerät soll 20.000,00 EUR kosten. Nun gibt es die Möglichkeit, diese Anschaffung bereits in der Steuererklärung 2015 zu berücksichtigen. Hierfür kann ein Investitionsabzugsbetrag in Höhe von 40 Prozent der geplanten Anschaffungskosten (40 Prozent von 20.000,00 EUR = 8.000,00 EUR) geltend gemacht werden. In dieser Höhe verringert sich der zu versteuernde Gewinn des laufenden Jahres. Wenn nun aber im Jahr 2016 die Praxis verkauft wird, stellt sich heraus, dass die Investition nicht mehr durchgeführt wird. Das führt dann dazu, dass der Steuervorteil aus dem Jahr 2015 wieder rückgängig gemacht wird. Das Finanzamt wird dann einen korrigierten Steuerbescheid erlassen.

5.2 Veräußerung einer Einzelpraxis

Zunächst muss bedacht werden, dass ein Praxisveräußerungsgewinn grundsätzlich steuerpflichtig ist. Dabei spielt es keine Rolle, ob dieser aus der Veräußerung einer Einzelpraxis oder aus der Veräußerung eines Praxisanteils resultiert. Für diesen Gewinn gewährt der Gesetzgeber Steuervergünstigungen. So erhält der Praxisabgebende einen Freibetrag und der darüber hinausgehende Gewinn wird begünstigt besteuert. Dies wird später erläutert. Der Gesetzgeber versteht unter einer Veräußerung eine (teil-) entgeltliche Übertragung der gesamten Praxis. Nicht hierunter erfasst sind unentgeltliche Übertragungen, d. h. Schenkungen.

Eine Veräußerung im hier umschriebenen Sinn liegt ebenfalls nicht vor, wenn die Einzelpraxis stückweise an mehrere Käufer veräußert wird. In diesem Fall liegt unter Umständen eine Praxisaufgabe vor. Auch diese kann zum Erhalt des Freibetrages und des begünstigten Steuersatzes führen.

5.3 Veräußerung eines Praxisanteils

5.3.1 Berufsausübungsgemeinschaft (BAG)

Auch bei der Veräußerung eines Praxisanteils an einer BAG muss überprüft werden, ob ein Veräußerungsgewinn zu versteuern ist.

Wenn ein Gesellschafter seinen Anteil an einer Gemeinschaftspraxis verkauft und dadurch aus der Gemeinschaftspraxis ausscheidet, setzen die verbleibenden Kollegen diese mit dem neu eintretenden Arzt fort. Bei den verbleibenden Partnern liegt durch die Veräußerung des Praxisanteils durch den ausscheidenden Arzt keine Praxisaufgabe vor. Bei ihnen ist daher weder ein Veräußerungsgewinn noch ein Übergangsgewinn zu versteuern. Das gilt auch, wenn nur ein Partner übrig bleibt, der die Praxis als Einzelpraxis fortführt.

Bei der Veräußerung des Anteils an einer Gemeinschaftspraxis ist bereits im Vorfeld der Gesellschaftsvertrag zu prüfen. Es ist sicherzustellen, dass die entsprechenden Vereinbarungen des Gesellschaftsvertrages (wie zum Beispiel Zustimmung der übrigen Gesellschafter zum Verkauf des Anteils) eingehalten werden.

▪▪ Umfang des Betriebsvermögens

Zunächst stellt sich die Frage, was alles zum Betriebsvermögen gehört und was davon übertragen werden soll. Bei der Überprüfung des Betriebsvermögens ist besondere Sorgfalt zu beachten. Zum Betriebsvermögen im steuerlichen Sinne gehört nämlich nicht nur, wie weitläufig angenommen, der Anteil an der Gemeinschaftspraxis, sondern auch das Sonderbetriebsvermögen.

▪▪ Behandlung des Sonderbetriebsvermögens

Der Begriff des Betriebsvermögens im Steuerrecht ist weit zu fassen. Zu ihm gehört auch das sogenannte Sonderbetriebsvermögen. Hat der ausscheidende Partner zum Beispiel ein Kfz, welches er überwiegend für Fahrten zwischen Wohnsitz und Praxis nutzt und bei dem diese Fahrten und weitere betrieblich bedingte Fahrten mehr als 50 Prozent der Gesamtfahrleistung ausmachen, so gehört dieses Kfz zu seinem Sonderbetriebsvermögen. Auch das Darlehen, welches der Anschaffung des Praxisanteils bzw. der Gründung der Gemeinschaftspraxis dient(e) und welches noch nicht zurückgezahlt wurde, gehört zum Sonderbetriebsvermögen. Nicht zuletzt fällt hierunter auch das Praxisvermögen, wenn es bei einer Praxisgründung durch die Zusammenlegung von zwei Praxen oder der Aufnahme eines Arztes in eine bestehende Praxis nicht Eigentum der Gemeinschaftspraxis wurde, sondern vom ehemaligen Alleininhaber weiter gehalten wurde. Andere Beispiele können Bilder, Skulpturen und Schreibtische sein, die vom jeweiligen Partner selbst bezahlt wurden.

Daher ist bei sämtlichen Übertragungsvorgängen zu prüfen, ob Sonderbetriebsvermögen besteht, dieses mit übertragen werden soll und welche steuerlichen Auswirkungen es hat, wenn dies nicht der Fall ist.

■■ Bindungsfristen aus vorhergehenden Gesellschafterwechseln

Aus vorherigen Gesellschafterwechseln können u. a. bestimmte Fristen hervorgehen, welche einzuhalten sind.

In manchen Fällen können aus vorhergehenden Gesellschafterwechseln steuerliche Probleme auftreten. So sind unter Umständen bestimmte Fristen zu beachten. Schenkt zum Beispiel ein Elternteil seinem Kind die Hälfte der Praxis und gehen diese somit eine Gemeinschaftspraxis ein, hat dies grundsätzlich keine Folgen, welche der Einkommensteuer unterliegen. Veräußert nun aber das Kind innerhalb eines 5-Jahres-Korridors seit der Schenkung seinen Anteil oder einen Teil dessen mit Gewinn an einen fremden Dritten, so besteht die Gefahr, dass die Schenkung seines Elternteils rückwirkend der Einkommensteuer unterliegt. Dasselbe gilt, wenn durch das Kind wesentliches Sonderbetriebsvermögen veräußert wird.

5.3.2 Gründung einer Übergangs-BAG

Aus unterschiedlichen Gründen kann es sinnvoll sein, die Praxis bzw. den Praxisanteil nicht sofort zu verkaufen, sondern nach Zwischenlösungen zu suchen. So kann die Position des Nachfolgers im Nachbesetzungsverfahren verbessert werden. Es wird beiden Parteien die Gelegenheit geboten, zu sehen, ob der potenzielle Nachfolger auch wirklich passt. Nicht zuletzt dient die längere gemeinschaftliche Arbeitszeit jedoch auch dem gleitenden Übergang zwischen Alt- und Neupraxisinhaber und somit der Patientenbindung und dementsprechend auch der Werterhaltung der Praxis.

Soll in eine bereits bestehende Praxis ein neuer Arzt aufgenommen werden, so gründen die beiden Partner eine BAG. Hierbei gibt es für den neu Eintretenden nun, je nach Zielrichtung der Aufnahme, mehrere Möglichkeiten. Zunächst könnte der neu eintretende Arzt dem Praxisinhaber die Hälfte der Praxis abkaufen. Es ist aber auch möglich, dass sich beide einigen, der BAG gleich hohe Werte zur Verfügung zu stellen. Dann bringt der Praxisinhaber seine bisherige Einzelpraxis in die neue BAG ein und der eintretende Arzt beispielsweise Geld in Höhe des Wertes der Einzelpraxis. Beide Modelle können kombiniert werden. Der Kaufpreis kann in Stufen (also nacheinander) gezahlt werden oder es kann vereinbart werden, dass sich der neu eintretende Arzt zunächst unter Verzicht auf einen gewissen Anteil am Gewinn quasi „schleichend" einkauft. Begrenzt möglich ist es auch, den neu eintretenden Arzt nicht am Vermögen zu beteiligen (sogenannte Nullbeteiligung). Dies muss aber gut durchdacht sein und kann keine dauerhafte Struktur bilden. Die Nullbeteiligung führt bei langfristiger Handhabung unter Umständen dazu, dass sowohl aus Sicht der KV als auch aus Sicht des Finanzamtes von einer versteckten Anstellung ausgegangen wird. Folge ist, dass im Rahmen der Abrechnung nicht mehr von einem Gesellschafter ausgegangen wird und unter Umständen Abrechnungsbetrug angenommen wird. Dies könnte dazu führen, dass Einnahmen über den Zeitraum der Geltung der Nullbeteiligung zurückgezahlt werden müssen und ein Strafverfahren eingeleitet wird. Steuerlich kann diese Nullbeteiligung dazu führen, dass rückwirkend Lohnsteuer abgeführt werden muss und die gesamte Praxis als Gewerbebetrieb angesehen wird. Das wiederum führt dazu, dass die Praxis rückwirkend gewerbesteuerpflichtig wird. Es ist daher dringend von solchen Konstellationen abzuraten.

◾◾ Aufnahme gegen Geldeinlage

Wird der Juniorpartner unter der Maßgabe aufgenommen, einen dem Praxiswert entsprechenden Geldbeitrag zu leisten, geht das Steuerrecht davon aus, dass eine Gemeinschaftspraxis gegründet wird, in die der Altpraxisinhaber seine Praxis einbringt und der Neupartner sein Geld.

Beispiel:

Der abgabewillige Senior führt seit Jahren eine Einzelpraxis. In einem Gutachten wurde die gesamte Praxis mit einem Praxiswert von 300.000,00 EUR bewertet. Nun soll der Junior mit demselben Anteil an der künftigen Gemeinschaftspraxis beteiligt werden wie der Senior. Der Senior bringt seine Praxis in eine neu gegründete Gemeinschaftspraxis ein. Um in derselben Höhe beteiligt zu sein, muss der neu eintretende Arzt ebenfalls einen Betrag in Höhe von 300.000,00 EUR auf das Konto der neuen BAG einzahlen. In der vorliegenden Konstellation ist es äußerst wichtig, dass das vom Junior eingezahlte Geld zur dauerhaften Verwendung in der Gemeinschaftspraxis verbleiben muss und nicht entnommen werden darf. Anderenfalls kann hierin schnell ein Umgehungsgeschäft gesehen werden. Der Senior erhält also keine Kaufpreiszahlung, über die er allein verfügen kann.

Der Vorteil dieser Lösung für den Senior besteht darin, dass er zunächst keinen Veräußerungsgewinn versteuern muss. Nachteilig ist, dass der Junior den dem Praxiswert entsprechenden Geldwert aufbringen muss. Dies dürfte dann vorteilhaft sein, wenn ohnehin größere Investitionen aufgrund des Eintritts des Juniors anstehen.

In Bezug auf den Wertansatz der eingebrachten Einzelpraxis in der neugegründeten Gemeinschaftspraxis besteht ein Wahlrecht. So kann die BAG den Patientenstamm als Wirtschaftsgut in den Büchern führen. Dies würde bei der neuen Gemeinschaftspraxis zu einem erhöhten Abschreibungspotenzial führen, also einer Möglichkeit, den Gewinn der Praxis zu senken. Hier ist jedoch zu beachten, dass diese Möglichkeit mit einem hohen Preis erkauft werden muss. Wenn die Gemeinschaftspraxis zum Beispiel den Patientenstamm als Position ausweisen will, hat dies zur Folge, dass der Arzt, der diesen Patientenstamm mitbringt, in dem Jahresabschluss, der der Neugründung der Praxis vorangeht, diesen ebenfalls als Position ausweisen muss. Dies kann aber nur durch eine gewinnerhöhende Buchung geschehen. Die höhere Abschreibung bei der Gemeinschaftspraxis wird durch die Gewinnerhöhung beim einbringenden Arzt erkauft. Diese Gewinnerhöhung kann der Arzt zwar durch eine sogenannte Ergänzungsbilanz wieder neutralisieren, dies muss jedoch in demselben Abschluss vor dem Zusammenschluss bereits geschehen. Wichtig zu wissen ist hierbei, dass das Wahlrecht, ob der Patientenstamm in die Bilanz der Gemeinschaftspraxis kommt oder nicht, bei der Gemeinschaftspraxis liegt und der einbringende Arzt hierbei nicht alleine bestimmen kann. Um zu verhindern, dass zu seinem Nachteil und zum Vorteil der anderen entschieden wird, sollten in die bei dem Zusammenschluss zu schließende Verträge entsprechende Regelungen aufgenommen werden.

Beim späteren Erwerb des Anteils des Seniors muss der Junior bei unveränderten Wertannahmen weitere 300.000,00 EUR zahlen. Diese Zahlung erfolgt direkt an den Senior und ist bei diesem, analog zu den Regeln über den Verkauf einer Einzelpraxis, zu versteuern. Der Erwerber finanziert im ersten Schritt also keinen Kaufpreis, sondern die zusätzlichen Praxisinvestitionen. Erst in einem zweiten Schritt wird der Kaufpreis für die frühere Einzelpraxis des Seniors gezahlt. Die steuerliche Behandlung erfolgt entsprechend.

Problematisch ist bei diesem Modell, dass nicht immer die Möglichkeit zu entsprechend hohen und betriebswirtschaftlich sinnvollen Investitionen besteht. Erfolgen diese Investitionen nicht, fehlt den Partnern die Abschreibung.

Aufnahme gegen Kaufpreiszahlung

Bei einem angenommenen Praxiswert von 300.000,00 EUR veräußert der Senior einen 50-Prozent-Anteil seiner Praxis an den Junior gegen Zahlung eines Kaufpreises von 150.000,00 EUR. Die Kaufpreiszahlung erfolgt in das Privatvermögen des Seniors zu dessen freien Verfügung.

Der Senior erzielt einen Veräußerungsgewinn in Höhe von 150.000,00 EUR abzüglich der Hälfte der Buchwerte seiner Einzelpraxis und eventueller Veräußerungskosten. Der Junior hat in Höhe seiner Kaufpreiszahlung zusätzliches Abschreibungsvolumen generiert.

Der große Nachteil dieser Lösung besteht darin, dass die Steuerbegünstigung des Seniors bezüglich des Veräußerungsgewinns wegfällt, da diese nur unter den Voraussetzung besteht, dass der Senior nach der Übertragung keine selbständige Tätigkeit mehr ausübt. Der Veräußerungsgewinn unterläge damit dem vollen Steuersatz. Erst bei der späteren Veräußerung der zweiten Praxishälfte stehen dem Senior die Steuervergünstigungen zu.

Für den Verkäufer hat diese Variante erhebliche steuerliche Nachteile gegenüber einem Verkauf der Praxis im Ganzen.

Etwas anderes kann sich dann ergeben, wenn durch einen Verkauf in zwei Stufen ein ansonsten wegen Überschreitens der Kappungsgrenze entfallener Freibetrag (Berechnung siehe unten) doch noch realisiert werden kann. Der Freibetrag bezieht sich stets auf die gesamte Einzelpraxis bzw. den gesamten Gemeinschaftspraxisanteil.

Die Praxis ist 300.000,00 EUR wert. Wird sie im Ganzen veräußert, so steht dem Veräußerer kein Freibetrag zur Verfügung. Veräußert er aber zunächst nur die Hälfte der Praxis, also 150.000,00 EUR – und zum Schluss wieder 150.000,00 EUR –, so kann der Praxisinhaber bei dem zweiten Veräußerungsgeschäft einen Freibetrag geltend machen.

Aufnahme in Stufen

Eine weitere Übertragungsoption ist das sogenannte Stufenmodell. In der ersten Stufe wird dem Junior nur eine Minibeteiligung von zum Beispiel 5 Prozent verkauft. Hier wird die später noch näher zu erläuternde Steuervergünstigung des Veräußerungsgewinnes vom Verkäufer nicht in Anspruch genommen. Bei dem geringen Kaufpreis fällt der Nachteil der vollen Steuerpflicht nicht so ins Gewicht.

Nach mindestens einem Jahr erhöht der Junior seine Beteiligung auf 50 bzw. 100 Prozent. Bleibt der Senior in der Praxis, kann die Steuervergünstigung nur gewährt werden, wenn der hälftige Praxisanteil im steuerlichen Sinn ein Teilbetrieb ist. Die halbe Praxis muss dann wie eine selbständige Praxis geführt werden und eine eigene Organisation haben. In der Realität kommt dies nur bei getrennten Praxisräumen vor.

Da Freibetrag und halber Steuersatz nur einmal im Leben gewährt werden, stehen diese beim Verkauf der zweiten Praxishälfte dann nicht mehr zur Verfügung. Es verbleibt nur die Möglichkeit, die sog. Fünftelungsregelung anzuwenden.

Es ist also zu überlegen, ob man die steuerlichen Vergünstigungen nicht ohnehin besser erst beim Verkauf der zweiten Praxishälfte einsetzen will.

Weiterhin muss darauf hingewiesen werden, dass die Anerkennung des Zweistufenmodells voraussetzt, dass der Junior nicht bereits von Anfang an ein Ankaufsrecht oder eine Ankaufspflicht für den zweiten Anteil hat, da sonst die Gefahr besteht, dass die Finanzverwaltung einen Gestaltungsmissbrauch annimmt und die steuerlichen Vorteile nicht gewährt.

Eine weitere Einschränkung ergibt sich aus der Tatsache, dass die steuerliche Begünstigung des Veräußerungsgewinnes auf der zweiten Stufe voraussetzt, dass eventuell vorhandenes steuerliches Sonderbetriebsvermögen anteilig mit übertragen wird. Befinden sich also zum Beispiel die Praxisräume im Betriebsvermögen des Seniors und werden von diesem an die Gemeinschaftspraxis vermietet, so müssen im vorliegenden Beispiel in der zweiten Stufe auch 45 Prozent der Immobilie an den Junior verkauft werden. Dies ist eine in der Praxis oft nicht gewollte Voraussetzung.

Aufnahme gegen Gewinnverzicht

Ein weiteres probates Mittel, einen möglichen Nachfolger in die Praxis einzubinden, stellt die Möglichkeit dar, den Nachfolger in die Praxis aufzunehmen und zunächst nicht voll am Gewinn zu beteiligen. Bei einem Wert des 50%igen Praxisanteils von 400.000,00 EUR und einem erwarteten Praxisgewinn von durchschnittlich 200.000,00 EUR könnte z.B. vereinbart werden, dass der Senior 5 Jahre lang 60 Prozent und der Junior 40 Prozent Gewinnanteil erhält. Erst danach würde die Gewinnverteilung 50:50 betragen. Damit bekäme der Senior mit 120.000,00 EUR jeweils 40.000,00 EUR mehr Gewinnanteil, in 5 Jahren also 200.000,00 EUR. Dies entspräche dem anteiligen Kaufpreis. Der Veräußerer verfügt über zusätzliche Liquidität, muss aber keinen Veräußerungsgewinn versteuern. Stattdessen versteuert er die zusätzlichen Gewinnanteile in den Folgejahren mit den dann geltenden Steuersätzen. Nachteilig ist, dass die Versteuerung zum vollen Steuersatz erfolgen muss und kein Freibetrag gewährt wird.

Wichtig ist, dass keine festen jährlichen Vorabgewinnanteile festgelegt werden dürfen. Nur der Prozentsatz der Gewinnbeteiligung darf verändert werden. Das bedeutet, dass der genaue Kaufpreis bei

Vertragsabschluss noch nicht feststeht. Dies ist erst nach Ablauf der Phase der geänderten Gewinnverteilung der Fall. Würden feste jährliche Vorabgewinnanteile festgelegt, würde ein Verkauf mit Ratenzahlung vorliegen, der zur sofortigen Versteuerung des gesamten Kaufpreises führen würde.

Insgesamt ist bei der Aufnahme von Nachfolgern zu beachten, dass diese als vollwertige Partner fungieren müssen. Dies ist insbesondere zu beachten bei der Teilhabe am Vermögen, an Gewinn und Verlust, an den stillen Reserven und an den Mitbestimmungsrechten. Es gibt diesbezüglich einen gewissen Spielraum, auch können Rechte nach und nach gewährt werden. Insgesamt sollte jedoch jeder aufgenommene Partner in absehbarer Zeit gleichwertige Rechte haben. Bei krassen und dauerhaften Unterschieden droht ansonsten Ungemach. So sind in den letzten Jahren Urteile ergangen, die bei entsprechenden Konstellationen Scheingesellschafter annahmen. Dies hatte in einem vor dem Bundessozialgericht verhandelten Fall die Folge, dass immense Summen an die örtliche Kassenärztliche Vereinigung zurückgezahlt werden mussten. In einem anderen Fall hat das Finanzgericht Düsseldorf geurteilt, dass es sich dann um eine insgesamt als gewerbesteuerpflichtig anzusehende Berufsausübungsgemeinschaft handelt.

5.3.3 Gründung einer Praxisgemeinschaft

Die Praxisgemeinschaft ist zu trennen von der Berufsausübungsgemeinschaft. In einer Praxisgemeinschaft üben die Ärzte ihren Beruf gerade nicht zusammen, sondern getrennt aus. Die Praxisgemeinschaft ist somit eine reine Kostenteilungsgemeinschaft.

Wenn ein Kaufpreis für die Einrichtung und/oder einen Patientenstamm eines aus der Praxisgemeinschaft austretenden Gesellschafters gezahlt wird, führt dies bei dem Austretenden in jedem Fall zu einem voll zu versteuernden Veräußerungsgewinn. Erst bei endgültigem Ausscheiden aus der Praxisgemeinschaft werden Freibetrag und ermäßigter Steuersatz gewährt.

Der Verlustanteil aus den gemeinschaftlich getragenen Kosten wird einheitlich und gesondert festgestellt und von den Partnern vom jeweiligen Gewinnanteil ihrer Einzelpraxen abgezogen.

▪ ▪ Betriebsvermögen

Der Umfang des Betriebsvermögens einer Praxisgemeinschaft kann mannigfaltig sein. Er geht von einzelnen Gerätschaften bis hin zu kompletten Praxiseinrichtungen.

▪ ▪ Sonderbetriebsvermögen

Zum Sonderbetriebsvermögen einer Praxisgemeinschaft gehört wiederum alles, was der einzelne Gesellschafter der Praxisgemeinschaft für deren Tätigkeit zur Verfügung gestellt hat.

▪ ▪ Bindungsfristen

Auch bei Gründung einer Praxisgemeinschaft ist zu überprüfen, ob die Überlassung von Vermögen an eine solche rückwirkend steuerlich zu vermeidende Gewinne auslöst.

5.4 Besonderheiten bei Praxis-, Apparate- und Laborgemeinschaften

Zunächst ist anzumerken, dass keine Gewinnfeststellung im eigentlichen Sinne erfolgt, da ja keine Einnahmen generiert werden sollen. Daher sind bei den Kostentragungsgemeinschaften auch lediglich die anteiligen Kosten gesondert festzustellen.

Zwei Aspekte sind bei den Kostentragungsgemeinschaften weiter zu beachten. Zunächst ist darauf zu achten, dass aus der Kostentragungsgemeinschaft keine Gewerbesteuerrisiken entstehen. Gewerbesteuerlich problematisch wird das Gesamtkonstrukt, wenn die Ressourcen, die in der Kostentragungsgemeinschaft gebündelt werden, zum Beispiel auch Dritten zugängig gemacht werden und hierfür ein Gewinnaufschlag verlangt wird. Beispiel hierfür wäre die Überlassung von Geräten, wie einem Computertomographen, oder von Operationsräumen. Wird hierbei zusätzlich zum Gewinnaufschlag noch geschultes Personal überlassen, ist diese Überlassung grundsätzlich als gewerbesteuerpflichtig anzusehen.

Des Weiteren sind auch umsatzsteuerliche Folgen zu prüfen. Wird die Einrichtung nicht verkauft, sondern dem eintretenden Partner gegen Entgelt nur zur Nutzung überlassen, so ist für die Überlassung der Einrichtung eine mögliche Umsatzsteuerpflicht zu prüfen. Eine Befreiung besteht zumindest, soweit die von der Gemeinschaft erbrachten Leistungen an deren Gesellschafter diese sie unmittelbar für die heilberufliche Tätigkeit verwenden und hierfür die genaue Erstattung der Kosten verlangt wird. Höchst problematisch und daher im Zweifel vorab zu klären sind die Fragen, ob die Gemeinschaft unmittelbar der heilberuflichen Tätigkeit dient und wie die Berechnung der genauen Erstattung der Kosten aussieht.

5.5   Schenkung an Kind als Übernehmer

Die Schenkung hat als unentgeltliche Übertragung grundsätzlich keine einkommenssteuerlichen Gewinnauswirkungen. Die Einkommensquelle des Elternteils geht als Gesamtobjekt auf das Kind über. Das Kind tritt dann in die Fußstapfen der Mutter oder des Vaters und führt auch einkommenssteuerlich die Praxis als Nachfolger fort. Selbst wenn, zum Beispiel zur Finanzierung von Praxisinventar, Darlehen aufgenommen wurden und diese dann vom Kind übernommen werden, führt dies nicht zu einer entgeltlichen Praxisübernahme.

Ebenso wenig ist eine entgeltliche Praxisübernahme anzunehmen, wenn die Praxis übertragen wird und das Kind dem Elternteil die Zahlung einer privaten Versorgungsleistung zusagt. Wird eine Praxis an ein Kind übertragen und sichert dieses dem Übertragenden die Zahlung von Geldbeträgen zu, so wird in der Regel vermutet, dass es sich hierbei um Versorgungsleistungen handelt. Die Zahlungen sind wiederkehrende Bezüge und Sonderausgaben.

Eine Schenkungssteuer fällt in der Regel nicht an, da zusätzlich zu den allgemeinen Freibeträgen noch der Freibetrag für das Betriebsvermögen und der Bewertungsabschlag greifen.

5.6   Praxisübergang aufgrund Todes des Abgebers

Grundsätzlich geht die Arztpraxis im Todesfall unter Fortführung der Buchwerte auf den oder die Erben über. Freibetrag und halber Steuersatz werden bei Verkauf der Praxis durch die Erben nur dann gewährt, wenn der Verstorbene mindestens 55 Jahre alt war.

Wird die Praxis von einem Erben fortgeführt, der selbst Arzt ist, erzielt dieser Einkünfte aus freiberuflicher Tätigkeit. Erfüllt er diese Voraussetzung nicht, so kann er die Praxis nicht fortführen. Die Praxis des Verstorbenen gilt sodann mit dessen Todestag als aufgegeben. Wird sie von einem Vertreter fortgeführt, so liegen Einkünfte aus einem Gewerbebetrieb vor. Wird die Praxis von einer Erbengemeinschaft fortgeführt, an der ein „Nichtarzt" beteiligt ist, dann erzielt die Erbengemeinschaft in vollem Umfang gewerbliche Einkünfte. Dies führt zur Gewerbesteuerpflicht des gesamten Praxisgewinnes.

Vereinbaren die Erben jedoch innerhalb von 6 Monaten nach dem Erbfall, dass allein der Arzt-Miterbe die Praxis übernimmt, so erzielt dieser von Anfang an freiberufliche Einkünfte. Von einer Umwandlung in gewerbliche Einkünfte wird dann abgesehen.

5.7   Besteuerung der Praxisabgabe

5.7.1   Einkommensteuer

Zeitpunkt der Übergabe der Praxis

Bei der Wahl des Übertragungsstichtages sind im Wesentlichen zwei Dinge zu bedenken:

Wichtig ist zunächst, dass von der Wahl des Übergabestichtages der Zeitpunkt abhängt, ab wann der Gewinn aus dieser (der Praxisübergabe) zu versteuern ist.

Die Bestimmung des Zeitpunktes der Praxisübergabe kann bei falscher Wahl zu unerfreulichen Folgen führen. Eine Praxisveräußerung zum 31.12. eines Jahres ist in der Regel doppelt misslich. Zum einen erhöht der Übertragungsgewinn das zu versteuernde Einkommen in dem Jahr, in dem noch bis zum 31.12. gearbeitet wurde. Somit werden sowohl der laufende Gewinn als auch der Gewinn aus der Praxisveräußerung versteuert. Zum anderen ist auch die aus der Veräußerung resultierende Steuer fast ein komplettes Jahr früher fällig. Eine Praxisveräußerung in den ersten Monaten des Jahres ist demnach die günstigere Alternative. Man ist hierbei nicht an das Quartalsende gebunden. Als möglicher Termin kommt zum Beispiel der 2. Januar um 7.00 Uhr morgens in Betracht.

Außerdem kann von dem Zeitpunkt der Praxisveräußerung abhängen, ob die steuerliche

Privilegierung (s. u.) gewährt wird. Es ist durchaus schon vorgekommen, dass kurz vor Vollendung des 55. Lebensjahres Praxen übertragen wurden und somit die Privilegierungen nicht in voller Höhe in Anspruch genommen werden konnten.

Laufender Gewinn/ Veräußerungsgewinn

Wird eine Praxis aufgegeben oder veräußert, so ist das (laufende) Ergebnis bis zur Veräußerung/ Aufgabe zunächst wie in jedem anderen Jahr auch zu ermitteln. Das so ermittelte Ergebnis nennt man Übergangsgewinn/-verlust. Zuletzt ist in einem dritten Schritt im Rahmen einer Aufgabebilanz (oder Rechnung) der begünstigte Aufgabe-/Praxis(Anteils) veräußerungsgewinn zu ermitteln.

■■ Ermittlung und Besteuerung des laufenden Gewinns

Wie bereits vorab beschrieben, wird der laufende Gewinn im Jahr der Betriebsaufgabe/-veräußerung zunächst wie in den Vorjahren auch ermittelt. Sollte der Gewinn, wie üblich, zuvor im Rahmen einer Einnahmen-Überschussrechnung ermittelt worden sein, so kann dies in diesem Jahr ebenso geschehen. Die zuvor genannten taktischen Überlegungen der legalen „Verschiebung" von Gewinnen bleiben hiervon unberührt. Zum Zeitpunkt der Veräußerung wird zusätzlich ermittelt, welche Leistungen bereits erbracht wurden, die noch nicht abgerechnet, bzw. welche Leistungen erbracht und abgerechnet, jedoch noch nicht bezahlt wurden. Dies wird sowohl bei den in Anspruch genommenen Leistungen Dritter als auch bei den selbst erbrachten Leistungen ermittelt. In diese Berechnungen fließen regelmäßig die KV-Schlusszahlungen, noch nicht beglichene Privatabrechnungen sowie noch nicht bezahlte Rechnungen mit ein. Sowohl das laufende als auch das aus der Übergangsrechnung ermittelte Ergebnis sind als laufender Gewinn anzusehen und werden „normal" besteuert.

■■ Ermittlung und Besteuerung Veräußerungsgewinn

Ermittlung Steuerpflichtig ist der sogenannte Veräußerungsgewinn, welcher sich wie folgt ermittelt:

	Verkaufspreis
./.	steuerliche Restbuchwerte bzw. Kapitalkonto
./.	Veräußerungskosten
=	**Veräußerungsgewinn**

Besteuerung Voraussetzungen einer begünstigten Besteuerung sind:
- Entgeltliche Übertragung
- einer (ganzen) Praxis, eines selbständigen Teils der Praxis oder eines Anteils an einer Praxis mit ihren wesentlichen Betriebsgrundlagen
- in einem einheitlichen Vorgang
- auf einen Erwerber in der Weise, dass der Erwerber die Praxis fortführen kann
- Beendigung der freiberuflichen Tätigkeit des Veräußerers

■■ Entgeltliche Übertragung

Zunächst muss es sich um eine entgeltliche Übertragung der Praxis oder des Praxisanteils handeln. Nicht hierunter fällt demnach die unentgeltliche Übertragung, also die Schenkung. Erfolgt die Übertragung schenkweise, so führt der Beschenkte die Praxis einkommensteuerlich wie der Schenker weiter. So werden z. B. die Abschreibungen weitergeführt wie bisher. Wichtig ist hierbei, dass der Beschenkte die Praxis oder Anteile an ihr fünf Jahre behalten muss und nicht verkaufen sollte, da ansonsten eine rückwirkende Besteuerung der stillen Reserven erfolgt. Wann entgeltlich, teilentgeltlich oder schenkweise übertragen wird, bemisst sich immer am Wert der Praxis. Wird ein Kaufpreis vereinbart, der dem Praxiswert entspricht, spricht man von einer entgeltlichen Veräußerung. Wird nur ein Teil des Wertes der Praxis als Kaufpreis vereinbart und wäre ein höherer Preis durchsetzbar, so spricht man von einem teilentgeltlichen Erwerb.

■■ Übertragung einer (ganzen) Praxis, eines selbständigen Teils der Praxis oder eines Anteils an einer Praxis mit ihren wesentlichen Betriebsgrundlagen

Wesentliche Betriebsgrundlage in diesem Sinn ist der Patientenstamm bzw. der Praxiswert. Bei anderen Wirtschaftsgütern, zum Beispiel Praxisausstattung, Forderungen usw., kommt es darauf an, ob sie für die

Praxis von besonderer Bedeutung sind, was vielfach eher zu verneinen ist. Die Zurückbehaltung der Privatpatienten ist ebenfalls steuerschädlich, da Privat- und Kassenpraxis in der Regel keine Teilpraxen im steuerlichen Sinne darstellen und steuerrechtlich nicht getrennt betrachtet werden. Bei einer Trennung der Praxis im vorgenannten Sinn kann zusätzlich ein Problem mit der Umsatzsteuer entstehen. Zu vermeiden sind auch Konstellationen, in denen der Verkauf aufgrund der „Streckung" des Verkaufsvorganges bzw. der Aufteilung der Praxisbestandteile auf mehrere Käufer nicht mehr als einheitlicher Vorgang gewertet werden kann. Dann liegen die Voraussetzungen für die Inanspruchnahme der steuerlichen Privilegierungen nicht vor. Der so erzielte Gewinn wird dann ohne Abstriche als laufender Gewinn versteuert.

Werden Teilpraxen veräußert, so kommt es im Wesentlichen darauf an, dass der selbständige Teil der Praxis organisatorisch klar trennbar vom zurückbehaltenen Teil sein muss. Begründet liegt dies darin, dass die Privilegierung nur für die Übertragung von Praxisvermögen gelten soll, das eigenständig überlebensfähig ist.

Dies ist auch umsatzsteuerlich relevant. Werden nur Teile der Praxis veräußert, so kann der Verkauf dieser Teile umsatzsteuerpflichtig werden. So kann zum Beispiel nicht lediglich der kassenärztliche Versorgungsauftrag zum Verkaufsobjekt gemacht werden, wenn der Praxisabgeber die Privatpatienten behält. Stellt sich im Nachhinein heraus, dass es sich um einen Verkauf des „Sitzes" handelt, der zum Beispiel ohne den Patientenstamm oder sonstige wesentliche weitere Vermögensgegenstände veräußert wird, droht ebenfalls die Umsatzsteuerpflicht des Übertragungsvorganges. Besonders sensibel ist dies in Fach(-arzt)gebieten, die wenig Betriebsvermögen haben oder deren Patientenstamm schlecht übertragbar ist, wie zum Beispiel bei Psychotherapeuten oder Fachärzten für Psychiatrie und Psychotherapie.

■ ■ Behandlung des Sonderbetriebsvermögens bei der Veräußerung eines Gemeinschaftspraxisanteils

Wie bereits geäußert, gehört auch vorhandenes Sonderbetriebsvermögen zum Betriebsvermögen. Dieses muss also mit veräußert oder in das Privatvermögen überführt werden. Geschieht dies nicht, wird ein möglicher Gewinn nicht privilegiert besteuert.

Wird der Anteil an der Gemeinschaftspraxis nur anteilig veräußert, so findet keine Privilegierung statt, da Voraussetzung für die Inanspruchnahme die Übertragung/Aufgabe eines gesamten Mitunternehmeranteils ist. Wird ein Gemeinschaftspraxisanteil veräußert, so muss grundsätzlich das Sonderbetriebsvermögen ebenfalls veräußert bzw. ins Privatvermögen entnommen werden. Dies gilt zumindest, solange es sich bei dem betreffenden Sonderbetriebsvermögen um für die Gemeinschaftspraxis wesentliches Vermögen handelt. Dies dürfte wohl uneingeschränkt für eine Praxisimmobilie gelten, wohingegen der betrieblich genutzte PKW in der Regel kein wesentliches Sonderbetriebsvermögen darstellt.

■ ■ Praxisimmobilie

Befindet sich die Praxisimmobilie im Eigentum des Praxisinhabers und gehört damit zum steuerlichen Betriebsvermögen, so kommt es zu einer erheblichen steuerlichen Mehrbelastung. Dies gilt nicht nur, wenn die Praxisimmobilie an den Praxisübernehmer mit veräußert wird. Behält der Praxisabgeber die Immobilie zurück, so wird in der Regel eine sogenannte Entnahme in das Privatvermögen angenommen. Im letztgenannten Fall wird dann der Marktwert, abzüglich der Buchwerte der Versteuerung, zu Grunde gelegt.

Der steuerpflichtige Veräußerungsgewinn erhöht sich um den Entnahmegewinn der Immobilie, wie die nachfolgende Beispielsrechnung verdeutlicht:

Beispiel	
	EUR
Anschaffungskosten der Praxisimmobilie 1988	
Grund und Boden	100.000,00
Gebäude	250.000,00
	350.000,00
abzüglich Abschreibung bis 01.01.2015	
26 Jahre × 2% des Gebäudewertes	130.000,00
steuerlicher Restbuchwert	**120.000,00**

Der Verkehrswert soll 500.000,00 EUR betragen. Der steuerliche Entnahmegewinn beträgt somit 380.000,00 EUR (500.000,00 EUR / 120.000,00 EUR).

Dieser ist zusätzlich zum Veräußerungsgewinn mit 56 Prozent des durchschnittlichen Steuersatzes zu versteuern, wenn der Veräußerer das 55. Lebensjahr vollendet hat. Hierdurch entfällt in der Regel der Freibetrag für die Betriebsaufgabe. Der zusätzlichen Steuerbelastung steht keine zusätzliche Liquidität gegenüber. Als Rettung bietet sich die frühzeitige Einbringung der Immobilie in eine gewerblich geprägte GmbH & Co. KG an. Dieses ist aber aufwendig und lohnt für die „normale" Praxisimmobilie oft nicht.

■ ■ **Arbeitszimmer**

Auch das häusliche Arbeitszimmer kann steuerliches Betriebsvermögen darstellen, wenn das Wohnhaus dem Praxisinhaber ganz oder teilweise gehört. Auch dieses führt beim Praxisverkauf zu einem zusätzlichen Entnahmegewinn, der die verfügbare Liquidität mindert. Die Wirkung ist grundsätzlich die gleiche wie bereits dargestellt; jedoch wird nicht die gesamte Immobilie, sondern nur der prozentuale Anteil des Arbeitszimmers besteuert. Hinzu kommt jedoch noch der Entnahmewert der Einrichtung.

■ ■ **Anderes Betriebsvermögen**

Auch andere Teile des steuerlichen Betriebsvermögens werden oft nicht mit veräußert, führen aber dennoch zu steuerpflichtigen Entnahmegewinnen.

Typische Beispiele

Praxis-Pkw, der nicht mit verkauft wird	
	EUR
Wert bei Praxisverkauf	20.000,00
steuerlicher Restbuchwert	1,00
Entnahmegewinn	**19.999,00**

Bilder in der Praxis oder Einrichtung des häuslichen Arbeitszimmers	
	EUR
Wert bei Praxisverkauf	5.000,00
steuerlicher Restbuchwert	1,00
Entnahmegewinn	**4.999,00**

■ ■ **Übertragung in einem einheitlichen Vorgang**

Hierbei ist wichtig, dass die Praxis nicht nach der „Salamitaktik", also „Stück für Stück", übertragen wird.

■ ■ **Übertragung auf einen Erwerber in der Weise, dass der Erwerber die Praxis fortführen kann**

Sämtliche wesentlichen Betriebsgrundlagen müssen auch dem Erwerber zur Verfügung stehen. Problematisch sind hierbei unter Umständen Fälle, bei denen nur „der Sitz" verkauft wird und sämtliches anderes Praxisinventar beim Veräußerer verbleibt.

■ ■ **Grundsatz der endgültigen Aufgabe**

Grundsätzlich muss der veräußernde Arzt seine selbständige ärztliche Tätigkeit einstellen. Von diesem Grundsatz gibt es jedoch, wie so oft, diverse Ausnahmen. Die wesentlichen, beachtenswerten Punkte sollen im Folgenden geschildert werden:

■ **Ausnahme 1**

Dem aus der Gemeinschaftspraxis ausscheidenden bzw. die Einzelpraxis veräußernden Partner wird zugestanden, in einer Übergangsphase von ca. 6 Monaten selbständig in der Praxis weiterzuarbeiten. Dies dient der sicheren Übergabe der Praxis, der Sicherung des Patientenstammes und somit nicht zuletzt der Sicherung der Existenz der Praxis.

■ **Ausnahme 2**

Der ausscheidende oder praxisveräußernde Arzt darf in geringem Umfang (ca. 10 Prozent des „verkauften Umsatzes") auch „Alt"-Patienten in selbständiger Tätigkeit versorgen. Hier dürfen grundsätzlich aber keine Neupatienten aufgenommen werden.

■ **Ausnahme 3**

Wird an eine Neueröffnung der Praxis gedacht, nachdem die bisherige Praxis verkauft wurde, sollte die Veräußerung schon eine gewisse Zeit her sein oder eine andere Örtlichkeit gesucht werden. Dies gilt im Übrigen unabhängig davon, ob man im Praxiskaufvertrag oder im Gesellschaftsvertrag der Gemeinschaftspraxis, aus welcher man ausgeschieden ist, ein Wettbewerbsverbot vereinbart hat, also, dass nach Ausscheiden bzw. Verkauf der Praxis/des Praxisanteils keiner ärztlichen Tätigkeit mehr nachgegangen wird. Die Rechtsprechung erwartet in einem solchen Fall nämlich, dass die vorher ausgeübte Tätigkeit in dem bisherigen örtlich begrenzten Wirkungskreis wenigstens für eine gewisse Zeit eingestellt wird.

▪ Ausnahme 4

Ein Weiterarbeiten führt nicht unbedingt zum Verlust der steuerlichen Privilegien, nämlich dann nicht, wenn in einer anderen als der zuvor in der Praxis ausgeübten Tätigkeit weitergearbeitet wird. Diese muss aber von der aufgegebenen Tätigkeit klar trennbar sein.

▪ Ausnahme 5

Wie bereits beschrieben, greift die steuerliche Privilegierung nicht, wenn selbständig dauerhaft im selben Metier weitergearbeitet wird. Möglich ist aber, sich bei der Altpraxis anstellen zu lassen oder wenn „Alt"-Patienten im Namen und auf Rechnung des Praxiskäufers behandelt werden.

▪▪ In einem einheitlichen Vorgang

Bei Nichteinhalten der Bedingungen droht eine (rückwirkende!) Versteuerung der Praxisübertragung, ohne dass die gewünschte steuerliche Privilegierung eingreift. Hier ist also äußerste Vorsicht geboten, denn auch schon bestandskräftige Steuerbescheide können unter gewissen Umständen geändert werden.

▪▪ Berechnung des Veräußerungsgewinnes

Ausgangspunkt für die Überlegungen betreffend die Versteuerung eines Veräußerungsgewinnes ist dessen Bestimmung. Folgendes vereinfachtes Schema soll die Berechnung darstellen:

	EUR
Verkaufspreis	160.000,00
./. anteilige steuerliche Restbuchwerte	10.000,00
./. Veräußerungskosten	10.000,00
= Veräußerungsgewinn	140.000,00

Der Veräußerungspreis umfasst alles, was der Verkäufer erhält, damit der Käufer Nachfolger des Verkäufers wird. Hierzu gehören nicht nur Geld, welches vom Käufer an den Verkäufer überwiesen wird, sondern zum Beispiel auch Verbindlichkeiten, die der Käufer übernimmt.

Steuerliche Restbuchwerte ergeben sich aus einer zum Zeitpunkt der Übertragung zu erstellenden Bilanz. Bei der Veräußerung eines Praxisanteils zählen hierzu selbstverständlich nur die Buchwerte in Höhe des Anteils, den der Verkäufer an der Gesamtpraxis hatte.

Zu den Veräußerungskosten gehören unter anderem Steuerberatungs- und Rechtsanwaltskosten, die mit der Veräußerung zusammenhängen.

Freibetrag

Von dem Veräußerungsgewinn kann, wenn der Praxisbgeber das 55. Lebensjahr vollendet hat oder dauerhaft berufsunfähig ist, ein Freibetrag von max. 45.000,00 EUR abgezogen werden. Hier ist zunächst wieder der Zeitpunkt der Übertragung zu beachten. Eine Fehleinschätzung hier bzw. ein Verkauf nur kurz vor diesem Stichtag ist umso ärgerlicher, als dass solch ein Fehler bei einer optimierten Planung in der Regel umgangen werden kann.

Des Weiteren ist zu beachten, dass der Freibetrag nicht uneingeschränkt gewährt wird, sondern sich unter bestimmten Voraussetzungen verringert.

Er verringert sich um den Betrag, um den der Veräußerungsgewinn 136.000,00 EUR übersteigt. Je höher der Veräußerungsgewinn demnach ist, desto stärker reduziert sich der Freibetrag. Dies soll die folgende Tabelle verdeutlichen:

Veräußerungsgewinn	Übersteigender Betrag	Freibetrag	Zu versteuernder Gewinn
136.000,00		45.000,00	91.000,00
136.001,00	1,00	44.999,00	91.002,00
136.002,00	2,00	44.998,00	91.004,00
136.003,00	3,00	44.997,00	91.006,00
136.004,00	4,00	44.996,00	91.008,00
...	...	...	...
181.000,00	45.000,00	0,00	181.000,00

Demnach steht ab einem Veräußerungsgewinn von 181.000,00 EUR kein Freibetrag mehr zur Verfügung.

Ermäßigter Steuersatz

Der verbleibende Betrag wird entweder mit dem normalen Steuersatz oder mit 56 Prozent des durchschnittlichen Steuersatzes versteuert, der sich ohne den Veräußerungsgewinn ergibt, mindestens jedoch mit 14 Prozent. Der ermäßigte Steuersatz muss vom Steuerpflichtigen beantragt werden und gilt nur für Gewinne bis 5 Mio. EUR. Außerdem wird er nur einmal im Leben gewährt.

Steuersatz bei Fünftelregelung

Wenn der ermäßigte Steuersatz nicht gewährt wird oder zu einer höheren Steuer führt, greift unter Umständen die sog. Fünftelungsregelung. Welche der beiden Regelungen im Einzelfall günstiger ist, muss individuell für jeden Fall beurteilt werden.

Bei der Fünftelungsregelung lassen sich jedoch durch geschickte Gestaltungen günstigere Ergebnisse erzielen – im Extremfall sogar günstigere als mit dem halben Steuersatz, da es keinen Mindeststeuersatz gibt. Durch freiwillige Bilanzierung kann man zum Beispiel im Jahr vor dem Praxisverkauf die Versteuerung des Übergangsgewinnes vorziehen. Das bedeutet, dass Sie in einem ersten Schritt nur ein Fünftel des Veräußerungsgewinns zusammen mit Ihrem übrigen zu versteuernden Einkommen nach der allgemeinen Tabelle versteuern müssen. In einem zweiten Schritt wird der auf den anteiligen Veräußerungsgewinn entfallende Steuerbetrag verfünffacht. Diese Regelung bewirkt, dass die Progressionswirkung des Einkommensteuertarifs gemildert wird. Dieses Ziel wird aber nur erreicht, wenn Ihr verbleibendes zu versteuerndes Einkommen (das Einkommen ohne den Veräußerungsgewinn) nicht bereits mit dem Spitzensteuersatz belastet wird. Mit anderen Worten: Je niedriger das sonstige Einkommen ist, desto größer der Effekt bei der Fünftelregelung. Auch aus diesem Grund ist der Zeitpunkt der Praxisübertragung mit Bedacht zu wählen, was bedeutet, dass für die Praxisveräußerung ein Jahr gewählt werden sollte, in welchem wenig verdient wird, dementsprechend möglichst nicht in einem Jahr, in dem ohnehin noch gearbeitet wird.

Günstigerprüfung

Beispiel	
	EUR
Verkaufspreis	160.000,00
./. steuerliche Restbuchwerte	10.000,00
./. Veräußerungskosten	10.000,00
= Veräußerungsgewinn	**140.000,00**

Minderung Freibetrag: (EUR 140.000,00 ./. EUR 136.000,00 = EUR 4.000,00)

Freibetrag	41.000,00
= steuerpflichtiger Veräußerungsgewinn	**99.000,00**

Der laufende Gewinn des betreffenden Jahres unter Berücksichtigung der noch ausstehenden Honorare (auch wenn diese erst im nächsten Jahr zufließen) beträgt im Beispielsfall 40.000,00 EUR. Abzüglich des Altersentlastungsbetrages von 1.216,00 EUR und von Sonderausgaben in Höhe von 12.072,00 EUR ergibt sich vorliegend ein zu versteuerndes Einkommen in Höhe von 125.712,00 EUR.

Die Einkommensteuerbelastung (ohne Soli-Zuschlag und Kirchensteuer und abzüglich 12.072,00 EUR sonstiger abzugsfähiger Posten wie Vorsorgeaufwendungen usw.) beträgt dann nach der Splittingtabelle in 2015:

Berechnung nach der Fünftelregelung:

Zu versteuerndes Einkommen	125.712,00
./. außerordentliche Einkünfte	99.000,00
Verbleibendes zu versteuerndes Einkommen	**26.712,00**
Hierauf entfallende Steuer	1.888,00
Verbleibendes zu versteuerndes Einkommen	26.712,00
+ 1/5 außerordentliche Einkünfte	19.800,00
Verbleibendes zu versteuerndes Einkommen	**46.512,00**

Berechnung nach der Fünftelregelung - Fortführung

Steuerbetrag mit 1/5 der außerordentlichen Einkünfte	7.072,00
./. Steuer auf verbleibendes zVE	1.888,00
Unterschiedsbetrag	**5.184,00**
Multipliziert mit 5	25.920,00
+ Steuer auf verbleibendes Einkommen	1.888,00
Tarifliche Einkommensteuer	**27.808,00**

Berechnung nach dem ermäßigten Steuersatz:

Zu versteuerndes Einkommen:	125.712,00
./. außerordentliche Einkünfte	99.000,00
Verbleibendes zu versteuerndes Einkommen	26.712,00
Hierauf entfallende Steuer	1.888,00
Zu versteuerndes Einkommen	125.712,00
Steuer hierauf	36.320,00
Durchschnittlicher Steuersatz	28,8914%
50/56% des durchschnittlichen Steuersatzes	16,1791%
Maßgeblicher Steuersatz (da mind. 14%)	16,1791%
Ermäßigt zu besteuern	99.000,00
Ermäßigte Steuer	16.017,00
Steuer auf verbleibendes zu versteuerndes Einkommen	1.888,00
Tarifliche Einkommensteuer	17.905,00

Man sieht an der vorliegenden Rechnung, dass sich die steuerlichen Privilegierungen lohnen können. Auch die Fünftelregelung kann gegenüber der Regelversteuerung Vorteile bringen, wenn die Versteuerung nach dem ermäßigten Steuersatz zum Beispiel aufgrund des Alters oder eines Verbrauchs der Möglichkeit nicht greift.

Varianten der Kaufpreiszahlung

In der Regel vereinbaren Käufer und Verkäufer eine sofortige Zahlung des Kaufpreises in einer Summe. Dies ist insbesondere für den Verkäufer zu präferieren, da bei der Aufteilung des Kaufpreises in Raten bzw. der Vereinbarung einer sonstigen längerfristigen Zahlungsweise immer auch das Risiko besteht, dass der Käufer seinen Zahlungspflichten aufgrund Krankheit, Tod oder Insolvenz nicht mehr nachkommen kann.

Unabhängig von der Kaufpreisaufteilung in Form einer Ratenzahlung ist auch eine Streckung in Form einer lebenslänglichen Rente möglich. Hierbei haben Sie zwei Möglichkeiten:

■ ■ Ratenzahlung

Wenn der Kaufpreis in Raten oder Renten geleistet wird, muss der Verkäufer den nach dem Barwert ermittelten Veräußerungsgewinn regelmäßig sofort besteuern (sogenannte Sofortbesteuerung). Wenn der Zeitraum, über den die Ratenzahlungen geleistet werden, mehr als 10 Jahre beträgt, können die jeweiligen Raten auch im Zeitpunkt der Zahlung versteuert werden (sogenannte Zuflussbesteuerung). Dies kann aufgrund der Progressionswirkung zu einer erheblichen Steuerersparnis führen.

■ ■ Rentenzahlung

Die Zahlung als Rente mit einer Laufzeit von mindestens 10 Jahren (oft kombiniert mit einer größeren Anzahlung) führt – falls gewünscht – zur sukzessiven Versteuerung bei Zufluss der Rente in den Folgejahren. Es gibt jedoch keinen halben Steuersatz und keinen Freibetrag. Da dieser bei einem hohen Resteinkommen im Jahr der Praxisabgabe und bei einem hohen Praxisverkaufspreis kaum eine Wirkung entfaltet (s. o.), kann die Streckung des Kaufpreises eine attraktive Alternative darstellen. Dies ist steuerlich vor allem attraktiv, wenn zukünftig kein anderes hohes Einkommen erzielt wird. Problematisch ist jedoch die Sicherstellung der Rentenzahlungen. Hier spricht man oft vom Solvenzrisiko, das der Praxisabgebende dann zu tragen hat. Kann oder will der Praxisübernehmer die vereinbarten Raten nicht mehr zahlen, muss der Praxisabgeber aktiv werden. In Ausnahmefällen kann es bei der Streckung des Kaufpreises über eine lange Zeit dazu kommen, dass zwischenzeitlich die Zahlungen eingestellt werden und der Praxisabgeber keine Zahlungen mehr erhält. Auch hier besteht natürlich die Möglichkeit der Kaufpreissicherung durch Bankbürgschaft. Da die Bank dies aber natürlich nicht kostenfrei leistet, bedeuten diese Kosten wiederum, dass der Verkauf teurer wird. Es stellt sich sodann die Frage, wer die Kosten zu tragen hat.

5.7.2 Kirchensteuer

Eine Sache, die oft vergessen wird, ist die von fast allen Landeskirchen gebotene Möglichkeit, die Kirchensteuer zu reduzieren. Nur in Bayern ist dies nicht möglich. Damit soll, zum Beispiel in Baden-Württemberg, sichergestellt werden, dass kein Kirchenmitglied mehr als 3,5 Prozent seines Einkommens an Kirchensteuer bezahlen muss. In Baden-Württemberg, Berlin, Hessen, Nordrhein-Westfalen und Rheinland-Pfalz muss die sogenannte Kirchensteuerkappung bei den Steuerämtern der Kirchen beantragt werden. Dies kann formlos erfolgen. Außerdem ist zu beachten, dass bei konfessionsverschiedenen Ehegatten der Antrag an beide Amtskirchen zu stellen ist und dass im Zweifel kein Anspruch auf die Kappung besteht, sondern über den Antrag nach Ermessen entschieden wird.
Beispiel:

Das Berliner Kirchensteuergesetz sieht einen Kappungssatz von bis zu 3 Prozent vor. Also ist die Kirchensteuer auf 3 Prozent des zu versteuernden Einkommens begrenzt. Bei einem zu versteuernden Einkommen von 150.000,00 EUR und einer Einkommensteuer von 62.875,00 EUR würde in Berlin eine Kirchensteuer von 5.658,00 EUR anfallen. Bei einer Kappung auf 3 Prozent des Einkommens müssten nur 4.500,00 EUR Kirchensteuer gezahlt werden. Das entspricht einem Kappungsvorteil von 1.158,00 EUR.

5.7.3 Umsatzsteuer

Spätestens hier wird der eine oder andere denken, dass ihn dies nicht betrifft. Das ist, nicht nur im laufenden Betrieb einer Praxis, sondern insbesondere auch beim Verkauf derselben ein Trugschluss, der zumindest den Praxisabgeber in manchen Fällen teuer zu stehen kommen kann. Verantwortlich hierfür zeichnen sich mehrere Regelungen im Umsatzsteuergesetz, die sich vom Grundsatz her mit der Steuerbefreiung eines bestimmten Sachverhaltes beschäftigen. Grundsätzlich betrachtet stellt das Umsatzsteuergesetz jeden entgeltlichen sogenannten Leistungsaustausch als der Umsatzsteuer zu unterwerfend dar. Hiervon ausgenommen ist zum Beispiel die Geschäftsveräußerung. Voraussetzung ist dabei jedoch, dass ein komplettes Unternehmen oder aber ein organisatorisch eigenständig geführter Teil des Unternehmens veräußert wird. Genau hier stellt sich ein Problem dar. Nicht privilegiert sind demnach Fälle, in denen nicht das gesamte Unternehmen oder ein organisatorisch gesondert geführter Teil Verkaufsobjekt ist. Dies kann dann passieren, wenn nur „der Sitz", d. h. der Versorgungsauftrag übertragen werden soll. Dieser ist zwar ein wertbestimmender Faktor bei der Veräußerung der Praxis, stellt jedoch nicht „das Unternehmen" dar. Es ist daher immer darauf zu achten, dass die komplette Praxis veräußert wird. Ist dies nicht der Fall, so wird der Verkauf als umsatzsteuerpflichtig behandelt. Dies bedeutet, dass vom Kaufpreis auch noch die Umsatzsteuer an das Finanzamt abgeführt werden muss.
Beispiel:

Der Praxisabgeber wird sich mit dem kaufenden MVZ einig, dass für die Überlassung des Versorgungsauftrages ein Kaufpreis von 100.000,00 EUR zu zahlen ist. Wird hier ansonsten nichts übertragen, so unterliegt der Kaufpreis der Umsatzversteuerung. Von den 100.000,00 EUR müssen 19 Prozent Umsatzsteuer an das Finanzamt abgeführt werden. Das bedeutet, dass der Gewinn aus der Veräußerung um 15.966,00 EUR sinkt.

Darauf aufbauend sei auf Folgendes hingewiesen: Zur gesamten Praxis, die übergehen muss, um eine sogenannte Geschäftsveräußerung im Ganzen zu erhalten, die nicht umsatzsteuerbar ist, gehören nicht nur das Praxisinventar bzw. der Patientenstamm. Ebenfalls relevant kann sein, in welchem Gebäude die Praxis betrieben wird und ob dem Übernehmer die Gelegenheit geboten wird, auch diese Räumlichkeiten zu „übernehmen". Dies ist nicht nur dann zu bedenken, wenn die Praxis bisher in eigenen Räumen des Übergebers belegen war, sondern auch dann, wenn der Praxisinhaber die Räume gemietet hat. Ein Einfallstor kann dabei auch das sogenannte „Wiesbadener Modell" sein. Hier mietet der Praxisinhaber von seinem Ehepartner die Praxisimmobilie an. Wird nun der Mietvertrag nicht vom Nachfolger übernommen, so droht die Umsatzsteuerpflicht des gesamten Verkaufsvorganges. Hierbei ist das Praxisinventar in der Regel von der Besteuerung nicht betroffen; der Patientenstamm, der oftmals den Großteil des Praxiswertes ausmacht, ist jedoch nicht befreit. Daher ist auch hier eine rechtzeitige Planung bzw. Abstimmung mit dem steuerlichen Berater unabdingbar.

5.8 Steuerliche Besonderheiten aufgrund des Versorgungsstärkungsgesetzes

5.8.1 Steuerliche Überlegungen bei der Gründung eines MVZ

Auf die zulassungsrechtlichen Aspekte der Gründung eines MVZ wurde bereits eingegangen. Steuerlich gesehen stellen sich hier diverse Fragen, u. a. in welche Form des MVZ man sich begeben möchte. Wie bereits vorab beschrieben, ist der Begriff des MVZ ein rein sozialrechtlich geprägter Begriff, der keine Rückschlüsse auf die Rechtsform zulässt. Ein MVZ kann demnach als Personengesellschaft (so wie auch die meisten Gemeinschaftspraxen bzw. neuerdings auch Berufsausübungsgemeinschaften), Genossenschaft oder GmbH gegründet werden. Nicht möglich ist die Gründung eines Ein-Personen-MVZ. Die nächste Frage, auf die eingegangen wird ist, welches die Ausgangsbasis der Überlegungen ist, also: Woher komme ich als MVZ-Interessierter?, denn wie schon ein bekannter Rechtshistoriker im Vorwort zu seinem Standardwerk verlauten ließ: „Wer nicht weiß, woher er kommt, weiß auch nicht, wohin er geht". Möglich ist, dass man zunächst als Einzelpraxis niedergelassen war. Dies würde voraussetzen, dass man sich auf die Suche nach einer Kollegin/einem Kollegen macht, mit der oder dem man sich ein Zusammenarbeiten vorstellen kann. Ist man bereits in einer BAG verbunden, stellen sich diese Fragen natürlich erst einmal nicht.

■■ Gründung einer MVZ-Personengesellschaft
Die Gründung einer MVZ-Personengesellschaft setzt zunächst voraus, dass mindestens zwei Personen gefunden werden, die das MVZ gemeinsam gründen wollen. Nun gibt es viele Möglichkeiten, wie eine MVZ-Personengesellschaft gegründet werden kann.

1. Alternative: „Alt/Jung" Zunächst soll die Alternative durchdacht werden, wenn ein Praxisabgeber und ein Praxisübernehmer gemeinsam eine Praxis eröffnen wollen. Folgender Grundfall dient zur praktischen Erläuterung: Der abgabewillige Arzt Dr. Sen hat in Dr. Jun einen übernahmewilligen Kollegen

gefunden. Dr. Sen betrieb lange Jahre eine Einzelpraxis. Die Kassenärztliche Vereinigung kommt in ihrem Praxiswertgutachten auf einen Wert der Praxis in Höhe von 200.000,00 EUR. Nun stellt sich die Frage, wie die Gründung der BAG verlaufen soll.

Es besteht zunächst die Möglichkeit, dass Dr. Sen seine Praxis in die Gesellschaft einbringt. Dies kann in zwei Varianten geschehen: Dr. Sen kann die Praxis grundsätzlich in das Gesamtheitsvermögen einer neu gegründeten BAG gegen Gewährleistung von Gesellschafterrechten einbringen. Er kann seine Praxis jedoch auch in seinem Privatvermögen behalten und sie der neu gegründeten BAG zur Verfügung stellen. Die Frage, die sich hier sofort stellt, ist die nach dem Entgelt, welches er für die Überlassung verlangen kann, da die neu gegründete BAG nur aufgrund der Überlassung überlebt. Üblicherweise wird diese Überlassung als Gesellschafterbeitrag gesehen. Dieser Beitrag ist dann in der Regel höher als der Beitrag des Gesellschafters, der „lediglich" seine Arbeitskraft zur Verfügung stellt. Demnach ist auch die Gewinnverteilung entsprechend anzupassen. Hier ist aber Vorsicht geboten. Bei der Vereinbarung ist tunlichst darauf zu achten, dass nicht etwa vom „Entgelt" die Rede ist, welches für die Überlassung der Praxis gezahlt wird. Dieser Begriff lässt regelmäßig darauf schließen, dass es sich bei der gewählten Konstellation um eine Art verkappte „Vermietung" der vorherigen Einzelpraxis an die neue BAG handelt. Dies ist zu vermeiden, da diese Vermietung umsatzsteuerpflichtig ist, was zur Folge hat, dass von dem vereinbarten Entgelt 19 Prozent an den Staat fließen, welche die BAG als Leistungsempfängerin nicht steuermindernd geltend machen kann.

Ist diese Formulierungshürde überwunden, ist zu klären, ob und inwieweit der neu aufzunehmende Gesellschafter ebenfalls einen (über die reine Arbeitsleistung hinausgehenden) Beitrag zur Gründung und zum Betrieb der BAG leistet. Grundsätzlich ist es möglich, dass Dr. Jun in die BAG einsteigt, ohne auch nur einen Cent zu bezahlen, er also der neu gegründeten BAG lediglich seine Arbeitskraft zur Verfügung stellt. Entsprechend geringer ist Dr. Jun dann natürlich auch am Gewinn zu beteiligen. Wichtig ist hier jedoch die bereits zuvor angesprochene Problematik, dass die sog. Null-Beteiligung nicht auf Dauer gelebt werden kann. Hintergrund ist hier, dass auch der neu hinzutretende Arzt ab einem gewissen Zeitpunkt mit der Praxis identifiziert wird, die Patienten ihn also unmittelbar mit der Praxis in Verbindung bringen. Daraus folgt, dass er einen immer höheren Anteil am Patientenstamm erwirbt. Dies muss sich grundsätzlich auch bei der Gewinnverteilung, spätestens jedoch im Rahmen der Ermittlung eines möglichen Ausscheidensanspruches widerspiegeln. Außerdem ist zu beachten, dass Dr. Jun nicht als verkappter Angestellter fungiert. Erhält er beispielsweise eine feste, gewinnunabhängige oder rein umsatzabhängige Vergütung, hat er kein Mitspracherecht bei der Organisation der Praxis. So kann es schnell dazu kommen, dass sowohl sozialrechtlich als auch steuerrechtlich nicht von einer sog. „Mitunternehmerschaft", also von einer gleichrangigen Partnerschaft ausgegangen, sondern eine Arbeitnehmerstellung von Dr. Jun angenommen wird. Dies hat zur Folge, dass sozialversicherungsrechtlich unter Umständen keine BAG vorliegt und sämtliche Abrechnungen demnach falsch sind. Die Finanzgerichte gehen in diesen Fällen sogar davon aus, dass Dr. Jun nicht überwacht wurde und die Tätigkeit von Dr. Sen somit gewerblich sei. Dies führt wiederum dazu, dass Gewerbesteuer anfällt und, wenn es sich bei der Restpartnerschaft um eine BAG handelt, unter Umständen für den gesamten Gewinn. Insgesamt ist dies also eine sehr nachteilige Entwicklung, die nur durch eine sinnvolle Konstruktion des Einstiegs verhindert werden kann.

Andernfalls kann Dr. Jun aber auch einen dem Praxiswert der „Altpraxis" entsprechenden Anteil an Geldvermögen in die Praxis einbringen und einen gleichen Anteil am Gewinn beanspruchen.

2. Alternative: „Alt/Alt"   Ist geplant, eine bereits bestehende BAG in ein MVZ in Form einer Personengesellschaft zu überführen, so bestehen die Probleme lediglich im sozialrechtlichen bzw. zulassungsrechtlichen Bereich. Rein steuerrechtlich betrachtet ändert sich an der Konstellation nichts, da sich lediglich der sozialrechtliche Status ändert.

■■ Gründung einer MVZ-Kapitalgesellschaft
Regelmäßig wird die MVZ- Kapitalgesellschaft eine GmbH sein. Die GmbH muss bei ihrer Gründung ein Mindeststammkapital von 25.000,00 EUR

haben, von dem zur Zeit der Gründung mindestens die Hälfte, also 12.500,00 EUR, eingezahlt sein muss. Die Einzahlung des Stammkapitals kann durch Barmittel erfolgen. Eine weitere Möglichkeit ist auch hier die Einbringung der ehemaligen Praxis bzw. BAG in die neu zu gründende GmbH. Für die Einbringung der Anteile an der BAG erhält dann jeder künftige GmbH-Gesellschafter Gesellschaftsanteile der neu gegründeten GmbH. Auch die Gründung einer Unternehmergesellschaft (haftungsbeschränkt), also einer UG, kann in Betracht kommen.

5.8.2 Laufende Besteuerung

■■ MVZ-Personengesellschaft
Die Besteuerung bei einer MVZ-Personengesellschaft ist so zu handhaben wie die einer üblichen BAG. Steuerlich unterliegt die BAG selbst nicht der Einkommenssteuer. Die Gewinnanteile der beteiligten Ärzte werden über eine sogenannte „gesonderte und einheitliche Gewinnfeststellung von Besteuerungsgrundlagen" auf Ebene der BAG festgestellt. Hier ist der Gewinn der Gesellschaft zu ermitteln und nach dem vereinbarten Gewinnverteilungsschlüssel zu verteilen. Den so zugewiesenen Gewinn haben die Gesellschafter dann mit ihrem jeweiligen Steuersatz zu versteuern.

■■ MVZ-Kapitalgesellschaft
Die Besteuerung der MVZ-GmbH funktioniert anders. Der Steuergesetzgeber geht bei einer Kapitalgesellschaft grundsätzlich von deren Eigenständigkeit aus. Das bedeutet, dass die GmbH bzw. deren Gewinn selbst besteuert wird. Die relevanten Steuern sind hier die Körperschafts- und Gewerbesteuer. Wird für ein medizinisches Versorgungszentrum die Rechtsform einer juristischen Person gewählt, unterliegen die Gewinne der Gesellschaft der 15%igen Körperschaftssteuer. Zusätzlich fällt auch eine Gewerbesteuer an. Die Höhe richtet sich nach den örtlich geltenden Hebesätzen. Da das Arztgehalt bei einer GmbH jedoch als gewinnmindernde Ausgabe Berücksichtigung findet, ist es möglich, die Steuern der GmbH auf ein Minimum zu reduzieren. Erwähnt sein sollte aber auch, dass eine GmbH bilanzierungspflichtig ist und die Jahresabschlüsse

veröffentlicht, zumindest aber beim Handelsregister hinterlegt werden müssen.

Werden die Gewinne an die Gesellschafter ausgeschüttet, so können sie im Rahmen des sogenannten Teileinkünfteverfahrens zu 60 Prozent den persönlichen Steuersätzen der Gesellschafter unterworfen werden. Anschaffungskosten der GmbH-Anteile können steuerlich nicht wie bei der Personengesellschaft im Rahmen einer Abschreibung gewinnmindernd berücksichtigt werden. Auch ist zu berücksichtigen, dass die Finanzierungskosten, also Darlehenszinsen, nicht oder nur teilweise steuerlich geltend gemacht werden können.

5.8.3 Veräußerung von Anteilen einer MVZ-GmbH

Der häufiger auftretende Fall in der Praxis wird wohl der sein, dass ein GmbH-Gesellschafter Anteile an einer GmbH verkauft, an der er innerhalb der letzten fünf Jahre am Stammkapital der GmbH mit mindestens einem Prozent beteiligt war. Die Gewinne aus dem Verkauf sind einkommensteuerpflichtig. Obwohl die Besteuerung per Gesetzesdefinition gewerbliche Einkünfte darstellt, wird durch den Verkauf keine Gewerbesteuer fällig. Es kann ein Freibetrag von 9.060,00 EUR abgezogen werden. Doch diese 9.060,00 EUR gibt es nur bei einer 100%igen Beteiligung. Bei einer 20%igen Beteiligung beträgt der Freibetrag demnach nur 1.812,00 EUR. Der Freibetrag mindert sich um den Betrag, um den der Veräußerungsgewinn den Teil von 36.100,00 EUR übersteigt. Auch die 36.100,00 EUR gelten nur für eine 100%ige Beteiligung.
Praxisbeispiel:

Dr. Sen ist zu 50 Prozent an der MVZ-GmbH beteiligt. Er verkauft seinen Anteil an der MVZ-GmbH für 48.000,00 EUR (frühere Anschaffungskosten 10.000,00 EUR). Veräußerungskosten fallen in Höhe von 3.000,00 EUR an. Folge: Der Verkauf der Anteile ist steuerpflichtig.

Mit diesen drei Berechnungsschritten können Sie kalkulieren, wie viel das Finanzamt beim Verkauf Ihrer im Privatvermögen gehaltenen GmbH-Beteiligung mit mehr als einem Prozent Beteiligung am Stammkapital letztlich besteuert.

▪▪ Ermittlung des steuerpflichtigen Veräußerungsgewinns vor Abzug des Freibetrags

Verkaufserlös für die Anteile der MVZ-GmbH	48.000,00 EUR
abzgl. Anschaffungskosten der MVZ-GmbH	– 10.000,00 EUR
abzgl. Veräußerungskosten	– 3.000,00 EUR
= Veräußerungsgewinn vor Abzug des Freibetrags	**35.000,00 EUR**
davon steuerpflichtig nach Teileinkünfteverfahren 60%	21.000,00 EUR

▪▪ Ermittlung des Freibetrags

Freibetrag nach § 17 Abs. 3 EStG: 50% von 9.060,00 EUR, da nur 50%ige Beteiligung		4.530,00 EUR
Veräußerungsgewinn aus Schritt 1	21.000,00 EUR	
abzgl. 50% von 36.000 EUR, da nur 50%ige Beteiligung	– 18.050,00 EUR	
= Ermäßigung des Freibetrags	**2.950,00 EUR**	**2.950,00 EUR**
zu berücksichtigender Freibetrag		1.580,00 EUR

▪▪ Ermittlung des verbleibenden Veräußerungsgewinns, der nach § 17 EStG besteuert wird

Steuerpflichtiger Veräußerungsgewinn nach Schritt 1	21.000,00 EUR
abzgl. Freibetrag nach Schritt 2	–1.580,00 EUR
= zu versteuernder Veräußerungsgewinn nach § 17 EStG	**19.420,00 EUR**

5.8.4 Weitere steuerliche Besonderheiten

▪▪ Einkommensteuerliche Einordnung der Entschädigungszahlung

Eine Problematik, die durch das Versorgungsstärkungsgesetz stärker in den Fokus der Diskussion getreten ist, ist die Entschädigung in der Höhe des

Verkehrswertes, wenn der Zulassungsausschuss den Antrag auf Durchführung eines Nachbesetzungsverfahrens ablehnt, weil eine Nachbesetzung des Vertragsarztsitzes aus Versorgungsgründen nicht erforderlich erscheint. Auch einkommensteuerlich ist dieser Vorgang zu untersuchen, stellt er doch eine Einnahme dar, die nicht von einem Erwerber, sondern von einem Dritten gezahlt wird. Dieser Dritte, also die KV, zahlt die Entschädigung an den Praxisabgeber gerade aufgrund der Tatsache, dass das Nachbesetzungsverfahren nicht durchgeführt wird. Aus diesem Grund ist die Zahlung steuerrechtlich zumindest einmal nicht einer Einkunftsart zuzuschreiben, da man ja gerade nicht für eine Tätigkeit entgolten wird. Dies führt des Weiteren zu der Frage, ob die Einnahme überhaupt besteuert wird. Das Einkommensteuergesetz sieht für Entschädigungszahlungen eine eigene Norm vor. Zum einen wird besteuert, wenn man eine Entschädigung erhält, die als Ersatz für entgangene oder entgehende Einnahmen gewährt wird; so der Gesetzestext. Zum anderen liegt Steuerpflicht für eine Entschädigung vor, die für die Aufgabe oder Nichtausübung einer Tätigkeit, für die Aufgabe einer Gewinnbeteiligung oder einer Anwartschaft auf eine solche gezahlt wird. Steuerlich relevant sind also folgende Fragen: Liegt bei der hier zu zahlenden Entschädigung ein Ersatz für entgangene Einnahmen vor oder wird noch mehr ausgeglichen (Schäden aufgrund der Auflösung von Vertragsverhältnissen)? Wenn noch mehr ausgeglichen wird, wird dann die Entschädigungszahlung steuerlich aufgeteilt oder wird die Entschädigung für die Aufgabe einer Tätigkeit geleistet? Hier ist aber darauf hinzuweisen, dass Letzteres grundsätzlich voraussetzt, dass die Aufgabe der Tätigkeit als eine Art „Gegenleistung" für die Zahlung fungiert. Das dürfte bei der Zahlung aufgrund der Ablehnung des Nachbesetzungsverfahrens wohl eher nicht der Fall sein. Es ist daher, verweisend auf den Zulassungsteil des Buches, auch steuerlich relevant, wie sich die sozialrechtliche Diskussion über die Art und den Umfang der Entschädigung weiter entwickelt. Obwohl hier einiges fraglich und noch nicht ausdiskutiert ist, sollte aber nicht davon ausgegangen werden, dass es sich hierbei um eine steuerfreie Einnahme handelt.

Wenn nun von einer steuerpflichtigen Einnahme ausgegangen wird, so können für die Entschädigungszahlung auch die oben bereits angesprochenen steuerlichen Vergünstigungen in Anspruch genommen werden. Nicht hiervon erfasst ist jedoch die Gewährung des Freibetrages, da dieser nur bei einer Veräußerung gewährt wird. Hier sei jedoch darauf hingewiesen, dass, wenn sich die Nichtgewährung des Freibetrages als steuerlicher Nachteil herausstellt, dieser auch in die Berechnung der Entschädigung eingerechnet werden muss.

▪ ▪ Umsatzsteuerliche Einordnung der Entschädigungszahlung

Umsatzsteuerlich wird die Entschädigungszahlung wohl als Schadensersatz einzuordnen sein. Echte Schadensersatzleistungen sind grundsätzlich nicht umsatzsteuerbar, unterliegen also nicht der Umsatzsteuer.

Serviceteil

© Springer-Verlag Berlin Heidelberg 2016
G. Bierling, H. Engel, A. Mezger, D. Pfofe, W. Pütz, D. Sedlaczek, *Arztpraxis – erfolgreiche Abgabe,*
Erfolgskonzepte Praxis- & Krankenhaus-Management, DOI 10.1007/978-3-662-49763-0

Stichwortverzeichnis

A

B

D

E

F

G